万叶文化
ONE PAGE

一生一代一双人

纳兰容若词与情

薛智勇 著

四川人民出版社

纳兰词，

是一袭清丽外衣下的一曲美丽的哀伤。

除却此音，

纳兰词便失去了风骨。

前言

此一生，与谁初见

我喜欢，夜深时，一个人的独处。

夜色阑珊，独自一人，展开书卷，掬一捧月光入杯，饮一片澄明入心。此刻，我心柔软，一颗心归于安然。

此一生，可有一人，执子之手，与子偕老？可有一人，与你共享这称意相宜的寻常风月？

此一生，可有一人，与你遥遥相望，心灵相伴？可有一人，与你许下一世清浅，得半生安然？

此一生，谁与谁擦肩，谁与谁初见？

走过，懂得，无须苛求。有一人懂你，足矣。

不舍的，未必是情深不移。

放下的，未必是情浅缘悭。

爱过，醒悟。爱，原来是一种错，一场悲喜交错。

莫轻许诺言，莫轻言别离。他生缘，凭谁记？

错过，懂得。爱，只在一念之间。

谁能守住一颗宁静之心，不为惊扰，去寻一方心灵的安放之所，孤独终老？谁能放下执念，只求两心相牵，共度流年？

人，本该诗意地活着。

当我们衣食无忧，便以为可以随遇而安，一无所求。其实，我们的生活中，缺少的，恰恰是诗意生存的空间。精神的缺失比物质的匮乏更可怕。

我们缺失的，不是写诗填词的技巧，而是品读吟诵的情怀。

你是否因一首诗而感动？

你是否一个人静静地对着书卷而穿越了空间？

情是诗歌的生命，唯有用真情去品味，方能领悟诗人的情感。

浅吟低唱的词句，跨越时空的阻隔，投射到后世悲哀的轮回中。

世事如落花，我心自空明。

夜阑，人静。借一缕月光，展一卷书，吟一首诗，填一阕词，酌一杯酒。掩卷，我心安然。

有诗，有酒，足以慰平生。

引文

纳兰心事几人知

有人说，十七世纪的北京，既是康熙大帝的，又是纳兰容若的。一个是一代英主，雄韬伟略；一个乃御前侍卫，才华俊逸。两人各显其才，各领风骚。

那位多情的诗人徐志摩曾说："他度过了一季比诗歌更诗意的生命，所有人都被他甩在了后面，以标准的凡夫俗子的姿态张望并艳慕着他。但谁知道，天才的悲情却反而羡慕一个凡夫俗子的幸福，尽管他信手的一阕词就波澜过你我的一个世界，可以催漫天的烟火盛开，可以催漫山的荼蘼谢尽。"

他是上天偶落人间的一颗珠玉，本不属于这凡世红尘。一位千古伤心人，怀着一颗悲悯而痴情的心，在红尘之中匆匆走过。

他是一朵出淤泥而不染的莲花，幽然而生，孑然而立。以傲然的姿态在这个浑浊的尘世中兀自绽放，独自衰败。

他是康熙朝寂寂的夜空中一颗绚丽的流星，演绎了瞬间的美丽之后，黯然陨落。

他是大清第一词人，王国维赞其，“北宋以来，一人而已。”

他一生追逐自由，却无法摆脱命运的摆布。

他一生渴望爱情，却在思念与悔恨中度过余生。

一个几乎拥有世间一切的惆怅男子。

一段三百年来倾倒无数后人的传奇。

他就是纳兰容若。

纳兰容若，翩翩相门一公子。

姓纳兰氏，字容若，初名成德，后避皇太子胤礽之讳，改名性德，号楞伽山人。出身满洲贵胄，属正黄旗。

纳兰出生于顺治十一年（1654）十二月十二日，同年三月，玄烨出生，也就是后来的康熙皇帝，两人同龄，冥冥之中，纳兰与康熙有着扯不断的关联。

其父乃康熙朝宰辅纳兰明珠，历任内务府总管、刑部尚书、都察院左都御史、兵部尚书、吏部尚书、武英殿大学士、太子太傅、太子太师等职，可谓权倾朝野。

纳兰，满语，《清史稿》译作“纳喇”，姜宸英在《墓表》中称“纳腊”，又作“那拉”，没错，纳兰本与那位叶赫那拉氏同属一族。

后人皆称其为纳兰容若，称其词为“纳兰词”。如作他译，他意韵美美的名字，还有他的词集《纳兰词》，在人们的心目中，是不是美好顿失几分？

纳兰氏位列满洲八大家族之一，地位显赫。明初，满族分三大部族：建州女真，海西女真，野人女真。纳兰家族属海西女真，后建州女真吞并海西女真，部族首领金台什战死。建州女真首领努尔哈赤为安抚海西部落，纳金台什的妹妹为妃，生下的儿子就是清太宗皇太极。纳兰容若的曾祖父金台什正是孝慈高皇后的亲哥哥，也就是说，纳兰的曾祖父金台什与康熙的曾祖母孝慈高皇后是亲兄妹。如此算来，纳兰容若与康熙皇帝还是五服之内的表兄弟。

纳兰容若自幼天资聪颖，读书过目不忘，幼习骑射，十岁能诗赋，十七补诸生，十八举乡试，十九中会试，因病未能参加殿试，二十二补殿试中二甲七名。授三等侍卫，后晋二等，寻晋一等。

身为康熙的御前带刀侍卫，随康熙南巡北狩，游历四方。闲暇之余，随康熙诗词唱和，译制著述。正所谓，皇帝近臣，文武兼备。如此，已是别人求之难得，而之于纳兰，这却不是他心之所求。那么，纳兰所求为何？

纳兰容若，江湖落落一狂生。

身在朝廷，心向山野。

翩翩相门公子，生于华阀，长于显贵。正所谓“淄尘京国，乌衣门第”。钟鸣鼎食之家，诗礼簪缨之族，俨然如那北宋名相晏殊之子晏几道，还有人比其为南唐后主李煜。可他却是看惯了官场的尔虞我诈，厌倦了人际的勾心斗角，早已不屑于仕途。

“身在高门广厦，常有山泽鱼鸟之思”，置身于朱门广厦之中，心却游离于繁华喧嚣之外。“恒抱影于林泉，遂忘情于轩冕，是吾愿也。”纳兰自己这样说。他所求的，是南山下，东篱边，有诗有酒有菊花的悠然与潇洒。

世人羡慕陶渊明，又有几人做得陶渊明？很多时候，人们在乎的，不是自己拥有了多少，而是那些心向往之却未能得的。这注定是一场悲剧，纳兰一生的悲剧。

人在仕途，心在江湖。

身为相门公子，皇帝身边的一等侍卫，却是“视勋名如糟粕，看势利如尘埃”，自诩“不是人间富贵花”。

他在给顾贞观的一封信里这样说：“人各有情，不能相强。使得为清时之贺监，放浪江湖。何必学汉室之东方，浮沉金马乎？”

贺知章不恋高官厚禄，而告老还乡，为人放荡不羁，自称“四明狂客”，人称其“诗狂”。

东方朔虽才华横溢，满怀济世之才，而汉武帝只是视其为“俳优”，一个没有人格、没有自由的弄臣而已。

纳兰心之所向，绝非东方朔一样的御用文人，而是贺知章那样的江湖放浪狂客。

纳兰一生，“黄金如土，惟义是赴。见才必怜，见贤必慕。生平至性，固结于君亲，继以待人，无事不真”。

纳兰一生虽落拓无羁，却不恃强傲物。与友相交，“竭至诚，倾肺腑”。纳兰生平所交，如顾贞观、严绳孙、朱彝尊、姜宸英等辈，“皆不过布衣”，“于世所称落落难合者”，皆是不肯落俗之人，或身世坎坷，或仕途蹭蹬，或地位卑微。尤其是那放浪无拘的吴兆骞，因“丁酉科场案”而远谪宁古塔，纳兰为之奔走相助，终赎而还之。“绝塞生还吴季子”，传为佳话。

无论身世，不计门第，皆相待以厚，生馆死殡，此纳兰君子风范。

纳兰容若，清代朗朗一才子。

梁启超赞其：“清初学人第一。”

纳兰自幼聪敏，童子之时，已语出惊人。十九岁编有《通志堂经解》，一千八百多卷，《渌水亭杂识》四卷，撰《词林正略》，辑《大易集义粹言》八十卷，《陈氏礼记说补正》三十八卷，选编《近词初集》《名家绝句钞》《全唐诗选》。存词三百四十八首，刊印《饮水集》《侧帽集》，后人称其词为《纳兰词》。

词兴于唐而盛于宋，至元明时期已渐式微。而至清初，却有中兴之势。纳兰容若的横空出世更是给清代的词坛平添一抹亮丽的色彩。纳兰与陈维崧、朱彝尊并称“词家三绝”。

纳兰之词，以自然为宗，以情真为旨，清丽婉约，哀感顽艳，几分花间味道，“一种凄婉处，令人不能卒读”，深得南唐二主之遗风。骚雅之意，风人之旨，读其词直教人感觉似一缕清风吹过。其情词凄婉动人，悼亡词更是开一代先河。

纳兰词，曾经是“遍于村校邮壁”，争相传写，洛阳纸贵。曾经是“井水吃处，无不争唱”，甚至远播国外，朝鲜人赞之：“谁料晓风残月后，而今重见柳屯田。”

纳兰容若，千古伤心一词人。

一卷《纳兰词》，使大清的天空在人们的眼中顿时有了色彩。这色彩是纳兰英才勃发的光鲜，是这位谦谦君子的温润，是这位多情种的哀伤，是我们心中一缕淡淡的哀愁。

狂傲狷介只是他虚华的外衣，绕指柔肠才是他内里的本色。万事皆可抛，唯情一事，拿得起，放不下。

这样一位翩翩公子，总会有几段情事才与其才情相称。然而，正是这几段情愫，令他悲痛余生。

他有过美好的初恋。

那是他青梅竹马、两小无猜的表妹，“蓦地一相逢，心事眼波难定”，纳兰在词中时时忆起这段美好。然而，随着表妹入宫，美好成空，初恋成了一场梦。梦虽美好，却只能用来怀念。

他有过如花美眷。

二十岁那年，纳兰娶两广总督、兵部尚书、都察院右副都御史卢兴祖之女为妻。是年卢氏年方十八，“生而婉娈，性本端庄”。夫妻恩爱，感情笃深。只可惜，三年后，康熙十六年（1677）五月三十日，卢氏难产而亡。此后，纳兰词哀音不止，“悼亡之吟不少，知己之恨尤深”。为卢氏写了诸多的思念与悼亡之词。

三年后，纳兰续娶官氏，此前还有侍妾颜氏。感情虽好，终是举案齐眉、相敬如宾一类，这自古以来格式化的婚姻激发不出纳兰渴望的情愫。

门当户对是婚姻，相亲相爱是爱情。但不是全部，志趣相合相契，方能相知相惜，爱情才能更长久。

他有过知己红颜。

纳兰在好友顾贞观的帮助下结识了江南才女沈宛。本以为是爱情的重生，结果却还是未了的情缘。由于身份地位等原因，纳兰只能将沈宛别院安置，金屋藏娇一般。这不是她想要的爱情，于是，半年后，沈宛毅然返回江南。纳兰对这一段爱情刻骨铭心，痛心不已，为此而写下许多悔恨词作。

“而今才道当时错”，当时错，知道么?

“赌书泼茶”又如何，还是难抵命运的磨折。李清照晚年凄苦，朱淑真遇人不淑，似乎才女总是被辜负。

正所谓，自古才女不幸福，纵你才比天高，难抵一个命比纸薄。自古才命总相负，才女尤是难逃此劫。

原来，情趣只是爱情的调剂，情真方是正道。情真与情趣，好比鱼与熊掌，本已难寻，兼得更难。

纳兰唯有一叹，“怪人间厚福，天公尽付，痴儿呆女”。然后徒自无奈。

我终于明白，纳兰为什么总是郁郁寡欢，绝少开怀。

得到的，未必会长久。失去的，永远是最不舍的。

康熙二十四年（1685）暮春，纳兰抱病与好友一聚，一醉，一咏三叹，然后便一病不起，七日后于五月三十日溘然而逝，离开了这个不舍的人间，留下几段未了的情缘。

薄命才子，绚若秋花，璨若流星。

纳兰明珠在康熙一朝，可谓炙手可热，不可一世。纳兰容若走后，乾隆时期，纳兰家族中道没落，风光不再。

当浮名皆成尘烟，当繁华如云烟般飘散，他终于如愿，终于可以做回自己，做他的千古伤心词人，留一卷《纳兰词》在人间，教人诵念。不知几人怜惜，几人懂得？

家家争唱《饮水词》，纳兰心事几人知？

目录

愁之卷·各自愁

错之卷·当时错

后记

情之卷·如初见

001 — 044

如若初见，
我要留住你心花初放那一刻的惊艳，
永藏心间，
用我的心去抚摸，
一遍又一遍。

人生若只如初见

如若初见，
我要留住你心花初放那一刻的惊艳，
永藏心间，
用我的心去抚摸，
一遍又一遍。

木兰花令·拟古决绝词，柬友

人生若只如初见。何事秋风悲画扇。等闲变却故人心，却道故心人易变。

骊山语罢清宵半。泪雨零铃终不怨。何如薄幸锦衣郎，比翼连枝当日愿。

夜阑珊，人未眠，独自捧着《饮水词》诵念。

“人生若只如初见”，词一开篇，已令人哑然。如此淡淡一语，总在不经意间，勾出你我深藏于心的无数过往。蓦然回首，一切恍如昨天，却再也回不到从前。

一句“人生若只如初见”，总会让人想起那世间最美的名字——纳兰容若，还有他那三分婉美，二分清丽，一半是哀伤的纳兰词。

纳兰词，长乎情，短乎情；成亦情，败亦情。情淡情浓有似无，情短情长已恍惚。每读纳兰词，总会让人沉浸其中，感受其平白质朴的词句中，那淡美淡伤的情调。

一阕《木兰花令》，让后人争相传诵。一句“人生若只如初见”，在浩若烟海的词句中孤绝而立。一个纳兰容若，唤醒了你我麻木已久的心。

《木兰花令》，唐教坊曲名，又名《木兰花》《玉楼春》。词有副题，“拟古决绝词，柬友”，至于是为友人所作，还是如有人所言，乃故意躲闪其辞而为情人所作，难以定夺。我们也大可不必如此计较，姑且保留词中的那份情致，心中的那份美好，如此，最好。

唐人元稹作有《决绝词》三首，其三有句道：“有此迢递期，不如生死别。天公隔是妒相怜，何不便教相决绝。”“决绝词”由此而来。而“决绝”一词却是源出那与司马相如夜奔而后当垆卖酒的卓文君，闻听夫君心有二意，她挥笔写就《白头吟》，劝得司马相如回心转意。

皑如山上雪，皎若云间月。

闻君有两意，故来相决绝。
今日斗酒会，明旦沟水头。
躞蹀御沟上，沟水东西流。
凄凄复凄凄，嫁娶不须啼。
愿得一心人，白首不相离。
竹竿何袅袅，鱼尾何簁簁。
男儿重意气，何用钱刀为。

“愿得一心人，白首不相离”，似《诗经》中那一句“执子之手，与子偕老”，如此真情的告白，质朴而直抵人心，直教人为之动容而心生柔软，司马相如自是难以抵挡。

不论是卓文君《白头吟》情真意切的诉说，还是元稹《决绝词》道貌岸然的决然，都是有感而发，纳兰的这首《木兰花令》同样也是感慨之作。

一句“人生若只如初见”，给足了我们感慨的理由，每每怅惘失意，总会拿来诵念。似乎，眼下总是有太多的无奈，美好只能用来缅怀。

“何事秋风悲画扇”，典用汉成帝与班婕妤的故事。我宁愿读不懂他们那悲剧般的落幕，只愿它是发生在千年之前，如今默默沉寂在书页中的一个古老爱情故事。

让我们透过业已泛黄的书页，遥遥地去感知千年前的那份痴情与薄幸。

班婕妤，汉成帝妃，赵飞燕入宫前深得成帝宠幸。史书记载，班婕好幽雅贤德。一日，汉成帝邀其出游，答曰：“贤圣之君皆有名臣在侧，三代末主乃有嬖女。”如此一答，令成帝无语。乃至王太后慨叹道：“古有樊姬，今有班婕妤。”

只可惜，即便她是樊姬，他却不是那楚庄王。

飞燕入宫后，纵使她“擅诗赋，有美德”，终是难抵“身轻如燕，能作掌上舞”的赵飞燕。

最终落得，独守长信宫，独吟一曲《怨歌行》。

新裂齐纨素，皎洁如霜雪。
裁为合欢扇，团团似明月。
出入君怀袖，动摇微风发。
常恐秋节至，凉飙夺炎热。
弃捐箧笥中，恩情中道绝。

那是一个已渐微凉的秋天，她独倚小楼，独自幽叹。心上人已移情别恋，自己的命运就像这初凉时节的团扇，纵使“皎洁如霜雪”，“团团似明月”，终是免不了被弃置的命运。想到这里，她禁不住泪水簌簌滑落，一滴一滴，落进那个无情的秋天。

班婕妤在失宠后所作的这首《怨歌行》，以幽怨的口吻道出了积郁心中的失落与怅惘，以及对无力扭转的命运的哀怨。

南梁钟嵘《诗品》说：“团扇短章，词旨清捷，怨深文绮，得匹妇之致。”如此评价，可谓深得班婕妤心意。

林花谢了春红，太匆匆，一切美好恍若梦。随着飞燕入汉宫，恩爱终成空。然而，飞燕起舞绕御帘的轻盈，最终也敌不过合德入浴尽妖娆的妩媚。美好情事的背后，总有人不见的另一面，总有太多的始乱终弃的戏码在上演。

古之女子，才貌双全者，大都难逃红颜薄命的命运，岂止是飞燕合德。宫中女子，相互争风，能有几人可得全身而退，几人可得善始善终？

班婕妤是聪明的，她知道爱已无法挽回，她没有独自叹息，而是自请去长信宫侍奉王太后。

班婕妤是执着的，当成帝死后，她又请命终其余生为他守陵，终日陪伴着曾经背叛了自己的亡魂。

听松风天籁，独自悲伤感怀，回忆着“出入君怀袖，动摇微风发”的往事，如此黯然度过了孤清落寞的晚年。

君不见，玉环飞燕皆成土。千金纵买相如赋，脉脉此情向谁诉。聪慧的班婕妤对这一点自是了然于心，是舍不得的纠缠，还是放得下的释然，深谙明哲保身之道的她，显示出了女人少有的冷静与理智。她在《自悼赋》中这样感叹：“唯人生兮一世，忽一过兮若浮。”人生一世，漂若浮萍，归于何处，有时真的不是自己可以把握。此时她还能做到心若止水，洞悉局势，此非寻常女子可为。

钟嵘在《诗品》中赞道：“从李都尉迄班婕妤，将百年间，有妇人焉，一人而已。”如此赞誉，实不为过。

爱情并不总如想象般美好。她爱他没有错，只是，她把一切都寄托给了爱情，却不知深深的宫墙之内没有爱情。女人都想把男人当作自己一生的依靠，相伴一生一世。殊不知，男人的心，帝王的爱，只求一时拥有，岂在乎天长地久。当飞燕合德两个尤物入宫，他早就把她抛在脑后。人生毕竟并不总如初见般美好，有时，红颜未老，爱已成空，心中留下的，只是初见那一刻的美好。

“相逢咏蘼芜，辞宠悲团扇”，“故人心尚尔，故心人不见”。穿越千年时空，那小小的团扇留给我们的，唯有深宫红墙内的一声叹息。

“骊山语罢清宵半，泪雨零铃终不怨。何如薄幸锦衣郎，比翼连枝当日愿。”这又是一个以美好的初见而开始，最终黯然落幕的爱情故事，只是故事的主角换成了唐明皇与杨贵妃。

《新唐书》说，唐明皇“既知音律，又酷爱散曲”，且其识音断律的水准不亚于那“曲有误，周郎顾”的周瑜，“声有误者，帝必正之”。而杨玉环也是“擅舞识音律”，无须“时时误拂弦”，便可引得她的三郎来顾。更何况，初遇李隆基的杨玉环，“天生丽质难自弃”，“回眸一笑百媚生”，难以抵挡的诱惑，已然倾了他的心。然而，真正无法抗拒诱惑的，是男人那颗躁动的心，还有心中那永远无法填平的欲望。

他们想做一生一代一双人，却不知，世间如侬有几人？

马嵬坡，一封一昔缠绵、半生恩爱已随风飘散的情书。这份尘封于昨日的爱情，生于盛世，失于战乱。时隔经年，风化成了斑驳而哀伤的印记，赤裸裸地展现在我们面前。

“七月七日长生殿，夜半无人私语时”，那是情人短暂而难以再续的缠绵。“在天愿作比翼鸟，在地愿为连理枝”，那是海市蜃楼般永远也无法兑现的诺言。终于，马嵬坡前，就在她的三郎转身的一瞬间，所有的缠绵和诺言便都随风而散。从此，他再也见不到她远望一骑红尘时灿烂的笑脸。那曾经鲜嫩欲滴的荔枝褪尽了颜色，伴着风中瑟瑟飘落的黄花，装点清秋，零落成愁。

后来，在一个阴雨连绵的夜晚，唐明皇凄然入蜀，栈道之上，夜雨闻铃，百感交集，他依此音而作《雨霖铃》，词牌由此而成。

唐郑处诲《明皇杂录补遗》中记载："明皇既幸蜀，西南行，初入斜谷，属霖雨涉旬，于栈道雨中闻铃音，与山相应。上既悼念贵妃，采其声为《雨霖铃》曲，以寄恨焉。"

"以寄恨焉"，如果明皇有恨，来世他是否还要做他的唐明皇？而她在死前却留下了一句有悔无恨的表白："妾诚负国恩，死无恨矣。"果真无恨？还是，爱至深，恨化幽怨，幽怨最后抵不过心中的爱怜？她若无恨，马嵬坡前的那一刻，她是否还要做那个妩媚的玉环娘，让她的三郎念念不忘初见时她的那一个回眸？

爱从来都是无怨无悔。可惜，他选对了对象，却选错了角色；她选对了爱情，却选错了男人。

他忘记了自己乃九五之尊，到了马嵬坡前，他才真正找回了自己的角色。代价是，忘记那恩爱如丝的缠绵，放弃那比翼连理的誓言，让爱情从天上回到了人间。

她忘记了爱情之于这个男人，只是他一片江山旁的一抹亮丽的装点。江山将覆，纵是再亮的一抹色彩，终将会成为可悲的祭奠。

夜雨中，栈道上，仿佛还可以听得到悠悠飘荡的回响，你可听得出其中的丝丝忧怨与哀伤？

清音如许，那比翼连理的誓言，最终在幽幽山谷之中随风飘散。

我们不必去责难他的辜负与薄幸。一个高高在上的男人，左手是万里河山，右手是佳丽红颜。此刻，艰难的抉择就摆在他的眼前。换了你，左手、右手，怎么选？

我相信这个男人是爱她的，只是，温柔的缠绵最终没有抵过能够满足男人权欲的江山。他无奈地转过头，无情地松开了右手。那份曾经山盟海誓的爱情，还有那女子曾经袖舞长风的霓裳，伴着周围冰冷的目光，随着如血的落红，一起飘然而落，零落成一世的哀伤。

“六军不发无奈何，宛转蛾眉马前死”，随着一缕香魂逝去，我们分明听到了心碎的声音。这何止是一颗伤痛的心的破碎，还是一个帝王权欲大厦的崩塌。在他放开右手的一瞬间，注定他同时也失去了左手的大好河山。这一切，又怎能完全归咎于一个所谓的“红颜祸水”，一个欲望大厦的沦陷，岂能完全归咎于一朝一夕一红颜？

一个高高在上的帝王，低首，是芸芸众生，臣子臣民；仰望，无人可与其比肩，有的只是自己那颗寂寞的心。当权力无休止地膨胀，当欲望随心所欲地流淌，爱情便失去了当初的模样，理智也便瞬间沦丧。

一位以色列诗人说过：“当我们走得太快就要停下来，让灵魂跟上。”我们总是急于去寻找，寻找我们心中的那份欲望，却忽略了，我们的灵魂早已被远远地甩在了后面。

多情，男人心；绝情，帝王心。从男人做到帝王难，从帝王做回男人，更难。

爱情与权力相伴而生，上演的注定是一篇华美而残酷的乐章。你纵有绝代风华、千般颖慧与善良，也不过是开在大唐盛世旁的一朵玫瑰。那充满欲望的大厦一旦崩塌，那朵爱情之花便随之而凋谢。此时，有谁还会坚守那在天比翼在地连理的誓言？

爱中人，情中事，唯誓言最不可靠。誓言之于爱情，只是欢愉时刻的调剂，不是危机来临时那棵救命的稻草。它太虚无缥缈，缥缈得还不如一个紧紧的拥抱，一个拥抱还能够让你我感觉得到彼此的温度，听得到彼此的心跳。

誓言就如同压在箱底的那件婚纱，初次的美好之后便是永久地封存，渐渐地被遗忘。或许你偶尔会将它记起，将它再次轻轻抚摸。只是，时隔经年，纵是光鲜如昨，却再也感受不到往夕的温度。

不幸的是，情中人，哪一个不相信那美好而脆弱的誓言？她至死还坚守着那不曾兑现的誓言，没有一丝埋怨。但最终还是时间打破了誓言，岁月褪色了红颜。

誓言，爱情的舞台上，无情的表演。

白居易在《长恨歌》中说，“汉皇重色思倾国，御宇多年求不得”。很显然，白居易是在用“汉皇”喻指“唐皇”。安史之乱，虽未撼动大唐的江山，却使之改变了容颜。最终，白白葬送了杨玉环作为祭奠。爱情永远都是纯真美好的，只是，你若犹豫，它就会悄悄地从你的指尖滑落。

男人的一生，权力之争，女人之争。

只求一怒为红颜，哪管纷争为江山。爱时，即便江山换一笑，谁能奈之何？不爱时，纵有千金一曲《长门赋》，又有谁人听？

世事已变，时过境迁。昔日的宫殿，曾经的欢颜，还有那清池里仿佛莫奈笔下色彩迷离的睡莲，如今，只能无声地衬托着一个人的孤单。

因为有爱，是以长恨。一曲《长恨歌》，最终成了杨玉环幽怨的悲歌。一个杨玉环，最终成了万人所指的“红颜祸水”，成了大唐盛世不再的替罪。

息妫一女灭二国，实在不是女人的错。可最终却落得个“看花满眼泪，不与楚王言”，还是摆脱不了“千古艰难唯一死，伤心岂独息夫人”的命运。到头来，除了落得个“桃花夫人”艳美的虚名，剩下的只是点点滴滴的无奈与泪水。

深深的背景下却是一个女人来依托，实在是对男人莫大的讽刺。楚息之争正是那三千年前古希腊“木马计”的翻版，“红颜祸水”只是男人堂而皇之的替罪。

班婕妤输给了一个女人。杨玉环也输给了一个女人，输给了一个女人无休止的贪念，那人便是她自己。其实，最终她们都输给了爱情。

爱情是浪漫的，爱情是虚幻的。当爱情面对现实的拷问，最终会败下阵来。当理智与情感相遇，当金钱面对爱情，当权力与爱情碰撞，我们都希望看到的是不离不弃的爱情。然而，现实总是让理想显得那么无力而苍白。

死亡带不走爱情，因为爱情不存在于一个人的躯体里，它存在于一个人的灵魂中。阴阳两隔，“天上人间情一诺”，留下一个人独自慨叹，独自神伤。这样也许太残酷，但之于文人，真真是，爱情不幸诗家幸，残酷的爱情成就了无数名篇，使得那些曾经美好的爱情得以流传。

《怨歌行》倾诉着班婕妤绵绵的幽怨，《长恨歌》道出了杨玉环丝丝的眷恋。然而，容若的一句“人生若只如初见”，却饱含着世间所有恩怨情愁后的慨叹。

如花美眷，似水流年。聪颖的班婕妤，妩媚的杨玉环，经历了无数的温存与缠绵。曾经华美的乐章，如今，只留下断句残篇。俱往矣，弹指逾千年。

如果，世间事，只有开始，没有结束，一切皆如初见般美好，不用去面对现实残酷的收梢，多好。

没有如果，只有结果。结果是，再也没有了那长生殿上情意绵绵的誓言，再也没有了江山美人的相看两不厌。世间事，总是剥开最残酷的一面给人看。

人生若只如初见，卡米尔是否会转身离开罗丹，又何必在疯人院惨度晚年，独自舔舐着伤口，一遍又一遍。

人生若只如初见，陆游是否还会有那阕《钗头凤》题沈园，让后人伤感悔恨之时拿出来诵念？

人生若只如初见，如若三郎骊山行宫不遇杨玉环，时逾千年，我们是否还会有幸拜读那《长恨歌》的名篇，是否还会相信什么在天比翼在地连理的誓言?

人生若只如初见，梁兄不与九妹楼台相见，英台仍为马家妇，山伯安读圣贤书。如今，我们又如何欣赏得到那一曲《化蝶》的缠绵?

世间事总是充满遗憾，或许，有遗憾的人生才是圆满。

遗憾让美好更感人，遗憾是美好留给我们永远的悬念。

我与你相遇，我与你别离，有如那曾经挥手的云彩，似那轻轻告别的康桥，留几分惦念，珍藏于心，刚刚好。

看得到开始，猜不出结局，何须埋怨，这原本就是世事剥落伪装后真实的一面。

如若初见，我要留住你心花初放那一刻的惊艳，永藏心间，用我的心去抚摸，一遍又一遍。

人生没有如果，有了开始，终会有结果，不论你看见看不见。

一片伤心画不成

有时，
爱如花期交错。
待你花开，
我已衰败。

南乡子·为亡妇题照

泪咽却无声。只向从前悔薄情。凭仗丹青重省识，盈盈。一片伤心画不成。

别语忒分明。午夜鹣鹣梦早醒。卿自早醒侬自梦，更更。泣尽风檐夜雨铃。

纳兰词，以情胜。成就最高者当属情词，用情尤深者，当属悼亡词。纳兰的悼亡词可谓词中奇葩，一曲歌罢，忧伤满怀。王国维“北宋以来，一人而已”之赞语，想必也是由此而发的。

康熙十三年（1674），二十岁的纳兰容若与十八岁的两广总督、兵部尚书卢兴祖之女卢氏成婚。纳兰饱读诗书，文武兼修，卢氏“生而婉娈，性本端庄”，可谓郎才女貌，才子佳人。自此，两人蜜意千般，柔情万种，赌书对弈，琴瑟相和，似神仙眷侣。

然而，世间因缘多有不可预料者，纳兰与卢氏的爱情便是其中一帧跌落尘埃的剪影。美好总如烟花般短暂，幸福的生活只维持了短短三年的时光，随着卢氏产后受寒而亡，纳兰的心便如一潭枯水，再也兴不起一丝的波澜。从此，纳兰词风陡变，“悼亡之吟不少，知己之恨尤深”，一首首伤心千古的悼亡之词，哀婉凄楚，令人肝肠寸断。

才子佳人又如何？情深不寿，天妒红颜。终落得，有情相爱，无缘长久，徒留几篇诗文，两行清泪。

我已习惯了与你依偎相伴。如今，你已不在我的身边，我再也触摸不到你的容颜，再也感受不到你的温柔与缠绵。痴情的话语，低声的呢喃，再也听不见。黯然伫立，默默无语，一切再也回不到从前。

夜深更漏静，孤灯如豆。泪眼模糊，手捧画像，呜咽无声。抚摸着你冰冷的脸庞，想着你盈盈可爱的模样。

脉脉此情向谁诉，徒留伤心无数。世间无限丹青手，一片伤心画不成。

“一片伤心画不成”，何等丹青妙手才能够描摹出心中的无尽伤痛？如此精警隽永、匠心独运的语句，读罢，心中顿生凄凉。

此句最早语出唐诗人高蟾的《金陵晚望》诗中：

曾伴浮云归晚翠，犹陪落日泛秋声。

世间无限丹青手，一片伤心画不成。

写出“问世间，情是何物，直教生死相许”这等世间第一情语的元好问也是极爱这一句，在他的诗中至少有四处用到了“一片伤心画不成”。其中最著名的是《怀州子城晚望少室》：

河外青山展卧屏，并州孤客倚高城。

十年旧隐抛何处，一片伤心画不成。

谷口暮云知郑重，林梢残照故分明。

洛阳见说兵犹满，半夜悲歌意未平。

另《重九后十日作》中有“重阳拟作登高赋，一片伤心画不成”，《题家山归梦图》中有“卷中正有家山在，一片伤心画不成”，《俳体雪香亭杂咏》中有“赋家正有芜城笔，一片伤心画不成”。

被称为清代“词家三绝”之一的陈维崧有“寻去疑无，看来似梦，一幅生绡泪写成”句。“一幅生绡泪写成”与“一片伤心画不成”相比，境味相差甚远，所写之情，如小女子的哭哭啼啼与儿女情长，而“一片伤心画不成”，却是尽显沉郁与苍凉。

“凭仗丹青重省识，盈盈，一片伤心画不成”，容若此句显然是“偷”了高蟾“世间无限丹青手，一片伤心画不成”的精髓。

任凭你丹青妙手，画得我的憔悴，画得我的泪眼，我的一片伤心你画得么？

“青青河畔草，郁郁园中柳。盈盈楼上女，皎皎当窗牖。娥娥红粉妆，纤纤出素手。”这首《古诗十九首之二》，叠字连出，朗朗上口，少女娇美可人的姿态，宛然可见。不知纳兰读了这首诗，可否会想起那个“盈盈骑马过”“薄妆浅黛亦风流”的她？可否会想起“鸳鸯小字，犹记手生疏”的她？可否会想起，那夜的她，“晚妆欲罢，更把纤眉临镜画”？

纳兰作词，情深不滥，词丽不艳。“人到情多情转薄，而今真个悔多情”，岂真也无情？抑或真多情？岂知，无情皆是因多情，多情正是无情根，谁能说得分明。画中那曾经盈盈可掬的笑影，成了镌刻在心中一个不愿回首的永恒。

别离从来折磨人。记得分别时，欲语泪先流。浮生若斯，恍如一梦。梦中，好似一对双宿双飞的比翼鸟。而如今，鸳梦未醒人已去，独留下一个怅然若失的身影，在这了无生趣的尘梦中，独自徘徊。

凄冷的夜，思念似冷雨般寒凉。屋檐下，那摇摆的风铃，声声清切，似你轻轻的呜咽。此时的你，可似那唐明皇，夜雨闻铃，一样的哀伤？

本欲与你比翼双飞宿，奈何，蜜愿终难遂。君自早醒我独眠，鹣鹣梦难圆。

我不知，庄生梦蝶，可是为了昭示人生原本就是一场亦真亦幻的梦境。但我知，那个千古伤心的梦中人，定是在这风雨潇潇夜里，独自凝望，独自心伤。

康熙二十四年（1685）暮春，正是细雨绵绵、合欢盛开的时节，纳兰邀好友渌水亭一聚，共赏合欢，留下了他的绝笔《夜合花》：

阶前双夜合，枝叶敷华荣。
疏密共晴雨，卷舒因晦明。
影随筠箔乱，香杂水沉生。
对此能销忿，旋移迎小楹。

如此一聚，一醉，一咏三叹，一病不起。七日后，于五月三十日溘然而逝，永远离开了这个他毫无眷恋的尘世。而正是八年前的这一天，卢氏离开了这个她眷恋不舍的尘世。冥冥中的注定。

命运之于纳兰，或许过于苛刻。即便以命相投，亦无法唤回曾经的笑语欢颜。从她离去的那一刻起，心中的清苦哀痛就不曾消减。纳兰的早逝，可是因为她在梦中的轻声召唤？他独自一人，将那一捧过往，洒满了那业已泛黄的诗笺。

爱有时不是为了回报，而是为了成全。固执地坚守着心中的那份情感，去把停留在过去的那份美好成全。这种成全是直指心髓的冰寒，直教人为之潸然。

悼亡若此，足以让人扼腕。悼亡，的确是文学题材中的一个异类。诗人可以把悼亡之吟写得感人肺腑，催人涕零。却在亡人未逝之时鲜有寄内之作。即便思念，也往往是闺思之类的代言之体。男人总是把目光望向远处，追忆已经失去的情感，任身边的美好悄然溜走。偏偏要等到芳华已逝才恍然惊醒，原来幸福是如此的脆弱易失，当你懂得，它已走远。

那些失去后教人痛彻心扉的寻常，在拥有的时候洞悉，才是一种明慧。

唐朝有一位叫杜德舆的诗人，一生无名，但却用其毕生的时间写诗给自己的妻子，其诗无限缠绵，丝毫不掩饰因思念而泣下的情状，如此真实，倒显得那么可爱，更加可敬。

“落花风雨更伤春，不如怜取眼前人”。我想，北宋那个著名的宰相词人晏殊如此感慨的时候，是不是心中也满是风雨落花后的无奈和不曾为花住的悔恨？

哪一场爱恋不美好？哪一场爱恋会永不沦陷？为什么眼前人总是那如沾在衣服上的一粒饭粘子的白玫瑰，而失去的却永远是如心口上的一颗朱砂痣的红玫瑰？

道理从来都是说与人听，换了你，你能否真的放得下？没有谁愿意忘记，没有谁愿意喝下那碗“孟婆汤”。即便留下的，不再有心伤，几人做得到？真正懂得照见自己，成全别人的人，一定是已经走出爱，心中唯有感慨的人。

生离尚且伤感，死别情何以堪。有时，爱如花期交错。我似梨花暮春三月盛开，你若桃花初夏五月才来。待你花开，我已衰败。

窗外雨霖铃，心中几曾悔多情。可怜月圆花好处，无情，凄风冷雨打画屏。雨歇梦未醒，梦醒已觉双泪盈。问愁怎不随梦去，多情，伤心偏向花间行。

那是纳兰孤独的身影，那是纳兰一个人的独行。

拥有你，只觉平常。

失去你，寸断柔肠。

我是你，最快乐的心伤。

你是我，最痛的心疼。

天上人间情一诺

爱情，
需要一个理由，
让自己坚守。

减字木兰花

烛花摇影，冷透疏衾刚欲醒。待不思量，不许孤眠不断肠。

茫茫碧落，天上人间情一诺。银汉难通，稳耐风波愿始从。

给我一个梦，让我与你重逢。

给我一个理由，让我能够坚守。

给我一个承诺，让我不会把梦失落。

“茫茫碧落，天上人间情一诺”，一句承诺，给足了自己坚守的理由。

爱已天上人间，我却独自坚守，坚守着一份永远无法兑现的诺言。一句承诺，忧伤成河。

只要坚守着那份承诺，爱就不会失落。不必计较，银汉迢迢，能否涉过。不必在乎，茫茫碧落，天人永隔。

《减字木兰花》是在原有《木兰花》词调上有所减省。《木兰花》原为唐教坊曲，西蜀韦庄首用作词牌，南唐冯延巳作《偷声木兰花》，至宋欧阳修首先填之，取名《减字木兰花》。词有减字与偷声，词的曲调虽有定格，但在歌唱之时，为了使其音韵更加优美，更加动听，还可以对音节韵度略有增减。《添声杨柳枝》《摊破浣溪沙》，这是增。《减字木兰花》《偷声木兰花》，这是减。从乐曲的角度来取名，增叫作添声，减叫作偷声。从歌词的角度来取名，增称为添字，又称摊破，减称为减字。

《减字木兰花》多用来抒发伤愁哀怨之情。纳兰此词，亦是如此。意境凄凉，读来令人失落怅惘，沉痛之感，直抵人心。

青灯如豆，烛花摇窗影。冷夜孤枕，难将歇。知道思量易断肠，又怎能，不思量？

开篇便是一个“烛花摇影”的凄迷景象。方千里曾作一首《还京乐》，其中有“帐画烛摇影，易积银盘红泪”句。这是方千里在草长莺飞时节，于秦楼楚馆，见“画烛摇影”，引“红泪”惆怅，叹“问何人，能道平生，聚合欢娱，离别兴味”。结句“纵有丹青笔，应难摹画憔悴”，亦是与纳兰“一片伤心画不成”有通感而味相契。然而方千里的“聚合欢娱，离别兴味”可道，纳兰“茫茫碧落”“银汉难通”的伤痛却是无人可解。

烛花摇影惹红泪，香消被冷不堪眠。岂是不思量，便相忘？“不许孤眠不断肠”，词人多用反语，半生已分孤眠过，烛花摇影寒香夜，正是无眠断肠时。

“上穷碧落下黄泉，两处茫茫皆不见”，唐明皇在马嵬坡赐死杨贵妃后，思念不已，故派方士四处寻觅贵妃魂魄，白居易在《长恨歌》中如此描述。纳兰作“茫茫碧落”语，可是要学那寻找爱妻芳魂的唐明皇？已然天上人间，依然痴情不减。手捧着再也拼不完整的记忆碎片，却仍坚信，纵便银汉两隔，有朝一日，从头再来，定与你相见。多么美好的诺言，美好到无法实现。

“茫茫碧落，天上人间情一诺”，这是怎样一个固执的承诺。这是人已逝情犹在的爱情誓言，能否实现已不重要，重要的是，用心去坚守。

纳兰为妻子卢氏所写词作颇多，卢氏生前，纳兰经常扈从康熙出塞，常与妻子离别，故相思之作不断。卢氏走后，离别成了永别。暂时的离别还能有相见的期盼，永远的离别只留下痛苦的思念。此恨何时已，绵绵无绝期，留在心中的是刻骨铭心的遗憾。

汤显祖在《牡丹亭》中说：“情不知所起，一往而深。生者可以死，死可以生。生而不可与死，死而不可复生者，皆非情之至也。”

爱情从来都是如此霸道，我们不知道它起于何处，落于何方。故而，对于那“一往而深”的每一时、每一刻、每一点、每一滴，我们都会感到弥足珍贵，都会在心灵中一个难以触摸的角落将它们暗暗收藏。

“生者可以死”的爱情是奢求，但是，透过那些生死相许的爱情词章，我们依然可以看到，万物苍生，唯有爱情可以做到“死可以生”。

长相思，久别离。思念总那么长，相守却那么短。天涯人远，心伤魂断。空记省，痛余生。纳兰只有用他的诺言去演绎“生者可以死，死可以生”的爱情篇章。

“天上人间情一诺”，直道人世间最深切的悲痛。那悲痛，不是我站在你面前，你却不知道我爱你，而是深深的相爱，永久的别离。如此最堪悲。

纳兰妻卢氏，“贞气天情，恭容礼典”，且“生而婉娈，性本端庄”。虽不工诗文，但她用她的兰心蕙质读懂了纳兰的寂寞，读懂了他“不是人间富贵花”的孤傲，读懂了他“相思相望不相亲”的忧伤。只可惜，情深天妒，康熙十六年（1677）五月三十日，一个“寒更雨歇，葬花天气”的日子，香消玉殒，她带着那份“茫茫碧落，天上人间情一诺”的爱情誓言走了。

瞬息浮生，薄命如斯，低回怎忘？最深的痛不是人去不能忘，而是情在不能醒。于是，容若从此便坠入了“悼亡之吟不少，知己之恨尤深”的忧伤和悲痛之中，永不能醒，永不愿醒。

都说时间可以抚平创伤，时间可以让人遗忘。真的如此，世间便无伤痛。其实，时间只是把每一次伤痛在心里的柔软处深深地隐藏，一旦触碰，曾经的痛与伤，清晰如昨，痛彻心扉。

“聚散苦匆匆，此恨无穷”，欧阳修看透了人间的聚散离合，死生契阔，故而可以潇洒地“把酒祝东风，且共从容”。然而，“今年花胜去年红，可惜明年花更好”，这正是纳兰的痛。明年花更好，知与谁同。如丝的缠绵，如花的红颜，已如昙花一现，只留下，爱与思念的纠缠。

世事轮回，无法超越。时光流转，改变了你我，却从不曾隔断我对你的思念。流水落花春去也，天上人间。如今，唯有用曾经的誓言去温暖心中无尽的思念，任时间去凭吊那遗失在旧日的眷恋。

寂寂秋夜，一灯一人一心香，一阕清词一断肠。容若用一首首哀婉的词去穿越时空，跨越心灵的距离，感受内心的荒芜与凄凉。

“茫茫碧落，天上人间情一诺”，多么天真而美好的诺言。

诺言美好，却不是谁都会相信。一旦跨越，沧海桑田。一旦退缩，瞬时沦陷。人世万物，概莫能免。到头来，都似镜花水月梦一场。

“死生契阔，与子成说。执子之手，与子偕老”，这是古老而坚定的承诺。“山无陵，江水为竭，冬雷震震，夏雨雪，天地合，乃敢与君绝”，这是生死不渝的爱情誓言。然而，现实残酷，情事无常，爱情的舞台上，什么都可能上演。

当我们不再相信诺言，爱情可以用来遗忘，忠诚可以用来背叛。世事多变且凉薄。你执着，我未必放在心上。现实教会我们太多，真的不知，我们到底还会不会承诺。

世事繁华，转身沧海桑田。猜得到故事的开始，却猜不到故事的结局。我们躲不开，尘世后，那只翻云覆雨手。

当年，深情且多情的杜牧对着那婷婷袅袅的少女留下了一句十年的诺言，便乘一叶扁舟离去。时光流转如梭，十四年后，当他想起那遗失了许久的诺言，再姗姗来迟地去兑现，曾经的“豆蔻梢头二月初”，已经是“绿叶成阴子满枝”。

把爱情看作是自己生命中的点缀，这是男人的心。把爱情当作自己生命中的全部，这是女人的情。当女人遭遇爱情，谎言般的誓言她终是看不穿，总是在爱情里迷失，迷失在那轻薄如絮的美丽誓言里。纵便誓言破灭，她却依然坚信，今生今世，爱都不会改变。爱情之于女人，就是沦陷。

“平生志愿，今日获从，粉身碎骨，誓不相舍，请以素缣，著之盟约。”当那唐大历十大才子之一的李益说出这铮铮誓言，霍小玉的心间宛若开出了灿烂的花朵，这谎言般的誓言就成了她唯一的慰藉。

短暂的两载缠绵之后，他应试及第，即将赴任，密密的离愁在她的心间缠绕。她知道，他不再属于她，再也无法与她终生相守。此时，他再次抛出诺言：“皎日之誓，死生以之。与卿偕老，犹恐未惬素志，岂敢辄有二三。固请不疑，但端居相待。至八月，必当却到华州，寻使奉迎，相见非远。”

他继续用诺言兑现着诺言，用谎言欺骗着谎言。最终，诺言都成了谎言，永远也不能实现的圆满。誓言有多美好，结局往往就有多凄凉。

黄衫客的前由我无须再讲，当李益无可奈何地随黄衫客来到了小玉面前，得到的却是冰冷的红颜和痴情女子绝望的慨言：“我为女子，薄命如斯。君是丈夫，负心若此。”

最后，她终于不再欺骗自己，她揭开了誓言的面纱，还原了一个真实给自己。她终于明白，爱情只不过是世间一段平凡的事，当爱情走远，不必挽留。只可惜，当她懂得时，命运已尘埃落定。

我们即使洞悉了诺言美好面孔的另一面，又有谁忍心把它戳穿。身在其中，终觉美好。当杨玉环命丧马嵬坡前，她耳边依然回响着“七月七日长生殿”的誓言，依然兑现着“妾诚负国恩，死无恨矣”的心甘。不论怎样，爱情已无法挽留，一切再也回不到从前。只有那一句“上穷碧落下黄泉，两处茫茫皆不见”的哀叹，在历史的上空寂寞地飘荡。见了又如何，已然黄泉碧落，真的是你我的期盼？

爱情，需要坚守，有时也需要放手。只有放手，才知道是否真正值得你一生拥有。只是，你放手，也许再也无法回头。像雪花飘落你的心头，倏然消失，短暂的美丽，再也无处守候。

如果爱可以回头，你是否还会晓得什么是珍惜，什么是遗憾，什么是天长地久？

茫茫碧落，天上人间情一诺。深深的一诺，深深的伤痛。

“相思本是无凭语”，晏几道是深有所感的，相思，本是一场虚妄。相思，更是桎梏。只是，看透了虚妄，却未必走得出桎梏。如果爱，请深爱。

“直道相思了无益，未妨惆怅是清狂”，还是李商隐说得明了，如果痛苦，如果孤独，不妨义无反顾。如果你惆怅，如果你迷惘，只须任其流淌。

相思无据，昨日欢情何处去。偏又思量，一寸思量一断肠。银汉相隔，碧落无声应似我。莫问苍穹，怎耐风波愿始从。

爱情，需要一个理由，让自己坚守。

瘦尽灯花又一宵

有些事，不必参透，只须深藏于心。
有些情，不必懂得，只须默默感受。
有些回忆，一旦触及，永远无法释怀。

采桑子

谁翻乐府凄凉曲？风也萧萧，雨也萧萧，瘦尽灯花又一宵。

不知何事萦怀抱，醒也无聊，醉也无聊，梦也何曾到谢桥。

窗外下着细雨，翻开《纳兰词》，信手拿来一首诵念，瞬间，浸润了词篇，潮湿了我的心绪。

“谁翻乐府凄凉曲？风也萧萧，雨也萧萧，瘦尽灯花又一宵。”点点灯花，独自摇曳，独自明灭，似寒夜里独自无聊的你我。读罢，已是心绪纷乱，无语凄凉。

陈廷焯说此词“哀婉沉著”，我深有同感。梁启超认为此词有“时代哀音”、“眼界大而感慨深”，我不以为然。梁先生乃时代之人物，所思所想，国之大计，自然是大处着眼。但若要从纳兰无聊愁极的叹惋中读出时代之音，贴上时代的标签，就个人眼界而言，实不敢说纳兰有如此深厚的底蕴。

纳兰词，一己的哀音而已。我喜欢纳兰词的清新婉约，亦爱其直抵人心的至情至伤。

总有一些心思，似曾相识，一个思量，便回到了昨天。总有一些情绪，难以抑制，轻轻地触碰，便勾出种种过往。

风雨潇潇的夜，一盏孤灯昏黄，一杯清酒盈觞，一段寂寞的时光。如此意境，适宜默默地怀人，暗暗地感伤。

一个人的寂寞，独享寂寞中的凄凉。如此，正是纳兰情怀。

我想起了蒋捷的《一剪梅》。

一片春愁待酒浇。江上舟摇，楼上帘招。秋娘渡与泰娘桥，风又飘飘，雨又萧萧。

何时归家洗客袍？银字笙调，心字香烧。流光容易把人抛，红了樱桃，绿了芭蕉。

“红了樱桃，绿了芭蕉”，乐景写哀之语，教人直叹时光太匆匆。读罢，似有余音绕梁之感。蒋捷此词与纳兰这首词，意境是如此地契合。一派春光被点染得凄楚销魂，一样的风雨潇潇，一样的不胜凄凉。

纳兰是“不知何事萦怀抱，醒也无聊，醉也无聊”的闲愁。蒋捷是“何时归家洗客袍？银字笙调，心字香烧”的乡愁。

“醒也无聊，醉也无聊”，纳兰的闲愁总是写得愁肠百结。“红了樱桃，绿了芭蕉”，蒋捷却总能把旧家风景，轻描淡写，宛若闲谈一般。

此情此景，纳兰叹“梦也何曾到谢桥”；蒋捷叹“流光容易把人抛”。虽词境相似，然蒋捷更胜一筹，更能提升人内心的孤独感。

是谁在那唱着凄凉的旧曲？潇潇风雨夜，独自不成眠。醒也罢，醉也罢，你永远占据着我的牵挂，却是无法相见，徒惹心伤。唯有那红烛摇曳，伴人憔悴到天明。

晏小山有《蝶恋花》词，其中情绪，与容若暗合。

醉别西楼醒不记，春梦秋云，聚散真容易。斜月半窗还少睡，画屏闲展吴山翠。

衣上酒痕诗里字，点点行行，总是凄凉意。红烛自怜无好计，夜寒空替人垂泪。

“醉别西楼醒不记，春梦秋云，聚散真容易”，正似容若“醒也无聊，醉也无聊，梦也何曾到谢桥”的无奈。

“衣上酒痕诗里字，点点行行，总是凄凉意”，正似容若欲见不能、欲寄无所的凄凉。

“红烛自怜无好计，夜寒空替人垂泪”，那是小山的欢情易逝，别离后的孤怀难遣。“瘦尽灯花又一宵”，那是纳兰愁极无绪的无奈与寂寞。

诗词中，通常用“谢娘”代指心爱的女子，以“谢桥”“谢娘桥”指代佳人居住之所，或情人幽会之地。

每个人的心中，都有一个心爱的“谢娘”，那是你梦中美好的挂牵。每个人的梦中，都有一份美好。只是，梦中，你可否过得了那“谢娘桥”？

“梦也何曾到谢桥”，容若如此一问，甚是凄凉。凄凉处，正是陆游那“只有梦魂能再遇，堪嗟梦不由人做”的无奈。

纳兰此句实是翻用小山的词句：“梦魂惯得无拘检，又踏杨花过谢桥。”愁苦的相思在小山这里竟是如此的欢快轻盈，与纳兰的“梦也何曾到谢桥”相比，多了一份放荡不羁的风流，少了一丝凄婉而自然的真情。

相思总是无凭据，梦中难过谢娘桥。相思到绝处，梦也成奢，如此无奈。此时，不禁想起纳兰的一句“梦里寒花隔玉箫”，亦是别样凄凉。纵有梦，奈之何？

梦若由人何处去，愿踏杨花过谢桥。

在叹息中愁苦，此是纳兰。在愁苦中快乐，那是小山。一样的相思缠绕，不一样的心态，不一样的命运。

纳兰与小山，同是权相之子，同是才华横溢，同是生性孤傲，漠视权贵，同是千古伤心人。

纳兰容若，温婉雅致，情思纤细。生为情生，死为情死，一生痴心无悔，实为难能。

小山则是天真可爱，痴亦绝人。我行我素，自许风流。似那浪子柳七，视青楼红粉为知己，一生风流无悔，化伤心于无形。其伤心实难与容若并论。

放得下是大智慧，放不下是真性情。我们不必赞叹小山的举重若轻，更不必叹惋纳兰的视伤心为己任。经历后方知，世间缘分，一样的深浅。世间真情，一样的轻重。只是，看你站在哪一边。

此一生，总有一些人、一些事，兀立在记忆深处，久不消散，忽远忽近，似是而非。欲近，不得。欲忘，不能。唯有在某个寂寂的凉夜，思念生发的夜，拼尽长宵，聆听雨打芭蕉，一声声，似梦中，梦中与你相逢。

我们无法真正地去诠释纳兰词，无法真正走进纳兰的内心。纳兰本就是寂寞的，寂寞得就像《诗经》里的一首小诗，清淡如菊，朴拙如玉，却不是人人都能够懂得。

有些事，不必参透，只须深藏于心。有些情，不必懂得，只须默默感受。有些回忆，一旦触及，永远无法释怀。

每个人，在梦的深处，都有一份曾经的美好。

两情相悦，未必生死相随。怦然心动，亦是一生的美好。

清风拂过，花未动，我心动了。

合上书卷，我心释然。

但是有情皆满愿

谁人能够跨越这隔世的忧伤，
倾心一场，终成殇。
月下花无语，西风独自凉，
谁欠谁一段，返生香。

浣溪沙

抛却无端恨转长，慈云稽首返生香。妙莲花说试推详。

但是有情皆满愿，更从何处著思量。篆烟残烛并回肠。

佛经云："世间离生灭，犹如虚空华。智不得有无，而兴大悲心。"世间万相，皆由心生，一切皆虚空。

"但是有情皆满愿，更从何处著思量。"若是有情皆遂愿，世间哪得相思味。如此多少有些自我解嘲的一句，道出了相思的无奈，道出了爱而未得的感慨。似秦少游的那一句"两情若是久长时，又岂在朝朝暮暮"，相遇后的别离，自我安慰般的无奈。

纳兰袭用了王次回的诗句。次回有诗说，"但是有情皆满愿，妙莲花说不荒唐"。王次回似比纳兰更参透世间情事，字句中透露着浓浓的佛意。

纳兰的这首《浣溪沙》，词句之间也是多有佛意。纳兰原本对佛学就多有涉猎，自幼学习书法，曾临摹赵孟頫手书的《法华经》。《法华经》全称《妙法莲华经》。自卢氏去世后，纳兰便生趣渐消，此后其词作中开始流露出一种向佛的倾向，词中佛之意象也渐渐增多。

词境即心境，词心即我心。纳兰生于华阀，性本忧郁，情近乎悲。梁启超称之"古之伤心者，别有怀抱"，应是一语道破纳兰心结。纳兰亦自言，"我是人间惆怅客"，"不是人间富贵花"。低落的心绪诉诸词端，生成凄婉幽怨的凄美之境。陈其年用"哀感顽艳"四个字来概括纳兰词的意境，尤为精当。

家家争唱《饮水词》，纳兰心事几人知？

纳兰的词，惹人心痛，似那南国的红豆，生而为相思。纳兰的词，独为多情人而吟咏，读来教人心有所感。但是，有多少人真正懂得纳兰的寂寞?

多情之人皆寂寞。纳兰半生沉湎于相思，一生独自品味孤独。在一首《金缕曲》中，纳兰便发出了“料也觉，人间无味”的叹息。这一叹，便耗尽了余生。

康熙十六年（1677）是纳兰人生重要的拐点，也是纳兰词风的转折点。这一年的五月三十日，爱妻卢氏去世，纳兰迟迟不忍将其下葬，灵柩停在双林禅院一年有余。其间，纳兰常流连于此，夜宿双林禅院，且作有两首《忆江南 · 宿双林禅院有感》。“心灰尽，有发未全僧”，“天上人间俱怅望，经声佛火两凄迷”，由此而后，纳兰便偶有一些词作，充满佛家色彩。

纳兰词集初刊之时，纳兰正是年少风流、意气风发之时。纳兰用北朝独孤信的典故，欲学那独孤信，一派侧帽风流，给自己的词集取名为《侧帽词》，引得家家争唱。后顾贞观将其词重新刊印，更名为《饮水词》，取《五灯会元》道明禅师答卢行者语“如鱼饮水，冷暖自知”之意。此时，纳兰已心意渐冷，与尘世已渐隔绝，似有红尘看破之意。

顾贞观在《纳兰词 · 原序》中这样说道:“容若天姿超逸，悠然尘外，所为乐府小令，婉丽清凄，使读者哀乐不知所主，如听中宵梵呗，先凄惋而后喜悦。”“如听中宵梵呗”，也是佛意明显。

中国古代文人，雅好佛学者众多。然如纳兰，身为满族贵胄，入关不久，年少成名，任职清要，却也对佛学情有独钟者，实为少见，值得玩味。

纳兰后来还给自己取了一个号，叫楞伽山人。此号来自大乘佛教《楞伽经》，唐代诗人王维、白居易、刘禹锡等人都深受此经影响。梁佩兰悼纳兰的挽诗道："佛说楞伽好，年来自署名。几曾忘夙慧，早已悟他生。"

纳兰看尽人间悲喜种种，心生红尘厌倦。厌世，缘于爱之深切。向佛，只因情缘难了。

纳兰此词，佛意浓厚。"慈云""稽首""返生香""妙莲花"等皆为佛语。

"慈云"一词是佛家语，在佛经里很常见。因为佛家称佛的慈悲如大云覆盖世界，容若用在此处，代指佛祖。

"稽首"是一种跪拜礼，属"三叩九拜"的"九拜"之一，从周代就有了，《周礼》中便有记载。

"返生香"之典，乃取返生还魂之意。《海内十洲记》载：聚窟洲有一座神鸟山，山上有返魂树，如果砍下这种树的树根和树心，在玉釜里煮成汁，煎成丸，就成了所谓的惊精香，也叫返生香。埋在地下的死者一闻到它的香气就会复活，复活之后便再也不会死去。

"妙莲花"，指的是《妙法莲华经》。"花"通"华"，汉字里本来没有"花"字，"花"是后起的俗字。

佛家谓，"如来慈心，如彼大云，荫注世界"。称佛名号能"破除众生一切无明，能满众生一切志愿"。又云《妙法莲华经》"能大饶益，一切众生，充满其志"。

纳兰与卢氏三载情缘，一朝断绝。死者已矣，生者悲不自禁，遂生痴想。他曾不止一次祈求佛主，使亡妻还魂。也曾在篆烟残烛之中，忍泪推详佛经。然而，无论他多么虔诚，终是无法如愿，徒惹愁肠百转。

情到绝时，便生痴想。纵无情处，亦是多情。

满纸佛音，却不为大彻大悟。痴于情中，寄望还魂，盼后身之缘，终难满愿，却仍眷眷于此。

正是这眷眷不忘的深情，构架了纳兰词的风骨。

无人可以真正看破红尘，所谓看破，逃避而已。一心向佛，也只是一种逃离，一次自我的救赎，心中那一丝光亮却永远没有熄灭。

佛念不惹尘间事，一花一木总关情。淡淡轻愁如烟，悠悠红尘相思，断不了的是尘世情缘。

情非所愿，空惹思量。心空无物，唯情难忘。

谁人能够跨越这隔世的忧伤，倾心一场，终成殇。

月下花无语，西风独自凉，谁欠谁一段，返生香。

春情只到梨花薄

失去和错过，原本没什么两样。不同的是，错过的，叫遗憾；失去的，叫悲痛。

虞美人

春情只到梨花薄，片片催零落。夕阳何事近黄昏，不道人间犹有未招魂。

银笺别梦当时句，密绾同心苣。为伊判作梦中人，长向画图清夜唤真真。

梨花似雪，片片飘零。

“满地梨花似去年，却多了廉纤雨”，“新月才堪照独愁，却又照梨花落”，“从此伤春伤别，黄昏只对梨花”，“人比疏花还寂寞，任梨花，落尽无人管”。纳兰的梨花，尽是悲凉味道。

“春情只到梨花薄”，一片柔情似梨花般美丽。然而，越是美好的，便越是脆弱的，脆弱如春风里轻轻飘落的梨花。如此，世间美好便更加弥足珍贵。纵有几多不舍、几多挂牵，美好总如花般飘落。不论几多挽留，几多呼唤，却唤不回你如花的娇颜。

花落去，情正苦。斜阳外，花雨中，只剩下一个孑然伫立的身影。

黄昏时，夕阳正浓，却是不理人间悲喜，依旧没入沉沉暮色，留下一瓣梨花在风中飘零，似那如花伊人陨落。

梦中犹有同心结，记否当时句。为伊愿做梦中人，梦中，长向画图唤真真。

“真真”，乃杜荀鹤《松窗杂记》中记载的一个“聊斋版”书生与美女故事的女主角。

这样的故事一定要以书生的艳遇开始。唐时，有进士赵颜，于一画师处偶得画卷一幅，画中女子美若天仙，其实她原本就是一仙女，赵颜对着画中美女不禁想入非非。

这样的故事往往都是由男主角的非分之想而引发的。“可惜的是，如此美女，只是画中有，若能让她活过来，我定娶她为妻。”书生如此叹道，言语中流露出些许遗憾。

然而，画师的一番话令书生兴奋不已，他顿时来了精神。画师说：“此画非同一般，画中女子名叫真真，如若呼其名百日，则必应。待她应后，用百家彩灰酒给她喝下，她便会活过来。”

为了抱得美人归，怎么也须舍得些本钱的，况且只是费些气力。他就将信将疑地对着画呼唤了百日，奇迹终于出现了，画中女子果真从画中翩翩而下。于是乎，他便娶她为妻。一年后，真真为他生下一子。从此，两人便过上了幸福的生活，如童话故事一般。

如果故事就这样结尾，那就是一个美丽的童话了，可惜并不是。

但凡这样的故事，此时都该轮到王母娘娘、法海之类的人物出场了。而本故事出场的是赵颜的一个好朋友，他的好友闻听此事，对他说，哪有这等美事，此女一定是妖孽。不须有什么法力，只需正常的头脑，正常的思维便可得此结论。有人说，身在情中之人，智商约等于零。朋友的一席话使书生顿时清醒，他也觉得事有蹊跷。于是，故事的高潮水到渠成。

当真真得知他的疑虑，伤心欲绝，哭诉道：“我本是南岳的地仙，既然你如此怀疑我，我还有何脸面再住下去。”说完，一个转身，飘然而去，回到了画中。

书生转身再看那画，画中女子如原来一般模样，只是，脸上多了几滴泪水，身边多了一个孩童。

书生后悔不迭，但无论他再怎样呼唤，她再也没有回应。

虚构的故事总是那般真实，因为世间总有太多的遗憾和不圆满上演。当失去曾经的拥有，我们总会以某种形式去缅怀或祭奠。

“唤真真”，多有诗人对此一唤。它给了我们太多的幻想，真情的呼唤若能唤回昔日的真情，莫说百日，千日又如何。

范成大有“情知别有真真在，试与千呼万唤看”，吴文英有“丹青谁画真真面，便只作，梅花频看”。他们都只是旁观者的感叹，纳兰却是故事的主角。怎奈，他却唤不回离他而去的爱人。

“唤真真”的这个故事让我想起了汤显祖的《牡丹亭》，故事的主角也是一位书生，名叫柳梦梅。一日他在梅花观中拾得一女子的画像，倾慕不已。但见画上题有诗句“不在梅边在柳边”，俨然看到了自己的名字，心中不禁一惊，这使得他更加神魂颠倒。他便将画像带回房中，日日观赏，不忍释手，情到痴处，忘乎所以，唤之不停。

这正是，“生和死，孤寒命。有情人叫不出情人应，为什么不唱出你可人名姓？似俺孤魂独趁，待谁来叫唤俺一声”。这段唱词如此悲切，俨然又是“聊斋版”书生的多情。

柳梦梅的痴情呼唤，终于唤回了冥中的杜丽娘，遂成美好。从此，两人便过上了幸福的生活。

故事到此结束，一个美丽的童话。

一样的故事，不一样的结局。人间故事，总有悲喜。情之所至，皆归一叹：“情不知所起，一往而深。生者可以死，死可以生。生而不可与死，死而不能复生者，皆非情之至也。”汤氏这一叹，叹出了爱情的真谛。

若可以，纳兰愿做那赵颜和柳梦梅，来把爱妻呼唤。只是，最终得到的，不知是赵颜的无奈，还是柳梦梅的圆满。

失去和错过，原本没什么两样。不同的是，错过的，叫遗憾。失去的，叫悲痛。

呼唤，唤不回曾经的笑靥。无奈须过奈何桥，有情偏饮忘情水。前世的缠绵，今生的情愫，你可还记得？是否记得，乌丝阑上，我们写下的生死之约？是否记得，我们一起绾系的那个同心结？

落尽梨花无人管，人比疏花还寂寞。谁领略，真真面，向梦里，低声唤。凄清的夜，轻声呼唤着你的名字。千遍，万遍，直到你款款向我走来。

冷夜孤寂，烛影摇曳，仿佛你轻轻的脚步。

梦中，你向我走来。

醒来，脸上，几点泪痕，枕上，你淡淡的余香。

初之卷·故作羞

漫漫红尘，
多少牵挂。
几人潇洒，
几人放得下。
待繁华过尽，
心仍存牵挂，
亦不负好年华。

小立恨因谁

漫漫红尘，多少牵挂。
几人潇洒，几人放得下。
待繁华过尽，心仍存牵挂，
亦不负好年华。

忆江南

昏鸦尽，小立恨因谁？急雪乍翻香阁絮，轻风吹到胆瓶梅。心字已成灰。

说到《忆江南》，我总会想起那句著名的“广告语”：“江南忆，最忆是杭州。”白居易的这句词便是我最初的江南印记。

记得那年去杭州，雨中游西湖，别有一番韵味。此刻，稍有诗词功底的人，都会不自觉地想起白乐天的诗句。如果唐朝有广告，我们定会看到一位白须老人站在西湖边，眺望着烟波浩渺的西湖，吟出一句，“江南忆，最忆是杭州”。

白居易的《忆江南》，流传至今，已逾千年，早已把江南美景烙印在了人们的心中。

说起描写江南美景的诗词，白居易的这首《忆江南》当属其中翘楚。“江南好，风景旧曾谙。日出江花红胜火，春来江水绿如蓝。能不忆江南。”寥寥数语，一幅江南画卷展于眼前，尽现江南美好。

古语道，“言而无文，行而不远”。古语诚不欺人，乐天这首《忆江南》能历经千载而流传不绝，自有其文。短短几句，尤其“红”、“绿”最妙，俨然莫奈笔下的睡莲，几笔勾勒，江南美景已然足够我们想象的了。

从此，《忆江南》这个词牌就给我留下了再也抹不掉的印记。我就觉得，它定是用来描写烟雨氤氲、碧波浩渺的江南美景的。这都怪那白乐天，他那广告语般的词句，俨然成了后人领略江南风光的教科书。

后人多用这个词牌写景，殊不知，最初这个词牌是用作悼亡的。据传，这个词牌最早是唐李德裕为悼念谢秋娘所作，本名《谢秋娘》，后来白居易作了三首著名的《忆江南》，实在太有名了，因词中有“能不忆江南”句，故而改名《忆江南》。

江南好，风景旧曾谙。日出江花红胜火，春来江水绿如蓝。能不忆江南。

江南忆，最忆是杭州。山寺月中寻桂子，郡亭枕上看潮头。何日更重游。

江南忆，其次忆吴宫。吴酒一杯春竹叶，吴娃双舞醉芙蓉。早晚复相逢。

白居易的这三首《忆江南》，尽数江南美好。尤其是第一首，此词一出，便成为一幅浓墨重彩的画卷。古往今来，凡写江南景色，必展此卷，历数其美，尽效其能。

江南，在文人墨客心中一直是一个最美好的意象，一个最温柔的纠结。多少人，如那苏轼，美好与失意都留在了江南。多少人，如那柳永，不惜笔墨，倾其能而赞江南。

这位“奉旨填词”的柳永的一首《望海潮》，把江南景色描摹得无以复加。

东南形胜，三吴都会，钱塘自古繁华。烟柳画桥，风帘翠幕，参差十万人家。云树绕堤沙，怒涛卷霜雪，天堑无涯。市列珠玑，户盈罗绮，竞豪奢。

重湖叠巘清嘉。有三秋桂子，十里荷花。羌管弄晴，菱歌泛夜，嬉嬉钓叟莲娃。千骑拥高牙，乘醉听箫鼓，吟赏烟霞。异日图将好景，归去凤池夸。

柳永一反惯常的柔奢缱绻词风，大开大阖，波澜起伏，浓墨重彩的铺叙，尽展杭州的繁荣壮丽景象，可谓“承平气象，形容曲尽”。慢声长调与所抒之情起伏相应，音律协调，情致婉转。

说实话，柳永此词饱含激情，笔调却极其夸张，恭维应酬之态毕显，我不是很喜欢。我还是更喜欢他“杨柳岸，晓风残月”那般清秋冷落的伤情格调。

然柳永的才华是不可否认的，一首《望海潮》，迷人的西湖与钱塘胜景确实是能让人一览无遗的。

相传金主完颜亮读罢柳永的这阕《望海潮》，亦盛赞杭州之美，“遂起投鞭渡江，立马吴山之志”，隔年以六十万大军南下攻宋。

若说柳永一首词诱发金主南侵之心，实不可信。但有此传说，足以印证这首词的艺术感染力之强，这一点毋庸置疑。

《忆江南》，又名《梦江南》《望江南》《江南好》。初为单调，至宋时始有双调。容若曾作过两首双调《忆江南》，那位“日夕只以眼泪洗面”的南唐后主李煜被掳北方后，遥望江南故国，写下了两首《望江南》：

多少恨，昨夜梦魂中。还是旧时游上苑，车如流水马如龙。花月正春风。

多少泪，断脸复横颐。心事莫将和泪说，凤笙休向泪时吹。肠断更无疑。

南唐后主的这两首《望江南》均为单调，韵脚也不相同。然而，两首词之间，却是意韵贯穿相通，若把两篇一并来读，俨然一首双调《望江南》。

后主后期词作如杜鹃啼血般，声声血，字字泪，字里行间浸染着浓浓的凄凉味道，读来直教人心生悲凉。此时，我们眼前仿佛浮现出一个孤独的身影，或醉或梦，醉梦之间，早已不知今夕何夕。空叹的，是苟延残喘的尘世，还有无处话凄凉的落寞。

他的“望江南”更似“梦江南”。他的江南，在梦里。

纳兰这篇《忆江南》为《饮水词》的开篇之作，典型的纳兰词风，情真意切，清隽哀婉。词分小令与长调，此曲则是令中短小者，如词中小品，虽短却难，初作词者多习此曲，方家一观则知高下。容若本篇，自为上品。

康熙二十三年（1684），纳兰曾两次扈从康熙南巡，一路南下，留下了一路的《忆江南》，写尽江南风光。有对江南美景的咏叹与向往，更有缕缕怀古伤今的慨叹。绮丽的江南景色，掩饰不住他对羁旅生涯的厌倦，还有他那无比落寞的心绪。

梦江南，忆江南，终不知，在每个人心中的江南里，有几多欢笑，几多心伤。纳兰是用他那颗伤痛的心去抚摸那忘不掉的过往。

纳兰的这首《忆江南》是一首不折不扣的情词，至于情为何人，难以定夺。有人推测，此词是纳兰为其传说中入宫的表妹所作，或为其情人沈宛所作，也有人说是为其故去的妻子卢氏而作。但从词中意境来看，说是为卢氏而作，仅“昏鸦”一个意象就不是很得当。但归之为写情之作，确是无疑的。

一首好词，可以发己之声而移人之情。词写一己之情，读词者却可以由小情而见大情，由此而及彼。所以，我们何必纠结于那些繁缛的考究，偷一下懒，权且将其当作是为意中情人所作好了。毕竟我们是在读纳兰词，而非研究纳兰史。读纳兰词，感受其一片真情，足矣。

纳兰作词，主张“诗乃真声，性情之事也”，其词“天然去雕饰”，自由抒写性情，格调天成，绝少斧凿之痕。纳兰词总是在无比纯粹的文字下，展现出一种至柔至伤的美。

黄昏易逝花易落，心字香烧和梦残。欲笺心事，无语却凭栏。是谁在那冬日黄昏，黯然伫立，为谁惆怅为谁伤。香阁前，雪如絮，晚风轻拂胆瓶梅。再看那，篆字心香，已然默默燃成灰烬。

“昏鸦”起句，直道凄凉，触绪添伤。古诗词以“鸦”入境者颇多佳句，其中意境最美的，当数马致远的那首经典小令《天净沙 · 秋思》：

枯藤老树昏鸦，小桥流水人家，古道西风瘦马。夕阳西下，断肠人在天涯。

枯藤、老树、昏鸦、小桥、流水、人家、古道、西风、瘦马、夕阳、天涯。整篇没有一个动词，极致的简练，着实大胆，一组静态意象的罗列，居然产生出如此意想不到的效果。似一幅幽静的画面，沧桑而悲凉，天涯人远，不知归路。读罢，无语，黯然伤怀。

纳兰的这首小词也确有马致远的手法，黄昏、寒鸦、柳絮、香阁、瓶梅、心香，一组意象的罗列，灰色的景物中透露着相思的凄苦，一幅景情交融的伤感画面。清人称纳兰情词“哀感顽艳”，这首小令我们便可领略一二。

“急雪乍翻香阁絮”，似谢道韫那一句“未若柳絮因风起”。谢道韫身出名门，少有才名，却命运多舛，在“孙恩之乱”中，她的丈夫与子女全部罹难。

不知道是有心还是无意，引用谢道韫“咏絮”典故的诗句也都充满了悲剧的色彩。《红楼梦》中《金陵十二钗正册》的第一首：“可叹停机德，堪怜咏絮才。”宝黛一双佳人，最终生死两隔，有情人终是眷属难成。

叹造物弄人，叹有缘无分，想来容若此时也应有此意。

“轻风吹到胆瓶梅”，如果说纳兰词总是透着一抹伤心的灰色，那么这一枝胆瓶中的梅花更是为这灰色调蒙上了几许凄艳色彩。

每读此词，我总会想起陆游的那一句“只见梅花不见人”，恍若天地间一声长长的叹息，郁积了一生的落寞与伤感。

时节寒凉，天地间冷清一片，唯有梅花傲雪绽放，而那一枝插在胆瓶中的梅花，愈发显得凄凉幽独，一阵轻风吹过，那一抹傲雪凌风的冷艳便化作瓣瓣残红，落在书卷上。花影斑驳，仿佛流淌在书卷里无情的流年。

宋代的那位“断肠才女”朱淑真在她的《绛都春》中如此写梅：“月

笼疏影横斜照，更莫待，单于吹老。便须折取归来，胆瓶插了。”也是折了梅枝插胆瓶，却不似纳兰那般的凄凉，大有“花开堪折直须折，莫待无花空折枝”的无奈。

这是经历过后才道得出的无奈，不是为赋新词强说愁的感慨。杜秋娘如是，朱淑真如是，纳兰亦当如是。

极喜欢结句，“心字已成灰”，容若曾在另一首双调《忆江南》中有“心灰尽，有发未全僧”句，与“心字已成灰”比来，一样的哀伤，一样的凄凉，且有一丝的绝望。

心字即心字香。明杨慎《词品 · 心字香》有云：“范石湖《骖鸾录》云：‘番禺人作心字香，用素馨茉莉半开者著净器中，以沉香薄劈层层相间，密封之，日一易，不待花蔫，花过香成。’所谓心字香者，以香末萦篆成心字也。”

说心字香，我总会想起蒋捷那首著名的《一剪梅》：

一片春愁待酒浇。江上舟摇，楼上帘招。秋娘渡与泰娘桥，风又飘飘，雨又萧萧。

何日归家洗客袍？银字笙调，心字香烧。流光容易把人抛，红了樱桃，绿了芭蕉。

“银字笙调，心字香烧”，“流光容易把人抛，红了樱桃，绿了芭蕉”，我爱极了这美丽到哀愁的句子。

心字香烧尽，情若死灰冷。流光易逝人奈何，樱桃花红，芭蕉叶绿。怎奈，风雨飘摇，一寸乡心无着处。

蒋捷的“心字香烧”，归思的惆怅。纳兰的“心字已成灰”，绝望中的哀伤。

生命似那心字香，缕缕燃尽，一切成灰。钟鸣鼎食，抵不过抛人的流光，荣华富贵，终成灯下旧日的昏黄。

然而，当一切逝去，断肠人在天涯，谁又能做到心中了无牵挂。回首东风销鬓影，唯教魂梦到天涯。这是纳兰的执念。

对感情的眷恋，似扑火的飞蛾，义无反顾，不惜生命；而对现实的厌倦，却总似一把锁，牢牢地将你锁住，无法逃脱。

厌倦缘于贪婪，多情人遇无情事，美好成空，心灰意冷。“风雨消磨生死别，似曾相识只孤檠，情在不能醒。”一生的际遇，曾经的种种，只留下斑驳的印迹，湮没于淙淙流淌的年华。风雨夜，孤灯下，不眠的是萦绕于心的旧爱与新愁。物是而人非，同心而离索。似曾相识的，只有那心香一缕。正是，“一种情深，十分辛苦”。纵然美眷如花，难抵福分薄浅。终留下，那份难以割舍的眷恋。

哀，莫大于心难死。心若在，那份幻想的执念就不停地在心中蔓延。春心已共心灰尽，情到十分转似无。放下执念，这样，或许可以不受那相思之苦。

心存执念，念念的是昨日的旧影。希望与绝望之间，痴心折磨，如那胆瓶里的梅花，独留一枝于心，独守一份寂寞。一炉香火微微，渐行渐远，似那旧日时光，一去无返，宛如记忆里开出的花瓣。

漫漫红尘，多少牵挂。几人潇洒，几人放得下。

待繁华过尽，心中仍存牵挂，亦不负好年华。

回头忍笑阶前立

有时，爱情就是这样。
彼此遥望，各自生活。
知道彼此的存在，
不知道彼此的感伤。

落花时

夕阳谁唤下楼梯，一握香荑。回头忍笑阶前立，总无语，也依依。笺书直恁无凭据，休说相思。劝伊好向红窗醉，须莫及，落花时。

如果说，纳兰词是一片伤心的灰色，那这首《落花时》便是灰色中一抹多情的玫瑰红。

《落花时》在众多调谱中皆未有载，应是纳兰的自度曲。

我特别喜欢那些听来意韵美婉，读来唇齿留香的词牌，《落花时》便是其一。仅此三个字，便已给足了我们想象的空间，未及词句，已然透出几分幽凉，一种凄清的婉美。

有宋以后，词渐式微，鲜有成名者。时至清代，纳兰容若以惊艳之势横空出世，领尽风骚。然而容若小词，颇得南唐后主遗风，多为哀感凄冷之曲，少有清新婉丽之音。

纳兰词，主情，调伤。词风一向幽咽伤感，哀婉凄切，不能终听。然而本篇却是纳兰词中为数不多的清丽小词之一，虽不是纳兰词主调，但在众多感伤凄凉的悲音之中，却是一抹亮色，尤为可爱。

斜阳点点红窗幽，有个小影下西楼。见伊人，手握香荑双晕羞，阶前立，笑回眸，纵然无语，情也悠悠。少女的娇羞之态尽现纸上，字里行间，似有花间情绪。

纳兰好观北宋之作，不喜南渡诸家，而且对花间词极喜爱，他在写给梁佩兰的一封信里说："即爱花间致语，以其言情入微，且音调铿锵，自然协律"。故其词作中多有花间清丽婉美的影子。

开篇寥寥几笔，情趣已出。情人幽会，欲见还羞的情态鲜活欲出。

亲昵，不失庄重。浓丽，却不艳俗。情致入微处，灵动而活泼，数句之间便将伊人形貌神情，心波暗涌，情人间既娇且嗔的复杂心态描摹得如此清透，惟妙惟肖。

如此小令，很轻灵，很纳兰。言辞殊丽，一如月照清荷，婉丽而亲昵，风流蕴藉处，颇有几分北宋小令遗风。这也正是纳兰风骨心境高于一般市井词人之所在。纳兰容若词风雅致，格调清新，此篇可证。

如此曼妙的小词，让我想起了纳兰的一首《浣溪沙》，曲调轻盈，词中情境及人物情态与《落花时》简直如出一辙，可一并来读。

一半残阳下小楼，朱帘斜控软金钩。倚阑无绪不能愁。

有个盈盈骑马过，薄妆浅黛亦风流。见人羞涩却回头。

秦观有句，“小楼连苑横空，下窥绣毂雕鞍骤”。据说此句里嵌了其情人的名字“娄琬”二字，真伪暂且不辨，就句中香车美女意象而言，常人总会有怦然心动的感觉。但我怎么读都觉得不对味道，总觉得似关西大汉，抱铜琶铁板，浅吟低唱“杨柳岸，晓风残月”，气度有余而情韵不足。苏轼调侃此句说：“十三字只说得一个人骑马楼前过。”除了笑谈，这里面还是多少有些读而未得的味道。不过试想，东坡若是看了纳兰“一半残阳下小楼”“有个盈盈骑马过”的句子后，心中可否会掠过一丝清新幽凉呢？

有人说，“词宜抒情，或直发胸臆，或假以兴象，而叙事者少见”。

我深以为然，词叙事者少见，小令尤难。而这两首小令恰是以叙事的手法填出，颇有出奇之妙。两首词中刻画的场景，描绘的细节，也颇为相似，闺中女子怀春且羞的形象活灵活现，着意刻画而不伤其情韵，清新别致，极有花间味道。

一个回头，风情万种，情态跃然而出。那忍笑阶前的一个回头，是幽会时四目相对的娇嗔；而那见人羞涩的一个回头，是邂逅时初开的情窦，可谓各得其妙，纳兰词中节奏如此轻快的词作，难得一见，甚是可爱。

男女邂逅，怀春少女与风流少年，一见而钟情，想来现在已大不如古时来的直接而坦然了。

“偷眼暗形相，不如从嫁与，作鸳鸯。”一个眼神，以身相许，温飞卿《南歌子》中少女的秋波传情可谓够坦白、够直率、够感性。

“春日游，杏花吹满头。陌上谁家年少，足风流。妾拟将身嫁与，一生休。纵被无情弃，不能羞。”与温庭筠齐名的花间名家韦庄，其词中的少女与温词中的相比，更加大胆、更加泼辣。“妾拟将身嫁与，一生休。纵被无情弃，不能羞”，一见钟情而义无反顾之势，我等今人只有瞠目的分。

心动不如行动，爱情不是等来的。红拂与李靖，卓文君与司马相如，都是为了追求爱情而双双夜奔，奔得可谓轰轰烈烈，成为千古佳话。这样的爱情，甚是感人，其胆量也令我等汗颜。

春光好，须珍惜。莫等到，落花时，空叹好时光。

“劝伊好向红窗醉，须莫及，落花时”，似有杜秋娘“花开堪折直须折”之意，不过，羞涩有余而大胆不足。

“奴为出来难，教君恣意怜。”南唐后主把自己与小周后偷欢的情态描摹得淋漓尽致，仿佛可以看到，花明月暗之时，女子手提绣鞋，悄悄潜出，看到恋人，扑将上去，身体还在瑟瑟发抖。这细节当真是描绘得惟妙惟肖，有如神来之笔。此种情景，教人怎能不销魂，世间男子，几人可逃得过这般诱惑。

虽历代词评家评此句粗俗不堪，却偏偏又言“极俚极真”，十足的吸引，够大胆，但与花间词比，还是稍显含蓄，还不够直白。

“须作一生拼，尽君今日欢。”晚唐花间词人牛峤写与情人的约会，要比后主与小周后的偷情露骨多了。豁出去了，只须今夜销魂，管他明日日高起。

何止是吸引，简直是勾引。人称花间词香艳，此句有过之而无不及。

王国维赞牛峤此句为“专作情语而绝妙者”，但我倒是觉得，这样剥夺了我们的想象，失去了含蓄的美，虽够“绝”，但称不上“妙”。

现在再来看纳兰的“见人羞涩却回头”，其直白香艳的本事是无法与前辈相比的，充其量是一种秋波暗送的挑逗。一个回眸，已然无法逃脱，可谓“不着一字，尽得风流”。中国传统女子的美，就是一种羞涩的美，正如那“犹抱琵琶半遮面”，些许含蓄，些许朦胧，那是一种内敛而不事张扬的美，我们称之为婉约。

相比花间词，我还是更喜欢李清照的婉约一派。“见客入来，袜刬金钗溜。和羞走，倚门回首，却把青梅嗅。”易安的这一个“回首”，极尽女儿妩媚羞涩之态，其情趣应不在纳兰的那两个“回头”之下。

此词虽有唐人韩偓“见客入来和笑走，手搓梅子映中门”的影子，却少了滞涩，一转而成细腻委婉之趣。感情这事，心急是消受不得的，还是含蓄朦胧些，婉转回环，更得其妙。

蔡嵩云在《柯亭词论》中说：“纳兰小令，丰神迥绝，学后主未能至，清丽芊绵似易安而已。”试问，词中人可称帝者有几？男有李后主，女有李清照。似易安足矣，何必“而已”，易安“婉约词宗”的名头可不是虚得的。想来，纳兰的那一句“见人羞涩却回头”，确实是像足了易安的“和羞走，倚门回首，却把青梅嗅”的那一回头。

逝去的时光总是如此美妙，少年的情事总是如此纯真。初恋似那初绽的花瓣，天真地展露心动的瞬间，从不曾留意花瓣上一滴露珠的眷恋。只有当花瓣离开枝头，当心动随岁月淹没，才终于懂得，爱情就似那一滴露珠的潸然，却只能在回首中遥望，在叹息中走远。

有时，爱情就是这样。彼此遥望，各自生活。知道彼此的存在，不知道彼此的感伤。

得到的，不知珍惜。得不到的，你也未必舍得她远走。

最初那一刹那的心动，是谁撩拨了谁的心扉？如今，谁已转身，谁还在留恋？

不知道，夕阳下，那些如歌的行板，在何处停歇？亦不知，那曾经的天真烂漫，曾经的如花笑靥，在哪里搁浅？

待回首，才知道，从指间悄悄溜走的，除了那段匆匆的时光，还有那颗年轻而躁动的心。

忆当初，嫣然一顾，晚秋时，斜阳暮，胜却春光无数。那个人，含羞低首，默默地走在我身后。如那透过枝叶横斜的影，默默地来，悄悄地走。何时，一个回眸，上了心头。何时，再回首，花落影移，月已下西楼，暗拈红豆扣，系得当时否？

每一段情，都是真实的，真实得可以触摸。只需珍惜，莫问是归宿，还是过路。

我想再折一枝河边的柳，站在桥头，遥遥处，为你凝眸。再次来到熟悉的街头，拐角处，再也不见我的咖啡时光，再也不见烛光映衬下你的脸庞。

能否，再一次，默默地走在我身后？

能否，再一次，见你那盈盈的回眸？

花开，花落，梦中人远，芳草天涯。

挥之不去的，永远是最初一刹那的心动。

背立盈盈故作羞

离别即是重逢，莫要说你已远走，

你分明，在我心头。

蓦地，了然。

转身的瞬间，故事才刚刚开始。

鹧鸪天·离恨

背立盈盈故作羞，手挼梅蕊打肩头。欲将离恨寻郎说，待得郎归恨却休。

云澹澹，水悠悠。一声横笛锁空楼。何时共泛春溪月，断岸垂杨一叶舟。

爱的逻辑，就是不合逻辑。

痴痴等候，却与你屡屡擦肩。一个不经意的回首，灯火阑珊的尽头，与你邂逅。

深爱，不能拥有。不爱，未必舍得放手。

爱你，不说。嘴上说怨，心里惦念。

不见，念。见了，怨。

念时云淡淡，怨时水悠悠。

念你时，你就是一朵淡淡流云，悄然飘上我的心头，只作片刻停留，又悄悄地溜走。

怨你时，你就是一汪悠悠碧水，轻轻流过我的脸庞，化成一滴泪水，流进我的心里。

题写“离恨”，词说“相思”。一首充满淡淡相思的清丽小词。

离恨，如一缕袅袅轻烟，在婉转的笔调中蔓延。

相思，在羞涩的语句中，怎么也无法遮掩。

纳兰擅小令，人称其为“清代令词之冠”，实不为过。其长调虽亦情词俱美，别有格韵，却远不及其小令独步一时。

纳兰容若，一位纯情词人，词以情胜，以词传情，以情移人。虽内容比较单薄，基本是局限在自我的小情之中，然而，所流露出的一种内美可谓独享词坛。

纳兰词，深受花间影响，却少有花间的香软和浓艳。如果说，花间词似浓妆艳抹的佳人，纳兰词则如淡妆少女，娇俏清新。

“背立盈盈故作羞，手挼梅蕊打肩头。”古之情人幽会，总是那般曼妙旖旎。见得郎来故作羞，手拈梅花，背立无语。蓦然回首，梅花却向情郎掷。一“立”一“打”，动静相映，蒙太奇镜头般跳跃，小女子的娇嗔佯羞、情意婉转的模样，便活脱脱地出现在眼前。“盈盈”二字，灵动精巧，让我想起《古诗十九首》中那位“盈盈楼上女”，娇羞、可爱。

这般意境，颇似南唐后主的“绣床斜凭娇无那，烂嚼红茸，笑向檀郎唾”，香艳不失清新，婉丽而又灵动。陈廷焯评此句：“风流秀曼，失人君之度。”说李煜有失君主风度，我想这才是他的檀郎本色。否则，李煜的“手提金缕鞋”，周邦彦的“纤手破新橙”这般私密场景我们就难得一见了。此正为词人本色，此时，李煜更是一个词人，一个情郎，而非一国之君。

一句“手挼梅蕊打肩头”，使我想起了一个人，说纳兰词，怎么也绕不过的那个人。

曾经，他是一个深受时人喜爱的诗人。

曾经，在元明清时，众人写情皆学李商隐，唯有他最得其妙。

曾经，在明末清初时，他的诗如此流行，流行到在当时许多重量级文人的诗作中都可窥见他的影子。其中就有清初三大词人之一的纳兰容若。

如果你对他还是陌生，不妨看看这些词句：“一片幽情冷处浓”，“五字诗中目乍成”，“鸳鸯小字，犹记手生疏”，“但是有情皆满愿，更从何处著思量”。

这些句子看着是否眼熟？不错，都是纳兰的词句。然而，你可知道，这些词句都是纳兰化用了一个人的诗句，有的句子甚至一字未改，直接拿来。

此人便是王彦泓。

王彦泓，字次回，人称其喜作艳诗，却深得纳兰的喜爱。其诗艳绝动人，读起来很有情绪，我也很是喜欢。

王次回的《疑雨集》当时在江南广为流传。纳兰的好友陈维崧称其诗“以香奁艳体盛传吴下”，其诗香艳一时。仅从屡屡化用其句这一点不难看出，纳兰对王诗也是情有独钟的。

时执词坛牛耳，且开“浙西词派”先河的朱彝尊对王诗也是大加赞赏，“金沙王次回结撰深得唐人遗意，诵之感心娉目，回肠荡气”，“启正诗人善言风怀者莫若金沙王次回”。

钱钟书说：“王彦泓诗很好，不是义山‘无题’的传统，而是冬郎‘香奁’传统中最出色之作。”纳兰有小名，唤作冬郎。不过，此处“冬郎”非指纳兰，而是小名同叫“冬郎”的唐代诗人韩偓。

日本唯美主义作家永井荷风读了王次回的《疑雨集》也说：“全集四卷中，几乎全是痴情、悔恨、追忆、憔悴、忧伤的文字。诗中那端丽的形式，幽婉的词句，病态的感情常常使我想起波德莱尔的诗。”他甚至说，波德莱尔的《恶之花》“简直就是《疑雨集》的直接翻版，移植而已矣”。

这样的赞美未免有些感情用事。永井荷风把王次回与波德莱尔并置，我想，应该不是就他们在文学史上的地位而论的，而是因为他们独特的语言风格，还有他们对各自所处时代的世道人心，所采取的不谋而合的那种激荡情绪的宣泄。

即使是当代，我们还能在张恨水的《春明外史》里，冰心的柔情散文里，郁达夫的书信里，沈从文的小说里，时不时地瞥见王次回的影子。

由此而言，仅以一个“艳”字概其全貌，还是有失偏颇。

平心而论，王次回的诗，几分香艳，几分伤感，还有几分的清丽可爱。云雨翻覆处，海棠般的意态媚然，不是上品，也算佳作。在纳兰词中，次回诗句，频频可举，可谓词中异数。

化用前人句，是纳兰极擅长的。小山词中有“手挼梅蕊寻香径”句，次回有“打将瓜子到肩头”句。纳兰的“手挼梅蕊打肩头”，将此二句合而并之，足见纳兰化句的得心应手，读来却比小山句多了几分娇羞，比次回句多了几分娴静端庄。如此，正是纳兰词境。

纳兰用王次回诗句，总能一转而成其好句。这两句相对照，一雅一俗，一娇羞一泼辣，境之高下，云泥之别。不过，就此而给王诗盖棺定论，还是未免有些武断。

王次回，这个几乎被人淡忘的晚明诗人，他来到这个世上，似乎就是为了等待另一个诗人的出现，为了衬托另一个诗人的辉煌。

因为纳兰容若，人们记住了王次回。后人说，王次回诗因纳兰词而出名，倒也不算过分，只是让人多少有些无奈，心中多少有些不平之意。

纳兰词，深得南唐二主之遗风，且容若好观北宋之作，不喜南渡诸家。故其小令，格高韵远，清新秀隽，自然超逸。然词中缠绵婉约之意，香软花间之风，王次回功不可没。

可惜，一个“艳”字便将他淹没了。

人说王诗香艳，我倒觉得，若与花间相比，其艳，得其一二而已。是我们对次回过于苛刻，还是我们对纳兰过于偏爱呢？也许兼而有之吧。

纳兰的许多词作，说到底，仍是艳词一路。艳，绝非“香艳”二字便可解其深意。其实，我们读纳兰词，不解其情，只究其文，也堪称其为艳。为什么我们读次回，就只识其艳，不解其情呢？

王次回妻早亡，其诗很多是悼念亡妻之作。此种境况，与纳兰极为相似，这就不难理解为何纳兰对王次回诗如此情有独钟了。他们的作品，一诗一词，虽体类相异，就情感而言，却是一脉相通。

他们在各自的文字里，倾吐着对往昔的无尽留恋，对现实的无可奈何。他们都在用情真意切的诗句，抚慰自己心灵深处的累累伤痕。

任时光流转，心中留着痴念，情深一片，崭新如昨。如若，他们同世而立，定会惺惺相惜，成为知己。

可惜，他们只能在各自的时空里，仰望着各自逝不可追的真情。

暂且放下王次回，留待以后分说，转回到词的下片。

忆当时，赏梅闻笛，闲情幽幽，几语写出昔日的绵绵情意，缕缕情思。而今，依旧天云淡淡，流水悠悠。高楼上，那笛声却是不尽凄恻幽咽，惹人伤感。待何时，再见依依垂杨柳，与你共一舟。

如此一幅如泼墨山水画般的别离画面，信笔描来，足以传神。计白当黑，无须多笔。

一声横笛一溪月，一垂杨柳一叶舟，足矣。

“横笛和愁听，斜枝依病看。逆风如解意，容易莫摧残。”在唐崔道融的《梅花》诗里，笛声总与愁来并，斜枝惯和病相依。

笛声空出，离别在即，相见无期，满心愁绪。结句颇有“今宵酒醒何处，杨柳岸，晓风残月”之良辰美景虚设的意味。声声离情，不堪听。

时空阻隔，古之一别，极难再见，纵是帝王，李煜也要说，“离恨恰如春草，更行更远还生”。

轻轻的一个松手，便是一世的别离。遥遥相望，已是彼岸之花。

纳兰又奈之何？

纳兰笔下的女子，很少工笔描摹，几笔写意勾勒，神韵已出。总是那么活泼而娇羞，不显丝毫轻浮做作，却有几分楚楚动人。

“花骨冷宜香，小立樱桃下”，“何处吹箫，脉脉情微逗”，“回头忍笑阶前立，总无语，也依依”。

如此佳句，得其神而忘其形，深谙其妙，伊人羞涩媚态隐隐可见。

而如今，伊人何在？

不论是“回头忍笑阶前立”的曼妙佳人，还是“背立盈盈故作羞”的羞涩娇人，那都是纳兰对美好初恋的回忆。最终，都在一声横笛中，定格为永恒的思念。

当美好成为过去，我们只有用回忆来弥补情感的空缺。

纳兰如此，次回亦如此。

等来的不是爱情，找到的才是。次回在孤夜里寻找着失落的影子，纳兰也在孤独的影子中寻找着失落的爱情。

“月到西南倍可怜，照人双笑影娟娟。”花落影孤无觅处，情到西南尤可怜。不敢西南望，怕与影成双，次回的形单影只，又有谁怜？

“已是深秋兼独夜，凄凉，月到西南更断肠。”深秋独居夜凄凉，西南望，更断肠。纳兰此时一个人的凄凉，可似次回一个人孤独的守望？

“无计徘徊归去也，一生赢得一思量。”次回的一句诗，一段情愫的收场。无计追寻，纵然徘徊，终是，燕子楼空，佳人难再寻。

世事沉浮，爱恨无常，转瞬间，已是空空的行囊。

这个世界，我们来时，原本空无一物。

一生赢得一思量，已是无憾。

离别即是重逢，莫要说你已远走，你分明，在我心头。

蓦地，了然。

转身的瞬间，故事才刚刚开始。

料应情尽，还道有情无

总幻想，突然有一天，
在那熟悉的拐角，见到你熟悉的容颜，
默默无言，只是牵着你的手，一如从前。

临江仙

点滴芭蕉心欲碎，声声催忆当初。欲眠还展旧时书。鸳鸯小字，犹记手生疏。

倦眼乍低缃帙乱，重看一半模糊。幽窗冷雨一灯孤。料应情尽，还道有情无。

极喜欢纳兰的这首小令，语句忧伤，意境凄清，用情尤深。读来教人思绪沉沉，心生悲凉。

平心而论，纳兰词实不能与太白的谪仙气度相比，亦不能与“苏辛”的豪放豁达并论。即便论婉约工巧，“温柳”之重引典，工协律，纳兰似乎也与其有明显韵味之别。然而，纳兰词却是纯任性灵，运笔自如，雕琢无痕。真真是，挥洒随心有真意，嬉戏愁苦皆是情。此乃纳兰词的独特魅力所在。

“鸳鸯小字，犹记手生疏”，闺中情趣，跃然纸上。曾经的温存，曾经的美好，历历在目，脉脉柔情中带着几许淡淡的哀伤，直惹人心生怜惜。

一句“鸳鸯小字，犹记手生疏”，又让我想起了王次回。纳兰屡袭其句，“鸳鸯小字，犹记手生疏”一句就是化其诗意而出的。

王次回著有《疑雨集》，后又有人托作《疑云集》，也难怪人称其诗艳俗，仅由其诗集的名字便可见一斑。“疑云”“疑雨”，云雨之意，香浓欲垂，妩媚之态，呼之欲出。

次回诗，以情见长，读来唇齿留香，带着些许浓艳与淡淡哀愁，总可以使人心为之触动。人赞其诗“无语不香，有愁必媚”，如此评价，就连花间鼻祖温飞卿也未曾获得。称其为“艳词高手”，实不枉其名。

同样以情入词、以忧抒怀的纳兰容若可谓王次回的知音。容若是极爱王次回那浓艳欲滴、哀愁有声的诗句的，在他的《饮水词》中，王诗的影子频频可见。换个角度来看，倒是因为容若频袭其句，而让这位明末之后便销声匿迹的诗人赚足了人气，至清后反倒名气大增。王次回这个名字，最终因纳兰词而声名再起。这也许是历史和他开了一个令他尴尬的玩笑。

不妨先来读一读纳兰的两首《浣溪沙》：

容易浓香近画屏，繁枝影著半窗横。风波狭路倍怜卿。
未接语言犹怅望，才通商略已懵腾。只嫌今夜月偏明。

五字诗中目乍成。尽教残福折书生。手挼裙带那时情。
别后心期和梦杳，年来憔悴与愁并。夕阳依旧小窗明。

对照一下王次回《疑雨集》中的诗句：

风波狭路惊团扇，花月空庭泣浣衣。——《代所思别后》
未接语言当面笑，暂同行坐夙生缘。——《和端已韵》
今日眼波微动处，半通商略半矜持。——《赋得别梦依依到谢家》
相对只消香共茗，半宵残福折书生。——《梦游》
矜严时已逗风情，五字诗中目乍成。——《有赠》

纳兰堪称化句高手，王次回的诗句经其活用，确有翻手云泥之别，别有一番境界。纳兰词中的“风波狭路”“未接语言”“通商略”“残福折书生”等都是王次回诗中词语，而“五字诗中目乍成”更是其中的成句，这种有“盗句”之嫌的移用，却得到大家一致的赞许。真不知，是容若确有化平庸为神奇的高妙，还是我们对容若过于偏爱与容忍。

读纳兰词，我们不难发现，纳兰化用甚至移用王次回诗中语句甚多。据李勖所作《纳兰性德词笺》统计，纳兰词化用王次回的诗句达七十多次，这种现象是极其少见的，堪称为最。

纳兰的《鹧鸪天》有“手挼梅蕊打肩头”句，明显有王次回“打将瓜子到肩头”的影子；《蝶恋花》的“和暖和香，又上雕鞍去”，分明是次回“和暖和香上马鞍”的重组；《采桑子》的“一片幽情冷处浓”，与次回“一片幽香冷处浓”相对照，一字之差而已。

纳兰如此喜欢化用王次回的诗句，至少可以说明一点，他是极喜爱王诗的。从另一个角度说，王诗确是有一定品位的。然赵秀亭《纳兰丛话》中却说：“彦泓诗颇涉邪狎，境味尘下，少有佳章。”我想这样的评价多少有失公允。至于王次回的诗境味如何，“尘下”与否，不妨翻开《疑雨集》，自己去品味一番。

“鸳鸯小字，犹记手生疏”，纳兰此句化自王次回的《湘灵》诗句：

戏仿曹娥把笔初，描花手法未生疏。
沉吟欲作鸳鸯字，羞被郎窥不肯书。

闺中女子，想要写些情话，却又怕被情人看见取笑，欲书还羞，娇态可掬。

而王次回的这蕴含着娇情的诗句却也并非原创，而是由欧阳修的《南歌子》化境而出：

凤髻金泥带，龙纹玉掌梳。走来窗下笑相扶。爱道画眉深浅入时无。
弄笔偎人久，描花试手初。等闲妨了绣功夫。笑问鸳鸯两字怎生书。

欧阳修描写的也是一番闺中之乐，浓艳不减次回，女子依偎着情人问："你看我的眉画得可还入时？'鸳鸯'两字可是这样写么？"此情此景，着实够娇情，够浪漫。而纳兰笔下的"鸳鸯小字，犹记手生疏"，却没了次回、永叔的艳腻之意，倒是愁苦之情更浓。

展开书卷，依稀有你的味道伴着墨香。当初温暖的景象，仍在心中珍藏，你手书小字时温婉的模样历历在目，低眉含笑，似从书卷中款款走来，仿佛你从不曾离开。

睹物思人，心中顿生伤感，只任书笺凌乱，任泪水模糊了我的双眼。我想透过那粉红的薛涛笺，轻轻触摸你的脸。闭上双眼，依稀还是你的容颜。

纳兰此词是一首悼亡词，语句忧伤，意境凄凉。纳兰与爱妻卢氏恩爱缱绻，可惜，上天只给他三年的美好，留给他余生的是漫长的回忆。想起曾经的寻常，如今触绪添伤。曾经的温馨与眼下的凄苦交错，似雨打芭蕉，声声苦、滴滴泪，读罢惹人心碎。

容若、小山皆情词圣手。小山词如歌，容若词似泣。顾贞观所谓纳兰词"一种凄惋处，令人不能卒读"，本篇可谓典范。

芭蕉，这一中国古典诗词中频频可见的意象，总是寄托着诗人别样的情愫，承载着诗人无尽的孤苦、忧愁与离情别绪。

“风流不把花为主，多情管定烟和雨。潇洒绿衣长，满身无限凉。”南宋词人张镃的寥寥几笔，芭蕉的孤寂与凄凉的形象已足够我们想象。

芭蕉之美，其美在姿态。更确切地说，是其“叶”态。芭蕉因其叶态之美，“文笺舒卷处，似索题诗句”，总惹诗人频吟芭蕉句。韦应物的一句“尽日高斋无一事，芭蕉叶上独题诗”，写尽闲愁，使得芭蕉与诗词从此有了无限的牵扯，再也无法分离，惹生出愁结万千。

清时蒋坦在一个秋凉之夜，独自来到院中，见芭蕉在秋风中瑟瑟飘摇，随口吟了几句闲词：“是谁多事种芭蕉，早也潇潇，晚也潇潇。”几叶芭蕉，竟让词人如此心焦。他妻子闻听，回应道：“是君心绪太无聊。种了芭蕉，又怨芭蕉。”还是妻子更懂他的情绪。

多年后的一个深秋夜晚，蒋坦又来到院中，看芭蕉叶大成阴，荫蔽帘幕，无语良久，后自语一句“秋来雨风滴沥，枕上闻之，心与俱碎”，转身离去。此时，他的妻子已经故去多年，曾经的几缕闲愁，如今积郁在他的心中，却是如此的沉痛与悲凉。

“帘外芭蕉三两窠，夜长人奈何”，芭蕉稀疏三两枝，夜长无奈惹人愁，这是李煜的孤愁。

“一夜不眠孤客耳，主人窗外有芭蕉”，独自客居，思乡之情，孤苦难堪，教人怎能入眠，这是杜牧的乡愁。

“一声梧叶一声秋，一点芭蕉一点愁”，梧叶飘落片片秋，雨打芭蕉点点愁，这是元人徐再思的闲愁。

最惹情愁，也是我最喜欢的芭蕉诗句，当数李商隐的“芭蕉不展丁香结，同向春风各自愁”。芭蕉未展，丁香未开，可谓意境优美，情景俱佳。“一种相思，两处闲愁”的相思被李商隐一语道尽。正如清人陆鸣皋所赞：“他人累言不能尽者，此以一语蔽之。”

古诗词中，芭蕉与雨似乎总有说不清道不尽的千丝万缕的关联。雨打芭蕉，声声总是惹人愁。那绵绵的愁思如雨洗后的翠绿，凝重而沉郁。

芭蕉雨打更凄然，终夜做声声亦愁。诗人眼里的芭蕉，蕉叶层层裹着蕉心，正如包着缕缕的愁绪，在清冷的雨夜，独自摇曳。

千百年来，雨打芭蕉，其中所蕴含的愁苦与凄清的语境，都是诗人用愁怨构筑而成。正是心中闲愁几许，才有梦逐芭蕉雨的意欲。

“伤心枕上三更雨，点滴霖霪。点滴霖霪，愁损北人，不惯起来听。”雨打芭蕉一声声，牵动了易安孤苦的愁绪。

“何处合成愁，离人心上秋。纵芭蕉，不雨也飕飕。”这是吴文英的愁。没有冰冷的雨滴的敲打，芭蕉同样惹人愁。“愁”为心上秋，词人在这里跟我们玩起了字谜。“夜雨做成秋，恰上心头”，纳兰的字谜玩得也是得心应手。

“闲愁几许，梦逐芭蕉雨”，芭蕉一夜雨，梦中闲愁几许，这是南宋词人葛胜仲的愁。

也有例外者，把雨打芭蕉写出了几分闲淡、几分清新，“点滴芭蕉疏雨过，微凉。画角悠悠送夕阳”，这人是李之仪。

唐朝有个叫蒋钧的说得直白：“芭蕉叶上无愁雨，自是多情听断肠。”

雨打芭蕉，湿润的是那片绿意，映照的是诗人的心境。是淡淡的微凉，是浓浓的愁苦，只看你自己的心。

“点滴芭蕉心欲碎，声声催忆当初”，雨打芭蕉声声心欲碎，这是郁积在纳兰心中至伤至痛的愁。

“点滴芭蕉”的意境出自杜牧的《芭蕉》诗：“芭蕉为雨移，故向窗边种。怜渠点滴声，留得归乡梦。”这是一份浓浓的乡愁。

寂夜冷雨，愁起无眠。雨打芭蕉，声声聒心欲碎。点点滴滴，滴滴敲打着芭蕉，敲打着一个人的无眠。

曾经隔帘听雨，点点滴滴都是对你的思念。如今又是夜雨凄迷，还是一样的孤枕难眠。

“幽窗冷雨一灯孤。料应情尽，还道有情无。”汤显祖《牡丹亭·悼殇》中有“冷雨幽窗灯不红”一句，也是对失去爱情的追忆。夜夜冷雨孤灯下，独坐独思还独卧。幽窗内，灯影摇曳，映出的，可是你的哀思？寒窗外，冷雨凄迷，青灯一盏，映照的，可是你的落寞与孤单？

物是人非花已落，空留下淡淡的余香缠绕。如若，花落情尽，又怎会面对一页素笺，心思婉转，柔肠百折？

情若尽，何须再道有情无？

我知道你已经离开，再也不会回来，可我却抓着那一缕余香，不舍得放手。因为那是我唯一的慰藉，我怕一放手，便会失去手心里仅有的温暖。

总幻想，有一天，蓦地回头，又见你，含羞低首，默默地走在我身后。有一天，在那熟悉的街头，默默无言，只是牵着你的手，一如从前。

任无休止的幻想，在思念外徘徊。蓦然回首，灯火阑珊处，可有你的等待？

我以为我会遗忘，其实只是逃避。遗忘，那是落叶离开枝头，花瓣离开花朵后一季的迷惘。只需一缕春风掠过，那花儿依旧开放。

突然想起了《诗经·绿衣》中的女子。

我们曾经举案齐眉，曾经恩爱两无猜。夜晚，我望着你油灯下穿针引线为我缝补衣裳，目光里全是爱恋。那一针一线似爱意缠绵，那脉脉的目光锁住怜爱点点。而如今却是茫茫碧落，银汉两隔。他手捧着绿衣，轻轻地抚摸着，就像抚摸着她的脸，如此来告慰自己无尽的思念。

衣犹在，人已去，思念却在心中蔓延。那绿衣可似纳兰手中的旧时书卷？睹物思人，触绪添伤，换了时空，感情是一样的深沉而哀婉。

纳兰此词，是一首读来让人心痛的词作。我们总是坚守执着，总是不断地在梦幻里迷失。亦真亦幻，似梦非梦，难以分辨。我宁愿那是一场梦。

我宁愿那是一场梦，哪怕一梦千年。

纵梦醒来，我亦不去追问。

不去追问：料应情尽，还道有情无。

劫之卷·又忆卿

079 — 108

我喜欢一个人的独处，
独处的时光最诡异。
有人欢喜，
有人孤寂。
有人哀怜，
有人怀念。
也有人，
心若止水，
没有一丝波澜。

枇杷花底校书人

我似梅花花似我，有梅花，愁似我。

浣溪沙

欲问江梅瘦几分。只看愁损翠罗裙。麝篝衾冷惜余熏。

可耐暮寒长倚竹，便教春好不开门。枇杷花底校书人。

我似梅花花似我，有梅花，似我愁。

照花前后镜，花面交相映。如此意境，相宜相称。

“人瘦也，比梅花，瘦几分？”宋代词人程垓这样相问。

“欲问江梅瘦几分，只看愁损翠罗裙。”纳兰如此作答。

到底是我瘦如花，还是花瘦如我？

花依旧，人比花瘦。问花花不语，花亦为人愁。

如此人花相映两憔悴，怎不惹人生怜？

词由江梅起兴，范成大《范村梅谱》有言：“江梅，花稍小而疏瘦有韵，香最清。”说起“小而疏瘦”的梅花，总会让人想到那几分清瘦，楚楚可怜的如花佳人。

以花写人，词之常套。人花相照，人似花美，花似人娇。最让我喜欢的，还是易安的那一句“莫道不销魂，帘卷西风，人比黄花瘦”，一语道出由思念而生的孤寂，堪称千古绝唱。

纳兰却反其道而用之，欲知江梅瘦几分，只消看看佳人那清瘦的腰肢便知。实则还是以花喻人，这种“反喻”手法令人耳目为之一新。不过这并不是纳兰首创，秦观的一首《浣溪沙》中便有如此妙喻：“自在飞花轻似梦，无边丝雨细如愁。”飞花轻似梦，丝雨细如愁；梦似飞花轻，愁如丝雨细。虚虚实实，少游此句，妙不可言。无怪乎梁启超称之为“奇语”。

这首《浣溪沙》应是纳兰写给沈宛的。纳兰一生的几个女人中，论才情，只有沈宛堪当那个“校书人”。

她从迢迢江南而来，来奔赴一场等待已久的爱情，仿佛前世命定的姻缘。然而，不是有情皆满愿，上天给了他们姻缘，也给了他们期限。琴瑟相和，不到半年，这段露水情缘便以“父母之命难违”的由头走到尽头。她独自一人，黯然返回江南。

才子佳人又如何？曾经浪漫缠绵的爱情，终是难抵命运的磨折。

如那随风飘落的江梅，零落成尘。

此后，每当江梅盛开，他都会想起那消瘦如花的江南佳人。

万里桥边花如雪，谁怜花下校书人？

说起“校书人”，定是要说说那位名冠西蜀的“扫眉才子”，堪称唐代第一才女的薛涛。

薛涛，是我极喜爱的女诗人。唐诗人王建在《寄蜀中薛涛校书》一诗中说：“万里桥边女校书，枇杷花里闭门居。扫眉才子知多少，管领春风总不如。”从此，“扫眉才子”之美名便落在了薛涛名下，却很少有人知道这盛名之后的辛酸。

薛涛与时任西川节度使的韦皋及风流才子元稹均有过一段未了的情缘。不过，那些都注定是一场风花雪月的情事，她对爱的执着，注定不敌命运的翻覆，她的爱情尽数被时光消磨无痕，淹没于流年。

其时，西川节度使韦皋赏识薛涛之文才，当然也爱其美貌，命其做起了校书的工作，甚至异想天开，上奏朝廷为其请“校书”之职。结果可想而知，只是一场一厢情愿的游戏，终未能“转正”，但“女校书”的称呼却流传了下来。

当爱的生杀大权掌握在一个人手里时，爱就走了样。

薛涛乃川中才女，才高貌美，与那些附庸风雅的仕宦之人多有诗词往来，难免生出暧昧。韦皋因妒生怒，一气之下，将薛涛罚赴边地。

她恍然间清醒，此时，她不再有“女校书”的光环，放下了才女的傲慢，放低了姿态，一口气写下了让人不忍卒读的十首离诗，一心期盼着他的心意回转。

历来“离诗”俯拾皆是，薛涛的《十离诗》却是一种别样的离情。诗中薛涛不惜把自己比作是犬、笔、马、鹦鹉、燕、珠、鱼、鹰、竹、镜，而把韦皋比作是自己所依靠着的主、手、厩、笼、巢、掌、池、臂、亭、台。只因为犬咬亲情客、笔锋消磨尽、名驹惊玉郎、鹦鹉乱开腔、燕泥汗香枕、明珠有微瑕、鱼戏折芙蓉、鹰窜入青云、竹笋钻破墙、镜面被尘封，所以引起主人的不快而遭厌弃。

抛开诗歌本身艺术水准不说，诗中卑微讨好之态，让人心痛纠结，读来很是不忍。

这是她的一封“检讨书”，她不舍得让那段情就这样从自己手中溜掉。而她的命运却掌握在韦皋手中，韦皋也是一时之气，做做样子给她看罢了。于是，他手一翻转，一个女人的命运就此转变。韦皋不仅将她召回，且还脱了她的乐籍，还她一个自由身。想必他还是爱她的，只是，这爱，他一个人说了算。

在那样的背景下，一个女子，纵有绝世才情，也不得不屈服于时代赋予她的卑微。

有人说："薛涛这样的女子，还是做妓的好，如果不去做妓的话，还真没有更好的职业适合她。"女人说女人，言语间总透露着三分刻薄。不过，另一句话说得倒是在理："这样的女子做什么都不会被淹没的。"

薛涛虽乐籍在身，但此妓非彼妓。薛涛为"乐妓"，且以诗闻名。"凡有十一镇，皆以诗受之。"当时蜀地前后历任十一个镇节度使，每有新任，总会召薛涛来侍酒赋诗。叫她一个"诗妓"倒是名副其实。

至于她与元稹那段似是而非的爱情，是她心中永远也抹不去的痛。

薛涛初见元稹，便一见钟情。那一年，她四十一岁，他三十岁。

元稹的确是个大才子。"曾经沧海难为水，除却巫山不是云"，语意幻美，诗境朦胧，一表历经沧桑后的无奈。"诚知此恨人人有，贫贱夫妻百事哀"，"惟将终夜长开眼，报答平生未展眉"，悼亡意浓，悲气袭人，令人心生悲切。写得如此诗句，俨然一个情深意重的痴情种。

这位大才子也确是负了几个红颜。其中就有《西厢记》里的崔莺莺。也就是他写的《会真记》里的那个双文女。

薛涛知道，"始乱终弃"就是那个双文女送给他的薄幸标签，却还是义无反顾地投入他的怀抱。

女人之于爱情，可以不相信自己的爱情是最美的，却从不怀疑自己的爱情是最真的。

于是，薛涛飞蛾扑火般决然奔赴那场注定以寂寞收场的爱恋。阅人无数的她，懂得世事变幻，流年易老。也许，她要的，不是天长地久的永远，只是那一刻的真心相伴。

此时，她不再是名冠蜀中的女校书，不再是“工绝句，无雌声”的女诗人。她只是一个女人，一个渴求被爱的女人。为了爱，一切都在所不惜。此刻，她是动了真情的。

“妾拟将身嫁与，一生休，纵被无情弃，不能羞”。韦庄只是动动嘴，便道出了女人为了爱的义无反顾。薛涛用行动去证明，“纵被无情弃，不能羞”。

最终，她还是被他无情地弃了。

元稹离蜀返京，带走了薛涛一首首深情款款的诗，也带走了薛涛的爱情，这是她一生唯一称得上爱情的爱情，却把她抛在了身后。

她终于明白，纵使终夜长开眼，终无人报未展眉。此一生，再也不做谁的沧海水，再也不做谁的巫山云，她只要做她真实的自己。

看淡红尘的她，独倚望江楼，看夕阳西下，看花开花落。没有实现与他“双栖绿池上，朝暮共飞还”的愿望，却品尝了“花开不同赏，花落不同悲”的凄凉。

一场繁华黯然落幕，一段情感终成虚妄。于是，她一个转身，收起了寻觅与期盼，以孤绝的姿态，安守时光。

浣花溪畔，种几株枇杷，独自欣赏。古井斜阳，染小样花笺，寂寞安然。或许，心中偶尔会掠过一丝的凄凉。

失之爱情，得之安然，也算得一种聪明。

望江楼上有一副对联：

古井冷斜阳，问几树枇杷，何处是校书门巷？

大江横曲槛，占一楼烟雨，要平分工部草堂。

能与杜甫平分秋色者，谁人能够小觑？一代才女，可得如此认可，于心足矣。然而，她要的，绝非身后虚名。她要的，是当下的爱情。

沈宛，如薛涛，堪称才女。对纳兰的一往深情，如薛涛初见元稹时的一见钟情。当她返回江南再无回头，也如薛涛毅然决然地离开元稹，独守望江楼。一个转身，换得安然。

不同的是，薛涛迷恋元稹，可谓一厢情愿。沈宛痴情纳兰，却是两情相悦。分别却是一样令人伤怀，一样令人无奈，唯以诗句缅怀。

黄昏后。打窗风雨停还骤。不寐乃眠久。渐渐寒侵锦被，细细香消金兽。添段新愁和感旧，拼却红颜瘦。

沈宛的这首《长命女》，很有易安味道。黄昏兼骤雨，怎教人睡。瑞脑消金兽，可有香盈袖？恁地添得新愁一段，落得红颜瘦。

雁书蝶梦皆成杳。月户云窗人悄悄。记得画楼东。归骢系月中。醒来灯未灭。心事和谁说。只有旧罗裳。偷沾泪两行。

我相信，沈宛的这首《菩萨蛮》定是在她离开纳兰南归之后写的。婉约之致，伤心可见，恍惚间，我觉得就是纳兰的一首婉约小词。我也突然懂得，沈宛确是纳兰所谓的“慧心人”，也确实称得上“天海风涛”之人，她是柔情万种惹人怜的寻常小女子。只是，我们看不到她内心的伤痛。

但是有情皆满愿，更从何处著思量。如今，无论如何惦念，已回不到从前。唯有江梅，独自开了又谢，不知是否有人折了，插进胆瓶去。

一切皆虚妄，唯有她留下的诗句是真实的。“花开不同赏，花落不同悲。欲问相思处，花开花落时。”薛涛用这首诗为自己难圆的爱情做了最圆满的注脚。

那花开同赏、花落同悲之人，终难寻觅。

不结同心人，空结同心草。

回首，无奈。

转身，安然。

惜花人去花无主

谁能在花开时怡然，不忆从前？谁能在花败后坦然，不管流年？如此，也是一种超然的幸福。

蝶恋花

萧瑟兰成看老去。为怕多情，不作怜花句。阁泪倚花愁不语，暗香飘尽知何处。

重到旧时明月路。袖口香寒，心比秋莲苦。休说生生花里住，惜花人去花无主。

花开只为惜花人，惜花人去花无主。泪眼看花花亦愁，多情不问香几许。纵有暗香盈袖，怎奈，心比秋莲苦。休说，生生花里住。如今，惜花人去，花无主。

诗人都是多情的，见花开而伤春。诗人都是伤感的，望叶落而悲秋。一瓣花开，一瓣花落，都能拨动诗人敏感的心弦。

如若，花开有人赏，花败有人怜，亦可谓人生之幸事。不幸的是，花开一时，花败一季，静静地绽放，默默地凋落，枉度了花期。尽看那，桃一枝，柳一枝，桃花开尽柳千丝。怎料得，花落影不知，正是恼人时。终是，蝶恋花无悔，花不知蝶愁。

纳兰的一阕《蝶恋花》，读罢直教人心惆怅，愁苦漫溢。

《蝶恋花》是我极喜爱的词牌，仅是“蝶恋花”三个字，浸蕴着柔情缱绻，足以让人喜爱。不知有多少词人用它倾诉了多少的悱恻缠绵，宣泄了多少的多愁善感。

《人间词话》有云：“古今之成大事业、大学问者，必经过三种之境界：‘昨夜西风凋碧树。独上高楼，望尽天涯路。’此第一境也。‘衣带渐宽终不悔，为伊消得人憔悴。’此第二境也。‘众里寻他千百度，蓦然回首，那人却在，灯火阑珊处。’此第三境也。”

王国维用三句词便概括了人生的三重境界，实为大家之语，不同凡响，却无意间被《蝶恋花》占去了两重。

“昨夜西风凋碧树。独上高楼，望尽天涯路”，这是出自晏殊的《蝶恋花》。

"衣带渐宽终不悔，为伊消得人憔悴"，这是柳永的《蝶恋花》。

纳兰的这首《蝶恋花》，虽然没有惊艳之语，但"为怕多情，不作怜花句"与"休说生生花里住，惜花人去花无主"两句，却也是写足了多情总被无情恼，伤心总在情深处的无可奈何。

时光，总觉得漫长。天涯，总觉得遥远。

流年易逝，总在不经意间，便溜过你的指间，爬上你的发际。一个回首，昨天的眉间心上，已在天涯的那端。有谁知，有多少时光可用来寂寞，有多少岁月可用来蹉跎。

"萧瑟兰成看老去"，此处容若用庾信典故，以庾信自比。

北周庾信，小字兰成。幼而俊迈，聪明绝伦。只可惜，一生际遇坎坷，历经沧桑与磨难，晚年遂成《伤心赋》。庾信典故，诗词中屡屡可见。

"庾信平生最萧瑟，暮年诗赋动江关"，"庾信文章老更成，凌云健笔意纵横"，杜甫参透了兰成。

宋周密《秋霁》："愁损庾郎，霜点鬓华白。"这里词人借庾信自指，客居异地，看两鬓斑白，思乡之情顿起，满怀惆怅，愁苦难遣。

同是伤心落寞人，自是别有伤心处。纳兰亦以兰成自比，伤心尚有一比，兰成的沧桑与悲凉，我想纳兰还是难以担当的。

容若在其一首《点绛唇》中也提到了这个落魄伤心人。

一种蛾眉，下弦不似初弦好。庾郎未老，何事伤心早？

素壁斜辉，竹影横窗扫。空房悄，乌啼欲晓，又下西楼了。

“庾郎未老，何事伤心早”，此句可谓周密“愁损庾郎，霜点鬓华白”的翻版，一样的凄凉，一样的心伤。此句也正是纳兰自况，纳兰短暂的一生只有三十一载，自妻子卢氏去世后便伤心不已，愁苦难当，与其年龄实不相符。

寂寞独上西楼，残月如钩。一声乌啼天又晓，独自徘徊独自愁。想佳人，还是初见好，莫待下弦时候，孑然影相吊。待到楼空镜冷，愁倚西楼。唯叹，庾郎未老，何事伤心早。

上片对月伤怀，凄凉幽怨。下片皆以景语出之，融情于景，可谓含蕴要眇之至。

“为怕多情，不作怜花句”，容若故作反语。

本是多情人，一心愿做怜花人，又怎能，“为怕多情，不作怜花句”？此等因爱说恨的手法，多少带着些无可奈何的味道。

人怜花依旧，花不知人愁。不作怜花句，是否就可以从此遗忘，是否就能掩盖内心的悲伤？

“花谢花飞花满天，红消香断有谁怜”，文人自古易伤情，盼花开，怕花败，花开花落总是惹生伤感。

“一片花飞减却春，风飘万点正愁人”，落花时节，纳兰故地重游。独对落花而神伤，含泪立花前，看落红点点，香飘无处，郁积于心的愁绪难掩。

“阁泪倚花愁不语，暗香飘尽知何处”，多情苦，多情伤，倚花不语最断肠。每每读到此句，总会想到欧阳修的“泪眼问花花不语，乱红飞过秋千去”，一样的泪眼看花，花语寄愁，却是境味迥然。纳兰此句愁苦难当，情绪到了极致。永叔词句则是哀而不伤，韵味深长，如此，更能牵动人心。

花自独开香自飘，干卿何事？怎奈，一朵花开，一瓣香飘，在容若眼中，总是一缕落寞，一丝惆怅。王国维的“有我”之境，容若此句当之无愧。

谁能在花开时怡然，不忆从前？谁能在花败后坦然，不管流年？如此，也是一种超然的幸福。

纳兰没有这般洒脱，心事纤纤，情丝百结。心中情结，是他永远难逃的劫。如此，倒成全了纳兰词清丽哀婉的风骨，也成全了纳兰一生的愁苦。

春意三分好，七分惹人恼。有心长隽永，露浸花红冷。曾经，与你并肩走过的花径，如今，再也找不到你的影踪。不见惜花人，唯有花枝零落，月影婆娑，见证着你我昨日的错过。

“重到旧时明月路。袖口香寒，心比秋莲苦。”如今，袖口香已寒，物是而人非。随落花，寻香径，这洒满月光的小径上，有多少回忆就有多少的伤感。

旧时明月旧时心，不思量处却思量。这条曾经的小径，除却那些时光的印迹，只剩下我独自的等待，等待那个永远的不归人。

明月只解照离愁，如今又送花归去。花与明月宛如昨，惜花人在春归处。明月依然照着那条不归路，怎奈，等来的，不是归人是过客。

纳兰妻卢氏故后，虽有颜氏在侧，后续官氏妻，却仍是旧情念念难忘。仍在回忆着情之初见的美好，回忆着点点的当时寻常，佳人当时模样。

故地重游，总以为拾起的会是往日的美好。后主李煜早就告诫我们，“寻春须是先春早，看花莫待花枝老”。待你醒悟，为时已晚。崔护的人面桃花，杜牧的寻芳来迟，无不告诉我们，拾起的往往是旧日的哀伤。

陆游旧路重拾，沈园重游，原本是去重温难以释怀的回忆，没想到，与唐琬的不期而遇，惹生哀伤。

纤纤红酥手，一杯黄藤酒，怎奈已是雨送黄昏花凋落。山盟虽在，锦书却难托。如今人成各，桃花已落，空对池阁。又怎是一个错字能够悔得，怎一个瞒字便可瞒得。

这是他期待已久却又极力逃避的相逢。如此意外的重逢，他再也难掩内心的悲伤。题罢一阕《钗头凤》，怅然而去，徒留一怀惆怅。他却不知，如此一相逢，如此一阕《钗头凤》，终惹出了一段情殇，直教红颜伤心去，空留多情人断肠。

“梦断香消四十年，沈园柳老不吹绵。”四十年后，陆游再游沈园，重拾旧日的回忆，含泪写下《沈园》二首。此时的他，依旧似当年那般悲伤，不过，更多的是对旧日的缅怀。

城上斜阳画角哀，沈园非复旧池台。

伤心桥下春波绿，曾是惊鸿照影来。

梦断香消四十年，沈园柳老不吹绵。

此身行作稽山土，犹吊遗踪一泫然。

“伤心桥下春波绿，曾是惊鸿照影来。”沈园还是那个沈园，依旧是那座小桥，依旧是春波荡漾，却是满眼伤心碧，再不似，旧日故人时。

想当时，唐琬恰如《洛神赋》中“翩若惊鸿”的仙子，飘然降临于春波之上，婉娈温柔，楚楚动人。而如今，曾经的惊鸿照影，只留下一片春波如碧，一片痴心不泯。

“此身行作稽山土，犹吊遗踪一泫然。”此时陆游的心态，已然不似当年。虽可以从容面对，可看到，沈园柳老，旧人不再，还是让他泪流满面。

“城南小陌又逢春，只见梅花不见人。”春陌上，花丛边，依稀可见，一位鬓白如霜的老人，独对着满树梅花，沉吟着往事。像那崔护，经年过，桃花如昨，人面难寻，几多无奈。悠悠四十载，有多少往事可以遗忘，有多少苦楚可以释怀。而如今，只见花开，不见人来，依旧往事难忘，平添几多感伤。

伤心难过奈何桥，情深不饮孟婆汤。痴心若斯，情何以堪。唯有对着这般痴情空叹：“问世间，情是何物，直教生死相许。”

旧时梅花旧时人，旧时人面新。旧时花下梅花春，花春人不春。春似梦，梦成尘，多情易断魂。花影不觉夜沉沉，影过花无痕。

时光无尽，相思不绝。不能长相守，唯求长相思。有时候，相思，也未尝不是一种幸福。

明月不上旧时路，月明偏照旧时人。花香满径，醉了多少红尘痴情人？倚花对月，一滴清泪滑落，已是相隔天涯，人间天上两茫茫，再难赋一曲惜花词。

“休说生生花里住，惜花人去花无主”，“毕竟花开谁作主，记取，大都花属惜花人”。惜花人已去，花开为谁，花落谁怜？如今，唯见落花片片，空余深情缱绻。等待，却依然似秋风中最后的那片落叶，独自在风中摇曳。

一叶落，已是秋。独自站在幽幽院中，听蛩声如促，看木叶飘零，一片落叶在斑驳中起舞，瑟瑟秋风中，依稀一个萧瑟的身影。

萧索如斯，寂寞如斯。那是庾信，那是纳兰。

“小阑干外寂无声。几回肠断处，风动护花铃”，护花铃依旧在风中摇荡，那曾经亲系花铃的人却已不知何处。有时，真说不清我们等待的是那旧日的佳人，还是往昔的那段难舍的情怀。

时值安史之乱，杜甫漫步曲江头，面对江边细柳发出了“江头宫殿锁千门，细柳新蒲为谁绿”这般沉痛的慨叹。

四百年后的一个冬日，姜夔再次来到了那座让杜牧诗魂相许、失魂落魄的城市，扬州。而金兵洗劫之后的扬州路，已是满目萧索，昔日繁华不再，感慨之下，他写下了那篇著名的《扬州慢》，发出了抚今追昔的感叹。

淮左名都，竹西佳处，解鞍少驻初程。过春风十里，尽荠麦青青。自胡马窥江去后，废池乔木，犹厌言兵。渐黄昏，清角吹寒，都在空城。

杜郎俊赏，算而今，重到须惊。纵豆蔻词工，青楼梦好，难赋深情。二十四桥仍在，波心荡，冷月无声。念桥边红药，年年知为谁生。

纵然“二十四桥仍在”，却是“波心荡，冷月无声”，试问，“念桥边红药，年年知为谁生”？

不论是杜甫的“江头宫殿锁千门，细柳新蒲为谁绿”，还是姜夔的“念桥边红药，年年知为谁生”，都很有纳兰“惜花人去花无主”的无奈。然而，放在时代的背景之下，都比纳兰的一己情绪沉痛得多。

寂寞秋来人渐老，两袖萧萧，何事盈怀抱。满地愁痕难自扫，凭栏总被西风恼。莫把光阴空负了，遇酒须倾，只怕知音少。问花几时春再好，花却不语丛中笑。

不是拥有翅膀，就可以一起飞翔。不是一朝拥有，便永无别离。失去后，唯有回忆，没有回头。

谁的记忆里没有凄美的碎片，谁的心里没有存留着遗憾，谁不是把曾经深爱的那个人，放诸心底，再给自己一个梦，梦想回到往日的初见。

美好的故事褪去了颜色，死生契阔，与子成说，有时也只是一场自作主张的痴心妄想。不能爱，比离别更残酷。有的爱，只是徒生感伤。

爱情从来都不是圆满，而是遗憾。

桃花开后梨花落，花期错落，你唯独钟爱哪一朵？

世界上最美的三个字，我爱你。最无奈的三个字，来不及。

余生太短，只够用来怀念。怀念太长，只有用全部的生命去祭奠。

花落年年花开少，花开只是人应老。失去你，我心已老。

有的爱，一生一次，不能重演。

有的爱，一旦上演，一生一世。

这世间，几人相知，几人相惜。

寻个相知相惜之人，度那朝夕流年。

刚作愁时又忆卿

我喜欢一个人的独处，独处的时光最诡异。有人欢喜，有人孤寂。有人哀怜，有人怀念。也有人，心若止水，没有一丝波澜。

采桑子

海天谁放冰轮满，惆怅离情。莫说离情，但值良宵总泪零。

只应碧落重相见，那是今生。可奈今生，刚作愁时又忆卿。

思念总是及时来袭，直教人措手不及。

又是月圆时候，又是一个人的夜晚。月圆可待，人意难合。

阵阵惆怅，丝丝愁苦，袭上心头，念你依旧。

念你，已是天上人间的遥远。

一首悼亡之作。

“海天谁放冰轮满”，茫茫碧落，谁又空教月圆，惹生此时此刻一个人的伤感。

“冰轮”，月亮的代指，语意中似有一丝凄凉。此类代语，我不是很喜欢，不是很有美感。容若的《琵琶仙》中还有“试问取、冰轮为谁圆缺”句，语意相近，情同一辙，总是对着明月发泄着自己的幽怨。

月亮总是这般无辜。

自卢氏去后，月圆月缺已与他无关，他眼中的月亮，不再有美好的情思寄托。谁教今夜月又圆，偏使有情人，天上人间，难再圆。以物寄情，实乃人之无奈的依托。

月之意象，屡见词端，却是少有圆满。

“但愿人长久，千里共婵娟”，苏子极美的一句情语，托着世间有情人心中共同的一种美好意愿，可我怎么读都感觉像极了少游“两情若是久长时，又岂在朝朝暮暮”的自我安慰与无奈，一种相爱却不能相伴的无奈。爱就是要与你牵手漫步花前月下，爱就是要与你朝夕相伴。如若，有情人皆能朝朝暮暮，这两句美美的情语便失去了存在的价值，人生也顿失诸多美好。花无长开日，月无长圆时，花开花落，月圆月缺，爱在相聚与分离之间，此乃人间正道。

不论是苏子的美好意愿，还是少游的自我安慰，当你意愿满满地吟咏时，心中是否有着“盈盈一水间，脉脉不得语”的惆怅？这世间，有多少美好的托词，就有多少愁苦的相思。“但是有情皆满愿，更从何处著思量”，或许，这便是所谓因缘。

纳兰词中，月之意象尽是凄冷之意，残月、寒月、凉月、孤月，频见词端。

“凄凉别后两应同，最是不胜清怨月明中”，这是别后相思的凄凉。“肠断月明红豆蔻，月似当时，人似当时否”，这是感叹岁月流逝。“辛苦最怜天上月”，更多的，是用明月直接抒发悼亡之情。

有人说，纳兰是最擅作深情语者，“刚作愁时又忆卿”，相思总与愁相伴，因为此刻的相思，已成无望。似不经意的一语，却是愁思漫溢，总能感染人的情绪，读来似有一己的同感。

爱，如鱼饮水，冷暖自知。说出口的是爱恋，藏在心里的是相思。

相思如役，我宁愿画地为牢，独在其中，享受相思的甜蜜，忍受相思的煎熬。直道相思了无益，未妨惆怅是清狂，那是做给人看的，一个人的苦楚，只有自己知道。

卢氏走了，相思便成了纳兰心中一个永远解不开的结。相思成疾，愁苦无药。

马致远倒是开有一方：“相思病，怎地医？只除是有情人调理。相偎相抱诊脉息，不服药自然圆备。”马致远的这首小曲，写得有失水准，俚俗味浓，读着我直笑出声来，无法与其“枯藤老树昏鸦，小桥流水人家”相比。但拿来与小山的“若问相思甚了期，除非相见时”对照，虽一俗一雅，却可谓有异曲同工之妙，直道心病心来医、相见解相思的真意。

茫茫碧落，天人永隔，今生已是无缘再相见，唯相思绵绵不绝。今生无缘，愿结个，来生缘。

独对明月，满怀惆怅离情。如此良宵月圆，怎说离情。心之一念，已是泪水盈盈。

相思不比闲花柳，移来种我心头。心中唯有一份相思在，一切才有等待的理由。

我喜欢一个人的独处，独处的时光最诡异。有人欢喜，有人孤寂。有人哀怜，有人怀念。也有人，心若止水，没有一丝波澜。

每一段感情的开始，都以为会执子之手，与子偕老，共度那寂寞流年。怎奈，曲未终，人已散，怀念着从前，寂寞了流年。

都说，世间最大的悲痛，莫过于生离死别。然而，生离比死别更残酷，死别是永远也回不去的思念，生离却是给你回去的念想，不给你回去的方向。即使回得去，是否还是那桃花依旧的模样？

爱她，就给她一个拥抱。不要等到，相隔遥遥，相思无药，才去记得她的好。

爱到深处，红笺为无色。相思，是世间最婉转的情绪，一种说不出的痛，一种凄美的伤。

让我们携一屡相思，小立窗前，同看那，云卷云舒，花开花落。

天涯你我，各自安好。是否晴天，已不重要。重要的是，你能否淡静安然地说出这句话。

夜又初凉，今夜的你，知在何方？无须思量，心若动，泪千行。

月圆月缺，撩拨着相思。只怕，天涯人远，无处著相思。

月若解相思，今夜不肯圆。

忆来何事最销魂

语已多，情未了，回首犹重道：
记得绿罗裙，处处怜芳草。

虞美人

曲阑深处重相见，匀泪偎人颤，凄凉别后两应同。最是不胜清怨月明中。

半生已分孤眠过，山枕檀痕涴。忆来何事最销魂，第一折枝花样画罗裙。

男女幽会，极尽风流。若入诗词，却是藏头露尾，欲说还羞，言已尽而意犹未尽。

诗言情，含而不露，平稳有余，而清婉不足。情入词，也多为花间一派的男欢女爱，香艳有余，而情深不及。

纳兰词属情词一脉，可谓情真意浓。

开篇一句“曲阑深处重相见，匀泪偎人颤”，化自南唐后主李煜的《菩萨蛮》，未脱花间窠臼。

花明月暗笼轻雾，今宵好向郎边去，刬袜步香阶。手提金缕鞋。画堂南畔见，一向偎人颤。奴为出来难，教君恣意怜。

词写南唐后主与小周后月下偷欢，情人相见，相依而偎，紧张羞涩，娇身微颤，紧张刺激而又不乏温馨浪漫之态。一句“奴为出来难，教君恣意怜”，似柳永的那句“待这回，好好怜伊，更不轻离拆”，只是比柳句艳烈。如此艳语，直令人两晕红潮，心思蠢蠢。

“刬袜步香阶，手提金缕鞋”，如此一句，生动入微。情人幽会时，女子那紧张而又期待的情态如在眼前。古之女子，也着实大胆。

《西厢记》中崔莺莺与张生的幽会足够大胆，也足够地直接。“待月西厢下，迎风户半开。拂墙花影动，疑是玉人来。”崔莺莺写给张生的“邀请函”般的情诗，写得也足够露骨。

来吧，月下西厢，门为君开，只等君来。直等得急不可待，风拂花影动，疑是张生来。如此更是壮了张生偷香窃玉的胆，于是，便衍生出了一段“始乱之而终弃之”的情事。

两个故事，一般浪漫。一并读来，教人不禁感叹，古人的约会真是断不可缺少才华的。

南唐后主此词尽显五代词香软之气，柔靡之风。此词一出，后人争相效仿，纳兰也不例外。不过，纳兰此词，情虽胜之，艳远不及。

然而，若与花间相比，南唐后主还是婉约了许多。牛峤的一句“须作一生拚，尽君今日欢”，可谓男女幽会之极致，堪称艳绝。

诗词之艳，自古有之。《诗经》首篇《关雎》里的那一句“求之不得，寤寐思服。悠哉悠哉，辗转反侧”，算是最早的思念佳偶的直白表露，悠悠几千年，依旧那般情切，每每读之，情动其中。“感郎不羞赧，回身向郎抱”，六朝乐府更有此等艳情之诗句。不论是李煜的“教君恣意怜”，还是牛峤的“尽君今日欢”，都应该是承了古乐府的诗境。

然而，词却没那么好的运气。自古有言道，词为“诗余”，乃属“艳科”。可见词最初在人们心中的地位。

即便是在宋时，词的境遇也远非人们想象的那般美好。据欧阳修《归田录》记载，北宋诗人钱惟演，雅好文辞，自称“平生唯好读书，坐则读经史，卧则读小说，上厕则阅小词，盖未尝顷刻释卷也”。如厕方读词，在钱惟演眼中，词被归到了“厕所文化”一类。

想那浪子柳永，因一句“忍把浮名，换了浅斟低唱”的牢骚而被宋仁宗随口给了一句“且去填词”。官没做成，却得了个“奉旨填词”的“金字招牌”。在仁宗看来，赐你个“且去填词”，就如同贬谪一般，命运就此而定。晏殊也曾奚落他，“殊虽作曲子，不曾道‘针线闲拈伴伊坐’”。我也作词，可不像你那般作“女儿态”。这晏殊真的是不厚道，人家后生登门讨教，却落得如此嘲弄。况且，您老人家不也写过“萧娘劝我金卮，殷勤更唱新词”的艳句吗？

就连一代大家苏轼也曾遭遇过诸多的恶批。苏轼以诗入词，前所未有，他的一句“大江东去浪淘尽”，豪放之气尽显，脱离了婉约一路。但还是有“行家”批之为“不当行”。

秦观的温婉小词也曾被人讥讽，还得了一个“女郎风味”的“美评”。

豪放脱离了婉约之宗那时是要被人批评的，会被说成不会写词。而婉约得不好也是不行的，说你女儿态。看来，写一首“好词”，真的好难。

我倒是觉得，那“奉旨填词”的柳永，一句“便纵有千种风情，更与何人说”，真正地道出了词之风骨。词人写词，百转千回，遮遮掩掩，却怎么也绕不过“风情”二字，此正乃词之本色。没了情，词便不复为词。至少，词之魅力减了三分。

想来，倒是晚唐五代的“花间时代”，人们对词的创作似乎更包容。词人极尽浓艳香软之风，更有清丽婉转之趣。牛峤的一句“须作一生拚，尽君今日欢”，几近露骨的情语，尽管有人称之为“狎昵之词”，但还是为大家所包容的。到了清时，人们对纳兰似乎也是格外地宽容，唯其“情真”二字，便确立了他词中地位。

纳兰这首悼亡小词，句写幽会，意在追忆。

纳兰词中女子与情人“曲阑深处”幽会，待相见，却是喜极而泣。后主那一个“颤”，尽显小周后的风流之态，娇羞可爱；纳兰的一个“颤”，却是风流之中透露着些许悲戚。

初相见，执手相看泪眼，情意绵绵。笔锋一转，“凄凉别后两应同，最是不胜清怨月明中”，说相见，却是别后情绪，独对明月，对过去美好的缅怀。情绪由喜而悲，直道凄凉。

半生已是孤眠过，空教只枕染泪痕。明月照花花映人，画一幅罗裙情事，记忆中的美好，已是别后的凄凉，如此教人不堪消受。

忆来何事最销魂？那一夜，相依偎，共画罗裙。那一夜，灯前呵手为伊书，鸳鸯小字，犹记手生疏。

当贺铸空床独卧，听着南窗细雨，他想到的是，“谁复挑灯夜补衣”。那是有情可感的温暖。

安意如在解读纳兰悼亡词时提到此词，对此颇有不屑。说念亡妻，想起的是深夜为他补衣的场面，贺铸缺的只是一个女仆。

故作惊人语，怕是未到伤心处。无论是站在女性的视角抑或是从男人的角度来看，想到的应该都是曾经的温暖与爱惜吧。

贺铸“谁复挑灯夜补衣”的情怀，没有经历失爱的沉痛，是不会懂的。

爱，无须挂在嘴边。真正的温暖与关怀，正是生活中的点点滴滴。许多事，旁观者清。唯情一事，你只有经历了，才会懂得。

潘岳失去杨氏后，“望庐思其人，入室想所历。帏屏无仿佛，翰墨有余迹”。元稹怀念妻韦丛，“衣裳已施行看尽，针线犹存未忍开”。无不是睹物思人，念其点滴，心生悲伤。就如同《诗经》里的那一件“绿衣”，足以惹人生悲。

缅怀就是如此，当点点滴滴已成过去，一切皆成无奈，而这无奈亦不失为一种美好。每个人只是选择了自己的一种方式去触摸旧爱的存在，只为寻找一个宣泄的出口，如此而已。

有的爱，活在回忆里。那过往的点点滴滴，让人时时记起。有时，所有的情绪都是你，却不知从何处想起。却不知，秋天里飘落的一枚红叶，便泄露了一段浪漫情愫。

语已多，情未了，回首犹重道：记得绿罗裙，处处怜芳草。

缘之卷·一相逢

不是所有的邂逅，都可以执子之手。不是所有的两情相悦，都可以与子偕老。有些人，一旦擦肩，永不回头。有些情，一旦失去，覆水难收。

蓦地一相逢

多少人，初识于微，
疏离于途，终成陌路。
多少情，在我的生命中驻足，
在我的文字里鲜活。
最后，都随我的文字，
化成了永无休止的挂牵。

如梦令

正是辘轳金井，满砌落花红冷。蓦地一相逢，心事眼波难定。谁省？谁省？从此簟纹灯影。

少游的一句“金风玉露一相逢，便胜却人间无数”，使得“相逢”从此被赋予了无限美好的想象。

纳兰的一句“蓦地一相逢，心事眼波难定”，使得“相逢”被蒙上了几分寂寞与惆怅，仿佛已然看到了结局。

一阕清婉的小令，纳兰情感的一生。“蓦地一相逢，心事眼波难定”，那是纳兰最初的心动。然而，不是每一个美好的开始，都会有圆满的结局。世事总难料，如此一相逢，终落得，落花红冷两伤情，簟纹灯影一生休。这惊艳心动的一相逢，也终成了纳兰心中抹不去的痛。

后唐庄宗李存勖，精通音律，雅好词赋，文采昭然。其词《忆仙姿》中有句，“如梦，如梦，残月落花烟重”，苏轼取其句而改之为词牌《如梦令》。

词亦称“长短句”，唯其句长短有致，节奏始有缓急，读来婉转上口。尤其《如梦令》的结句，节奏由缓而急，如珠玉落盘，顿挫有声，情趣盎然，动感十足。

“知否，知否，应是绿肥红瘦。”易安的愁，无人能懂，怎能怪得“卷帘人”。

“争渡，争渡，惊起一滩鸥鹭。”那时情致那时心，那时，易安的青春年少，诗意而美好。

“谁省？谁省？从此簟纹灯影。”离别不解相逢，唯有青灯伴孤影。纳兰急促的追问，亦是无人能省。

初见总是那般美好。景是好景，人是良人。正是深秋落花时，恰遇佳人，心绪暖暖。佳人一相逢，眼波盈盈，心思蠢蠢。

如那张生初遇崔莺莺，“几不能自持……行忘止，食忘饱”。这张生简直一副情痴模样，见到美女，居然行而忘止，食而忘饱。

如《牡丹亭》里的柳梦梅和杜丽娘，一见而钟情，“情不知所起，一往而深”，浑然不知，今夕是何夕。

如小山初见小苹，“记得小苹初见，两重心字罗衣”，情绪轻快而美好，似有一见而有心心相印之喜悦。

纳兰的初见，却是金井寥落，落花红冷。如此邂逅，似有一种萧索之气。

邂逅，是人生一道美丽的风景，是人生美妙而难以捉摸的心事。

邂逅，似初春突然来袭的细雨，温柔而缱绻，悄然浸染了你的心田。而顷刻的一缕阳光便使它了无痕迹，仿佛不曾来过。却不知，它已然在你心头留下永远无法抹去的印记。当你觉得已把它忘记，只需一个人的夜晚，一个不经意的闪念，那个目光交错间的羞涩的低首，那个斜阳映照下的熟悉的身影，画面般又出现在眼前，如一道美丽的风景。

可是，为什么，我们总要等到满地落花红冷，才会想到那蓦地一相逢？为什么总要等到簟纹凉彻灯影寒，才会念起那失落在记忆里的温暖？为什么，美丽的邂逅，一样的相逢，结局却是，天上人间两不同？

想来陆游远比纳兰落魄。纳兰身世显赫，衣食无忧，御前近臣，还有曾经美好的爱情。陆游虽名动天下，却屡试不第，后屡遭贬谪，最后客死他乡。虽有美好的邂逅，终是心痛的结局，但他还是以豁达的生命姿态走完了一生。而纳兰却总是在蓦然回首中，追寻着往日的背影，独自舔舐着不曾愈合的伤口。

最后，终于明白，美妙的邂逅，亦不过是烟花绽放的瞬间绚丽，之后便会瞬间黯然陨落。

一场邂逅之后，可能，你会获得爱情；可能，什么都不会发生。你当那人是蓦然回首时最美的风景，而你也许只是那人驰马掠花时的匆匆一瞥。

最纯真的爱情，总是发生在一瞬间，却又在一瞬间沦陷。没有执子之手的誓言，没有朝朝暮暮的缠绵，如昙花刹那芳华一现，永远地定格在那年那月的那个夜晚。

短暂的爱情，留下的是瞬间的美好，还有无限的美好的想象空间。如此最痛心，如此最堪悲。

所有的风花雪月，都以美好初见开始。蓦地一相逢，眼波流转之间，已然开始相信爱情。

相信爱情，就要忍受寂寞，忍受寂寞里的相思，寂寞里的等待。然而，却不是相思就能获得爱情，等待就能等来圆满。深陷爱情的人，对此总是视而不见。

杨过断肠崖上等候十六年，终等得与小龙女团圆，直到终老。王宝钏寒窑之内苦守十八载，等来的却是薛平贵的移情别恋，短暂的十八天的相聚之后，便永远离开了人间。

沈宛遇到纳兰，以为遇到爱情。就算她是小龙女，他却不是那杨过，他们终做不得神仙眷侣。当她转身离去，所谓的爱情，终成尘埃落定的一声叹息。

有些爱，貌似美好，却注定无能为力。它只能存在文字里，满页的缠绵絮语，只是一剂精神良药。真正的缘分，早已散落在滚滚红尘之中。

我相信缘分，即使是擦肩而过的陌生人，相遇时也飘散着淡淡的缘。所谓的永远，只是代表昨天。所谓的爱情，只是代表眼前。世间痴情人，无时无刻不在怀念，怀念随梦逝去的爱情，怀念随岁月飘散的永远。这份爱情，是你的，终会与你邂逅。不是你的，一遇而擦肩。

此一生，多少人，活在爱情里，活在等待中。

最终是，把爱情留在了昨天，把等待交给了寂寞。

邂逅相逢，如风过屏。待你回首追寻，却已找不见影踪。

多少人，初识于微，疏离于途，终成陌路。多少情，在我的生命中驻足，在我的文字里鲜活，最后，都随我的文字，化成了永无休止的挂牵。

不是所有的邂逅，都可以执子之手。不是所有的两情相悦，都可以与子偕老。有些人，一旦擦肩，永不回头。有些情，一旦失去，覆水难收。

一日心期千劫在，才着思量已渺茫。说好的再见，未必再相见。走远的爱情，一去不复还。

匆匆聚散的时光，不可逆转。终于，你带着你的成熟走远，你用青春酿造的花朵，在别处绽放。而我，还在此处怀念。

当轻风拂过蔷薇，莫再问，春归何处。

那朝偶回顾，念你朝朝暮暮。

我愿活在爱情里，活在等待中，相思到终老。

西风多少恨，吹不散眉弯

人生，就是在相遇后别离，在别离后重逢。每一次相遇，都是久别后的重逢。

临江仙·寒柳

飞絮飞花何处是，层冰积雪摧残。疏疏一树五更寒。爱他明月好，憔悴也相关。

最是繁丝摇落后，转教人忆春山。湔裙梦断续应难。西风多少恨，吹不散眉弯。

纳兰词压卷之作。

陈廷焯《白雨斋词话》评此词：“言中有物，几令人感激涕零。”我深以为然。纳兰此词，上片在寒凉中铺景，下片在忧伤的语调中叙情，至收拍一句，“西风多少恨，吹不散眉弯”，情绪顿出。多少离愁别恨，西风吹不去，悄然上我眉弯，读来教人泫然。

古之诗词，写“柳”者不少，多为别离之作。友人分别，折柳相赠。“柳”谐“留”，欲走还留之意，便尽在其中了。折柳赠别作为一种文化习俗，一个谐音难以道尽，虽感单薄，我却极是喜欢。

《诗经》有云：“昔我往矣，杨柳依依。今我来思，雨雪霏霏。”以景写情，这应该算是以柳示别最早的出处了。从此，便为后来送别诗奠定了基调。

古人离别，折柳相赠，吟诗作赋，优雅而伤感，好不浪漫。相传，古之长安，灞桥两岸，一步一柳，故亦称“灞柳”。此地一别，折杨柳，赠别离，再踏着婉转的节拍，很是唯美，却极尽伤感。

以柳入词，屡见不鲜，但写寒柳者，实为少见。前人写柳，大都是“杨柳青青”的春柳，而容若本篇却是另辟蹊径，以寒柳入笔，写得甚是感人。

说到以柳写人，我总会想起大历十才子之一，“春城无处不飞花”的那个韩翃。

春城无处不飞花，寒食东风御柳斜。

日暮汉宫传蜡烛，轻烟散入五侯家。

如今，寒食节已经淡出了我们的记忆，历史却给我们留下了这首著名的《寒食》诗传诵。

唐德宗读了韩翃这首诗十分喜欢，还亲赐其为“驾部郎中知制诰”，一个相当于皇帝机要秘书的显职。当时唐朝有两个叫韩翃的，江淮刺史也是同名同姓同进士的韩翃，所以，传令官问皇帝点的是哪一个韩翃，德宗皇帝道，“春城无处不飞花”的那个韩翃，一时传为佳话。

一句“春城无处不飞花”使得韩翃无人不知。不过，他还有一个更为感人且极具传奇色彩的故事广为流传。

韩翃好友李生有一爱姬柳氏，艳绝一时，韩翃慕柳氏之美貌，柳氏仰韩翃之才华。后此意被李生知晓，于是请韩翃来家中饮酒，席间李生对韩翃道“见你二位倒是情意相合，吾欲将柳氏赠与你如何？”韩翃喜不自禁，推脱了一番便应下了。如此，正是遂了两人的愿。后韩翃及第，归家省亲，柳氏留在了长安，待韩翃来迎娶。然适逢安史之乱起，长安城陷入乱党之手，最终，柳氏被番将沙吒利掳去了。

待长安收复，韩翃急忙来寻，却是遍寻不得，伤心之余，写了一首《章台柳》，以表内心之遗憾。

章台柳，章台柳。昔日青青今在否？

纵使长条似旧垂，也应攀折他人手。

世间事，总难料。有时故事总在绝望之际反转。几经辗转，柳氏竟然看到了韩翃的这首《章台柳》，读罢，顿成呜咽。悲痛之下，写下了一首《杨柳枝》。

杨柳枝，芳菲节。所恨年年赠离别。

一叶随风忽报秋，纵使君来岂堪折。

这柳氏果真是多情且多才，字字句句，音韵凄咽，也是愁苦之情难掩，读来教人动容。

故事至此，令人堪伤。而此时，故事继续反转，命运展现了其美好的一面给世人。

唐时多侠士，多有成人之美者。昆仑奴背崔生夜赴红绡女，黄衫客挟李益见霍小玉。这一次，是那虞候许俊设计夺柳氏。

一日，韩翃与几位将领一起饮酒，席间，韩翃意色皆丧，语音凄咽。席中有一虞候许俊，直言问其缘由，韩翃不得已，以实情告之。没想到这许俊放下手中酒杯说："你且等候，我稍去便回。"这许俊胡服佩剑，轻骑疾驰，直奔沙吒利内府而去。进了府内便大呼："将军生病，急欲见夫人。"众仆人还没回过神来，许俊已挟柳氏纵马而去，回到席间，将柳氏交与韩翃说："幸不辱命。"其酒尚温，四座皆惊。

忽然之间，我似乎懂了，为什么人们对侠士之风如此偏爱和向往，如此的侠士，如此的率性之举，英雄成人之美，着实可爱。

我想，如果纳兰读到这个故事，心中除了感动，更多的应该是叹息。叹那美满的因缘为什么总是在别人的故事里，而留给自己的，唯有遗憾。

纳兰此篇，句句写柳，却不着一个"柳"字，实为难能。

"飞絮飞花何处是，层冰积雪摧残"，如那《诗经》里的诗句，别时"杨柳依依"，再遇"雨雪霏霏"。季节轮回，缘分浅薄，冰雪摧残的，是春的落寞。

依依杨花坠，拂拂绿柳丝。曾经的暖暖春日，已被层冰积雪掩埋。一起掩埋的，还有为爱而萌动的心。

疏疏杨柳怎耐五更寒，长天应有恨，碧月冷于霜。如此意境，惹人神伤。

看惯了咏叹春柳的诗句，那柔弱的柳枝，袅娜随风，教人生怜。再读纳兰的寒柳，如季节的转换，心中满是凉寒。

一弯纤月几分凉，正似我此时憔悴的模样，那可是你不忍离去的倩影，将我陪伴。

记得你说过，“衔恨愿为天上月，年年犹得向郎圆”，我知道你害怕孤单，我知道你害怕黑夜，人间朝暮，这般寒凉，碧落茫茫，与谁相倚。“盈盈自此隔银湾，便无风雪也摧残”，念此飘零，无尽伤感。唯有在一个人的夜晚，念一句，“爱他明月好，憔悴也相关”，那是永无止境的思念，那是无法抵达的温暖。

绝望极处，情至深时。纳兰词属此一类。

过片出时，景语已转情语，悲情尽出。

“春山”，此处应是代指女子的双眉。西汉刘歆在《西京杂记》中赞卓文君：“文君娇好，眉色如望春山。”自此，“眉若远山”“眉若春山”等描画美眉之语便一发而不可收，“春山”成了女子美眉的指代。纳兰的《山花子》中还有一句，“欲话心情梦已阑，镜中依约见春山”。春山美好，却只能用来怀念。

“湔裙”典出《北齐书 · 窦泰传》：“窦泰之母有娠，期而不产，大惧。有巫曰：‘渡河湔裙，产子必易。’泰母从之，俄而生泰。”

这后来成为古代的一种风俗，指女子有孕到河边洗裙，分娩必易。卢氏正是因难产而亡，想必纳兰用此典故，正是有此喻指。

湔裙梦断，往事成空，令人唏嘘哀恸。

“湔裙”之典，另有一说。

李商隐在《柳枝五首》序中，讲述了与柳枝姑娘失之交臂的一段爱情故事。

有一女子，名唤柳枝，吹叶嚼蕊，调丝擫管，善作天海风涛之曲，幽忆怨断之音。一日，李商隐的堂兄李让山吟诵李商隐的《燕台》诗，柳枝闻听，甚是喜爱，惊问：“谁能有此，谁能为是？”让山答曰：“乃堂弟义山之作也。”于是，柳枝手断衣带，请李让山转赠义山乞诗。

次日，两人得见，一见而钟情。李商隐慕她的美貌，似韩翃慕柳氏的美貌一般。柳枝亦仰他的才华，似那柳氏仰韩翃的才华一样。于是，柳枝与他约定：“后三日，邻当去湔裙水上，以博山香待，与郎俱过。”如此飞来的艳遇，李商隐自是满口应允下来，可是，后来的故事实在是难以预料。他的朋友拿着他的行李提前上路，直奔长安而去。李商隐是要进京赶考的，于是他便因此爽了约。待一年后来寻，柳枝已为他人妇。

朋友的一个恶作剧，验出了爱情的成色。一段即将发生的美好，终被一囊行李打败。当然，那行李之中包裹的，是李商隐的大好前程。爱情终是没有发生，徒留下一段断带乞句的佳话。

古之情事种种，并非都是爱情，更多的是一段风流韵事而已。古之文人最不缺的就是才华，随口吟几首小词，加上小女子的几分天真，这便是所谓的爱情。

故事至此，像极了韩翃与柳氏故事的开端。只可惜，李商隐没能等来许俊般侠义之士出手相助。原来，命运并不总是那般善良，并不是总会展示给你美好的一面，更多的，是示以悲凉。

李商隐再也没能见到柳枝姑娘，他只留下了五首《柳枝》诗记下这段未果的情事。

花房与蜜脾，蜂雄蛱蝶雌。同时不同类，那复更相思。

本是丁香树，春条结始生。玉作弹棋局，中心亦不平。

嘉瓜引蔓长，碧玉冰寒浆。东陵虽五色，不忍值牙香。

柳枝井上蟠，莲叶浦中干。锦鳞与绣羽，水陆有伤残。

画屏绣步障，物物自成双。如何湖上望，只是见鸳鸯。

也许是之前读惯了李商隐的无题诗，我总觉得，他的这五首情诗，景物铺陈繁复，似有费词之感，少了情绪在里面，难以令人感动，我怎么看也不及韩翃的《章台柳》那般悲切感人。

一次不期的相遇，一段未了的情缘。些许期待，些许遗憾。

所谓艳遇，大抵如此，一见心动，一散惘然。

“西风多少恨，吹不散眉弯”，极喜欢这一句。如此婉美，美得不免教人心里生出疏落的寒凉。

纵便有恨，岂是无情的西风吹得散。聚在眉弯的，岂止是恨，还有那道不尽的相思。

“记当时，垂柳丝，花枝，满庭胡蝶儿。”月下，你一个浅笑，一个娇嗔，未曾回首已嫣然。今夜，情丝重理，顾影徘徊，依旧回廊新月在，依旧相对无言。几番暮雪，无人共赏，空闲却，阑干无人倚。

多情西风，消瘦了，一弯凉月，几枝杨柳。而我，念你依旧。念你，在朝朝暮暮。念你，在眉间心上。

垂杨不是相思树，最可怜，雨嫉风妒。多少凄凉滋味，似风雨后的落花，一瓣在枝头，一瓣在心头。

人间闲愁愁几许，只恨西风，吹乱相思句。只是相思吹不散，上我眉弯。

多情容易伤离别，依依杨柳哪堪折。写不完的柳，道不尽的别。

人生，就是在相遇后别离，在别离后重逢。

每一次相遇，都是久别后的重逢。

一往情深深几许

她出离了红尘，
一个转身，
却又坠入一个未知的更深的红尘。

蝶恋花・出塞

今古河山无定据。画角声中，牧马频来去。满目荒凉谁可语？西风吹老丹枫树。

从前幽怨应无数。铁马金戈，青冢黄昏路。一往情深深几许？深山夕照深秋雨。

万里飘零一人，长沙落雁风华。

千古伤心一人，一生寂寞如花。

两千多年前，一个风华绝代的女子，一个人行走在长风黄沙的塞外，怀抱琵琶，翘首回望。西风残照里，一幅悲凉的图画。胡尘漠漠，万里他乡。唯有弹一曲琵琶，一倾惆怅。几声雁鸣生秋草，一曲琵琶不尽愁。感伤处，催人泪下。而那天边的大雁，闻听琵琶声声，也为之惊艳，纷纷扑落于平沙之上。平沙落雁，凄美而成绝唱。自此，她便把“落雁”的雅誉收于自己名下。

一千多年后，一个翩翩儒雅的公子，一个人无限感伤地也踏上这片朔漠之地。在这漠漠黄沙之上，一个人吟唱着自己的忧伤。当他来到她的坟前凭吊，不由心中生出一丝莫名的悲凉。

不同的是，他有归途，她却回头无路。

有一点是相同的，他们来到了这片蛮荒之地，都是身不由己，都是为了满足那个高高在上的男人的一己私欲。

她是在汉元帝悔恨的目光中踯躅而出，渐行渐远。

他是承载着康熙大帝的希冀飒飒而行，一路向北。

她恨那画师毛延寿，乱点图画，枉将美人误。她恨那汉元帝，“画图省识春风面”，空误了，如花美眷，似水流年。

而如今，她谁也不恨，她明白，那曾经的都市繁华，如今已经不再属于自己的牵挂，陪伴她的，唯有漠漠黄沙。

《红楼梦》中《五美吟》如是说：“绝艳惊人出汉宫，红颜命薄古今同。君王纵使轻颜色，予夺权何畀画工。”曹雪芹借黛玉之口道出了她可怜的命运，也道出了“男人薄幸，女人薄命”的真语。

据说，汉元帝后来得知此事，恼羞成怒，斩了那画工毛延寿。汉元帝恼的不是失去了如花的红颜，而是被欺骗。因为，后宫之中从来就不缺少红颜。正所谓，“宫中多少如花女，不嫁单于君不知”，宫中美女多得他自己也数不清。

然而，这一切，并不是一个画师便可以替罪。毛乃小人，唯利是图，每给宫女作画，都是索要银两贿赂，她却拒绝了。貌美女子向来自信且自负，她的一个倔强，决定了她命运的走向。她是在拿自己的命运作赌注，她输给的，不是那毛姓小人，而是她自信的自己。

我于心是很不情愿称她为美女的，与其胆识与决绝相比，其美貌真的不值一提。

当匈奴呼韩邪单于来大汉请求联姻，后宫嫔妃，唯恐避之不及，没人愿意去那荒凉塞外，没人想在茫茫风沙之中潦草一生。

“入宫数岁，不得见御。积悲怨，乃请掖庭令求行”，进宫数载，未能见得皇帝一面，何苦在这深宫之中虚度大好青春。此时，她已看透宫中事。于是，敏慧的她主动应诏，与其做个“闲坐说玄宗”的白头宫女，莫不如，斩断一丝幻想，悠然转身，把悔恨留给那个自负的男人。

她出场的一刹那，“丰容靓饰，光明汉宫，顾景裴回，竦动左右”。汉元帝一见大惊，心中顿生悔意，却是悔之晚矣。

有一种相守叫与子偕老，有一种相遇叫与你擦肩。帝王大概不懂得什么是痛彻心扉，而红颜却为此颠覆了命运。

她出离了红尘，一个转身，却又坠入一个未知的更深的红尘。

错过一时，错过一生。

他才华横溢，侧帽风流，也曾如她那般自信且自负。他二十二岁便高中进士，在一般人眼中，应是前途无量。即使不被授予官职，也该进翰林院谋个一席之地。最后竟然是未有委任，新科进士落个待业之身，他心有不甘。

一年后终得个御前三等侍卫的职位，御前带刀侍卫，风光无限，非一般人可比。这虽已让人羡慕不已，他却自叹，身为武职，英雄却无用“文”之地。

用非所志，一生痛苦的渊薮。望里黄沙漫漫，心中落寞凄凄，他感觉自己走在一条未知前途的路上，渐行渐远，自己心中的理想也愈渐渺茫。

他踏进西域之地，感慨道，“满目荒凉谁可语”，叹一声，“今古河山无定据”。伫立青冢之前，遥想当年，她的毅然出塞，换来大汉王朝六十载和平。王朝更迭，世事变幻，谁人能够看得穿。悠悠千载，如今，已是丹枫树老，满目荒凉。唯有深山夕照见证着她的往事悠悠，她的心事，又有谁知。不知她是否也有这般的幽怨。

“翩翩之燕，远集西羌，高山峨峨，河水泱泱。父兮母兮，进阻且长，呜呼哀哉，忧心恻伤。”她的这首四言诗道出了出塞时的凄婉与反侧。

她来到胡地，闻胡笳悲鸣，饮腥食膻。异域风月，不堪入目。她遥望故乡，留下穿越时空的轻叹：“命里如此可奈何，自叹人生皆有定。”

白居易有诗道：“汉使却回凭寄语，黄金何日赎蛾眉。君王若问妾颜色，莫道不如宫里时。”也许她也有悔意，不过，那不是白居易可以知道的隐秘了，因为她不是蔡文姬，汉元帝也不是曹操。

“燕支长寒雪作花，蛾眉憔悴没胡沙”，她在幽怨凄清的绝望中死去，葬于青山之侧，黄河之畔。其墓依山傍水，草色青葱，后人称之为“青冢”。她的绝代芳华随胡笳声声而香消玉殒，独留一丘青冢，荒凉着凌乱的时光。

她以苍凉的姿态，书写了自己一生的美丽与寂寞。

她不知，她死后，王莽起事，边疆又动，祸乱又起。她只是汉元帝用来缓兵的一枚棋子，仅此而已。

“生乏黄金枉图画，死留青冢使人嗟。”李白如此为她惋惜，当初，她舍得千金，后来的结局会如何？不过未必就是圆满。

“一去紫台连朔漠，独留青冢向黄昏。”生亦寂寞，死亦寂寞。杜甫如此为她感慨。

文人的吟咏与赞叹，令一个绝色的女子，永远留在了朔漠之旁，化成一缕凄凉。女子留名青史者，无不悲情万种，徒留佳话给后人去评说。

功绩任评说，凄凉谁人顾。

青冢墓碑上对她如此评说：“一身归朔漠，数代靖兵戎，若以功名论，几与卫霍同。”这大抵只是给人一种寄托与安慰。她的出塞“壮举”，使汉室免受战争之苦数十年，这样的功绩，堪与卫青、霍去病比肩。

出塞本就是无奈之举，很难完全付之以大义。就算她能够担当，我想，也是难掩内心的凄凉。只是此举应了所有人的愿，除了她自己。

何为大义？就是我等只能围观叫嚷，自己却做不来。如此，她真的没有辜负那墓碑上镌刻的碑文。

不过，大义盛赞之下，我们无视了她的凄楚和泪水。

一更天，最心伤。爹娘爱我如珍宝，在家和乐世难寻。如今样样有，珍珠绮罗新。羊羔美酒享不尽，忆起家园泪满襟。

二更里，细思量。忍抛亲思三千里，爹娘年迈靠何人。宫中无音讯，日夜想昭君。朝思暮想心不定，只望进京见朝廷。

三更里，夜半天。黄昏月夜苦忧煎，帐底孤单不成眠。相思情无已，薄命断姻缘。春夏秋冬人虚度，痴心一片亦堪怜。

四更里，苦难当。凄凄惨惨泪汪汪，妾身命苦人断肠。可恨毛延寿，画笔欺君王。未蒙召幸作凤凰，冷落宫中受凄凉。

五更里，梦难成。深宫内院冷清清，良宵一夜虚抛掷。父母空想女，女亦倍思亲。命里如此可奈何，自叹人生皆有定。

她本就是一个幽幽怨怨的小女子。她也曾有父母的宠爱，也曾有离家进宫的无奈，也曾有孤枕难眠的期待，也曾有对那毛延寿的恨之入骨，也曾有命不可移的无助。

她的这首《五更哀怨曲》还原了一个真实的自己。

读罢，无语，眼里似有泪水。

“一往情深深几许”，他是懂她的。此时，两颗寂寞的灵魂，在历史的长空下遥遥相对，终于得到了契合。

顾贞观如此说他：“所欲试之才，百不一展；所欲建之业，百不一副；所欲遂之愿，百不一酬；所欲言之情，百不一吐。”一声叹息，袅袅三百年。

古之四大美女中，西施、貂蝉者，细作一类。爱一旦孤注一掷，结局总是过于壮烈。爱则疯狂，不爱则毁。毁灭的，除了爱情，还有家国。

我恍然间觉得，如果她们没有大义在身，西施与吴王夫差假戏真做，貂蝉成全了吕布的爱恋，安稳一生，如此，也不失美好。

蔡文姬纵是半生凄苦，终还是遇到了曹操，得以“文姬归汉”。

而她，“千载琵琶作胡语，分明怨恨曲中论”，落得个抑郁而终，终是没能回到那个令她魂牵梦绕的中原故土。她的一生谁来偿？大漠黄沙，无处道凄凉。

“昭君出塞”，一段凄楚的故事。有故事的女人一定很美。“落雁”之名，已不重要，我看到了美名后的几多苍凉。

“须知名士倾城，一般易到伤心处。”红颜伤心，异域独飘零。文士伤心，繁华空憔悴。

惊艳入世，半生流离。她是王昭君。

生于繁华，一生寂寞。他是纳兰容若。

殇之卷·一双人

132 — 180

命运是只翻云覆雨的手，
给了你爱情，
不给你永久；
让你相亲，
不让你相守。

一生一代一双人

命运是只翻云覆雨的手，给了你爱情，不给你永久；让你相亲，不让你相守。

画堂春

一生一代一双人，争教两处销魂。相思相望不相亲，天为谁春？

桨向蓝桥易乞，药成碧海难奔。若容相访饮牛津，相对忘贫。

多少人，一生一世情相许，却有缘无分，落得两处销魂。

多少人，相思相望难相亲，指问苍天，天为谁春。

即便能够挥桨向蓝桥，可与云英双飞老，也难偷得灵仙药，做得碧海青天夜夜心。相访饮牛津，相对忘贫，那只是心中难以实现的美好。曾经宝黛一双人，天造地设又如何？最终，还不是成了有缘无分的“典范”。

《画堂春》，曲调最初见于秦观的《淮海集》，词咏画堂春色，是以为名，后人演化别用。而容若用之，写就了一首爱情名篇。

“一生一代一双人，争教两处销魂”，词一开篇，直道心中的悲苦，直教人心生寒凉。

我读《纳兰词》，总是难以记住全篇。或者说，他的词，总是有那么一句直指人心，令人久久难忘，以至于忽略了其余。“人生若只如初见”，“当时只道是寻常”，“我是人间惆怅客”，“不是人间富贵花”等如此妙语，俯拾皆是。读罢，总有一种难以言说的情绪在心底弥漫，挥之不去。让人读此一句，其余皆忘，这就是所谓的“有句无篇”吧。王国维在其《人间词话》中说：“唐五代之词，有句而无篇。南宋名家之词，有篇而无句。有篇有句，唯李后主降宋后之作。”

我还是极喜欢容若这样清淡而似平常语的“有句”之作的。一句触动人心，足矣。

纳兰此词，除了令人难以释怀的起句，其余可以说是句句用典。尤其下片，典故迭出，如若生疏，还真是令人费解。纳兰词，向来以清丽淡和取胜，如此用典，实不多见。

提到以典入词，我总会想到那用典用到我头大的幼安词。用典可谓幼安词一大特点，翻开《稼轩词》，用典之多，可谓前无古人，后无来者。辛词豪放，不拘一格，但有些作品因用典过多而显晦涩，失之韵味，我不是很喜欢。

绿树听鹈鴂，更那堪、鹧鸪声住，杜鹃声切。啼到春归无寻处，苦恨芳菲都歇。算未抵、人间离别。马上琵琶关塞黑。更长门翠辇辞金阙。看燕燕，送归妾。

将军百战身名裂，向河梁、回头万里，故人长绝。易水萧萧西风冷，满座衣冠似雪。正壮士、悲歌未彻。啼鸟还知如许恨，料不啼清泪长啼血。谁共我，醉明月。

辛弃疾的这首《贺新郎 · 送茂嘉十二弟》频频用典，不做考究，简直不知所云。

“马上琵琶关塞黑”，典用西汉王昭君辞汉北嫁匈奴的故事。

“更长门翠辇辞金阙”，典用西汉陈皇后被迫离开金阙迁居冷宫的故事。

“看燕燕，送归妾”，典用春秋卫庄公妾戴妫离卫归陈的故事。

“将军百战身名裂，向河梁、回头万里，故人长绝”，一连四句，皆用汉代名将李陵之典故。

"易水萧萧西风冷，满座衣冠似雪。正壮士、悲歌未彻"，借荆轲入秦视死如归之典故。

对于辛词的大量用典，前人的评价可谓毁誉参半。王国维在《人间词话》中赞道："稼轩《贺新郎》词'送茂嘉十二弟'，章法绝妙，且语语有境界，此能品而几于神者。然非有意为之，故后人不能学也。"

毁之者则认为辛词大量用典是在逞其才炫其学，刘克农就说他"高则高矣，但时时掉书袋，要是一癖"。我觉得用典还是尽量用一些熟典为妙，辛弃疾被刘克农讥为"掉书袋"，与他多用僻典不无关系。

容若此词，也可谓句句有典，却句句精当，丝毫不觉生涩，实在令人叹止。

"一生一代一双人"，明白如话，毫无雕饰，看似脱口而出，却是直指人心，让人无语。

此句实为化用骆宾王《代女道士王灵妃赠道士李荣》诗中成句："相怜相念倍相亲，一生一代一双人。"诗词史上，大有原句寂寂无闻，而一经他人化用，反成千古传诵者。容若的这一句"一生一代一双人"，可谓有井水之处皆能传唱，却很少有人知道此句是出自骆宾王之手。

"两处销魂"，见于周邦彦《忆旧游》词句："渐暗竹敲凉，疏萤照晓，两地魂销。"容若化其句而袭其意，自己与恋人本是天造地设的一对佳人，为何却要分离两处，相思相望，各自销魂，各自神伤。

江淹《别赋》有云："黯然销魂者，唯别而已。"离别总是惹人感伤，你的离别还有相见日，我的离别却是永无相见时，只有一样相思，两处销魂。

“相思相望”句也是由骆宾王《代女道士王灵妃赠道士李荣》中“相怜相念倍相亲，一生一代一双人”句而来。王勃《寒夜怀友》诗中也有“故人故情怀故宴，相望相思不相见”一句。李白《相逢行》中也有“相见不相亲，不如不相见”的句子。

骆宾王的这首长诗倾诉的正是对至爱相思而难相见的情绪。诗中又言：“只言柱下留期信，好欲将心学松蕣。”“柱下留期信”说的是《庄子》中“尾生抱柱”的故事。尾生与情人相约于蓝桥下相见，久等情人未来，却值涨水，为了信守约定，尾生不愿离去，抱柱而死，魂断蓝桥。

是愚，是痴，还是执着，我已不知用什么词汇来评述尾生。故事就是故事，是否有后人附会，已无关紧要。我宁愿相信那就是尾生对爱情天真的忠贞和执着。一座美丽的蓝桥，一次不归的约会，一段夭亡的爱情。尾生用自己的生命诠释了爱情，誓守了诺言。而我们，用尾生的故事支撑着各自对爱情的期许。如此，足矣。

而纳兰抱着的是一场虚空，坚守的是寂寞的爱情，等来的只有随寂寞而来的伤痛。

下阕词意转折，却是继续用典。小令频繁用典，着实大胆。

“桨向蓝桥”用的是唐人裴铏《传奇》里的典故。裴铏乘船至蓝桥，口渴求水，得遇云英，一见倾心，遂向其母提亲，其母要求以玉杵为聘礼，方可嫁女。后来裴铏终于寻得玉杵，于是成婚。捣药百日，双双仙去。容若用此典暗示在恋人未入宫前两人曾有婚约，结为夫妇也是只差“玉杵”。这也只是容若的一厢情愿，据记载容若曾化作僧侣，混入宫中，却也是未得相见。

《淮南子·冥览训》中有记载："羿请不死之药于西王母，姮娥窃以奔月，倡然有丧，无以续之。"这就是广为流传，无人不知无人不晓的"嫦娥奔月"的故事。后人诗词对此多有咏叹，其中最为人熟知的莫过于李商隐的那首《嫦娥》。

云母屏风烛影深，
长河渐落晓星沉。
嫦娥应悔偷灵药，
碧海青天夜夜心。

"药成碧海难奔"一句正是取自李义山这篇《嫦娥》的诗意，不过，容若此处是反其意而用之，心爱的情人入宫，便如嫦娥奔月，从此便是天上人间两相隔。即便偷得王母不死药，也难飞入广寒宫，空有深情在，从此情两难，不得再相见。

"饮牛津"用晋张华《博物志》中典故，按《博物志》载："天河与海通，有人居海上，年年八月，见浮槎去来不失期。多赍粮乘槎而往。十余日至一处，见城郭屋舍俨然，宫中多织妇，又见一丈夫牵牛，渚次饮之。遂问此地何处，答以君还蜀郡问严君平则知。其人还至蜀问严君平，曰：'某年某日有客星犯牵牛渚'，计年月，正此人到天河时也。"故"饮牛津"是指传说中的天河边，此处指与恋人幽会处。遥遥天河边，相会何其难。

一生一代一双人，相思相望两销魂。理想总是那般美好，而现实却是如此无奈。越是渴望，越是遥不可及。

命运是只翻云覆雨的手，给了你爱情，不给你永久；让你相亲，不让你相守。

想做“一生一代一双人”，就要珍惜当下的拥有，莫要等到失去后，再去慨叹什么“人生若只如初见”，待一切美好变成了回忆，才去追悔“当时只道是寻常”。

“一生一代一双人”，起初我只当它是世间一句美丽的誓言，花前月下，那般的美好。然而，当你经历了爱恨情愁，离合悲欢，你就会发现，“一生一代一双人”仿佛是跨越了千古的叹息，从未停歇。似月光下水中美丽的倒影，永远也无法靠近。或许唯有遗憾，你才会懂得什么是“人生若只如初见”，什么是“当时只道是寻常”。

我曾偷偷地牵着你的手，你曾默默地走在我身后。而如今，山盟虽在，相见难求。小晕红潮唯有梦，相思相望不相亲，今生难做一生一代一双人。我们是该怨命运那翻云覆雨的手，还是怪自己当初不够像尾生那样坚守。

相爱了，就不要问理由。错过了，何必再给自己找什么牵强的借口。只需问自己，爱得够不够。

若有来生，定与你，一生一代一双人。

定与韩凭共一枝

我生君未生，君生我已老。
不知是你姗姗来迟，还是我转身太早？

减字木兰花

花丛冷眼，自惜寻春来较晚。知道今生，知道今生那见卿。
天然绝代，不信相思浑不解。若解相思，定与韩凭共一枝。

因为一个人而爱上一座城，因为一座城而刻骨铭心地记住了一个人。每次读纳兰的这首词，我总是绕不过那个“十年一觉扬州梦”的杜牧。

十里扬州，三生杜牧，前事休说。

我还是想回到那个与杜牧十年纠结的地方，那个十里春风、二分明月的扬州，去说说杜郎那段已化尘烟的前事。

杜牧少有才名，通经史，擅诗文，二十三岁便作有《阿房宫赋》，二十五岁写下了长篇五言古诗《感怀诗》，随后进士及第，可谓春风得意，名满天下。然而，到了晚唐，牛李党争，杜牧几度失意，几番徘徊，终是难得其志。于是，他来到了扬州城。

风流总在多情处，这多情的杜郎，“美容姿，好歌舞，风情颇张，不能自遏”，来到扬州这样的繁华迷离之地，自是如鱼得水，夜夜笙歌，流连于秦楼楚馆，沉醉在温柔乡。

淮南节度使牛僧孺喜杜牧才华，对其甚是器重，推举他为推官一职，后为掌书记，自此，两人交好。牛僧孺对杜牧的才华自是了解，对他的风流也是了然于心的，却碍于面子不好直说，于是便派手下暗中跟随保护，杜牧竟然丝毫没有觉察。

大和九年（835），杜牧官拜监察御史，将赴长安供职，临行前，牛僧孺语重心长地对杜牧说，你气度旷达，性情豪迈，将来必是前途无量。我不担心别的，只是担心你风情不节，影响了你的身体。杜牧自以为行踪隐秘，连连否认，哪有什么冶游之事。牛笑而不答，命人拿出一个木匣子，里面是一份份的密报，上面尽是“某年某月某馆某姑娘”之类的记录。啥也不说了，这牛僧孺，真是哥们。人生得如此一哥们，足矣。

杜牧羞愧不已，连连拜谢。然后，一个转身，又消失在扬州迷离销魂的夜色中。

烟花三月的扬州，烟雨迷蒙。在那氤氲的烟雨之中，我们依稀看得见他难舍的背影，渐行渐远。他走出了与这座城的缠绵，却无法带走与它息息并存的丝丝感伤。

扬州，不知留下了杜牧多少诗句，留下了多少情，有一段烟花往事总教他念念不忘。

自江南柳巷深处，款款走来的是那婷婷袅袅、豆蔻芳华的少女，如江南氤氲渺漫的烟雨之中含苞待放的尖尖小荷。

如此的邂逅，如《诗经》中“有美一人，清扬婉兮。邂逅相遇，适我愿兮”的相遇一般。简单的相遇，一遇而契合了彼此的心意。

就这样，在这个色艳香浓、暧昧迷离的城市，邂逅如此适愿的红颜，爱情便如此轻易地沦陷。于是，一场在他情感生涯中新鲜的体验就此上演，一次在她生命中最痴情的等待就此在心中蔓延。

只是，他们谁都没有想到，这出貌似浪漫的戏码是如此的漫长，在彼此心中一演便是十年，最终却没有一个圆满，徒留遗憾。

那少女的母亲说：“吾女尚幼，年方十三，怎能与君为妾。”杜牧未假思索便答：“我愿十年后来娶。”

如果从此便两两相忘，只当是一次美丽的邂逅，故事也就可以就此打住。

有酒径须醉，无事莫关情。你给我个火苗，我就可以燃烧。情中事，大都是让你拿得起，放不下。一句轻易的承诺，赔上一个少女的青春年华。

江淹《别赋》有云：“与子之别，思心徘徊。”杜牧与那少女一别，两人也是惦记于心，思之切切。只是后来，那杜郎却把这事忘在了脑后。而那颗情窦初开、初遇情动的少女心怎经得起如此的撩拨，已然深陷，相信了爱情。

邂逅的爱情，总以为，初见惊艳，再见依然。却不知，爱情经不起等待。等待不可怕，怕只怕，青春易逝，红颜易老。

等待太漫长，无法用思念去度量。当思念随红颜老去，等待也如暮色下的背影，渐行渐远。

当誓言轻易地说出口，有谁还会去相信十年后的兑现？她相信，她守着一个人的思念等了他十年。

十年孤独的夜，一颗寂寞的心。仿佛可以听到有一个人在不停地问，十年远行客，问君胡不归。

十年，足以暗淡了曾经的娉娉袅袅。十年，足以将一颗痴情等待的心磨折得冰冷。

一番花信一番空。终于，又一番花信过了，她带着十年的誓言转身，飘零别处。一切，归于惘然。

君终于归来，只是迟了四年。昔日婷婷少女如今已做他人妇，已为他人母。

回想当初，他曾留下了深情款款的诗句以赠别：

娉娉袅袅十三余，豆蔻梢头二月初。

春风十里扬州路，卷上珠帘总不如。

如今，他也只能再次用无助的诗句来对花空叹：

自恨寻芳到已迟，往年曾见未开时。

如今风摆花狼藉，绿叶成阴子满枝。

随风吹去的又何止是那落花狼藉，更吹皱了少女如花的容颜，吹冷了那颗深情等待的心。

一首《赠别》，初遇时的欢欣难以自抑；一首《叹花》，那是再见已惘然的无奈与感叹。感叹之中，不知几分是悔恨，几分是薄幸。

有时我就想，如果杜牧十年后如期赴约，寻芳恰逢其时，不知结局会如何？那十年风雨艰难等待的煎熬，是否会顿时少了许多，是否就此恩爱到终老？然而，谁又敢说这不会又是一个“始乱之而终弃之”的翻版？

男人的心，无须猜，有时一眼便可以看穿。只是，你不愿意相信你的眼，不愿意相信你看穿的男人虚伪的一面。

“行乐及时时已晚，对酒当歌歌不成”，杜牧如此不经意的一句，已然泄露了男人的心迹。

“刻意伤春复伤别，人间唯有杜司勋”，深情的义山，读了多情的杜牧的伤春伤别之绝语，也是自叹弗如。但在义山的感慨之中，我却读出了别样的意味。

世间自有多情种，不知薄幸抛与谁。杜牧，一个一旦爱上便教人欲罢不能、欲恨不忍的风情男子。

深情亦杜牧，多情亦杜牧，薄幸亦杜牧。

花开时节，有女初长成。少女曼妙如花，终是跌落尘埃。落花红冷，一段未了的情事。时间无法回转，心中除了遗憾，空余无奈。杜牧唯有叹一句“苦等女长成，到头一场空”，权作是十年一场扬州梦。一句诗，一声叹息，便轻轻地揭过了十年的过往，仿佛那真的只是一场梦而已。是谁在苦苦地等待，又是谁轻轻地离开，又有谁在乎过。

一个人，一座城，一生心痛。

光阴的裂隙，不会因为谁的流连与不舍便可以弥合。十年之前，那个风流不羁的杜郎未曾离去，离去的只是他那颗年轻而躁动的心。心摩挲得太久，已擦不出一丝火花。此一境，彼一境，又何必去计较谁的深情，谁的薄幸。

誓言与现实，总是遥遥相对。曾经杜牧为那些扬州瘦马埋下的诗句，只是那未曾泯灭的心迹流露。最终落入尘埃，幻化成了一场风花雪月的梦。梦是一首诗，醒来，却无人应和。

“落魄江湖载酒行，楚腰纤细掌中轻。十年一觉扬州梦，赢得青楼薄幸名。”当杜牧潇洒地写下这首诗的时候，不知是他由衷的感慨，还是无奈的自嘲。

十年一梦，醒来，几许感慨，几许无奈。

纳兰的一句“自惜寻春来较晚”想必也是充满悔意的。曾经的恋人，一入皇宫，就再也不得相见。“侯门一入深如海，从此萧郎是路人”，何况是深深的皇宫。

曾经与你擦肩，如今却再不得相见。纵有千般眷恋，却不能长相厮守。纳兰心中这般悔恨，这般忧伤，可似那扬州的杜郎。

“知道今生，知道今生那见卿。”我知道，今生再无缘与你相见，如此思念的苦楚，更与何人说?

“若解相思，定与韩凭共一枝”，一句见血见泪的誓言，一句爱情已经死去，独对自己说的誓言。

战国时晋人干宝《搜神记》记载：宋康王舍人韩凭，娶妻何氏，美。康王夺之。凭怨，王囚之。凭自杀。其妻遂自投台而亡，遗书于带曰：愿以尸骨，赐凭合葬。王弗听。使里人埋之，冢相望也。宿昔之间，便有大梓木生于二冢之端，屈体相就，根交于下，枝错于上。又有鸳鸯，雌雄各一，恒栖树上，晨夕不去，交颈悲鸣，音声感人。宋人哀之，遂号其木曰“相思树”。相思之名，起于此也。

待来生，我定要做那韩凭，情愿化作相思树，与你根须相交，枝叶环抱。定要化作韩凭那一枝，方能解得相思苦。此时的誓言，已然苍白无力，只能说与自己听，一切回不到从前，平添遗憾。

读罢这首词，总觉得少了点什么。理当是首对逝去爱人追忆的词，词句中却不见悲伤的痕迹，有的只是沉痛后的无奈。无须着力，“自惜寻春来较晚”“定与韩凭共一枝”两句已把悲伤深化其中。

“人生何如不相识，君老江南我燕北。何如相逢不相合，更无别恨横胸臆。”容若曾这样感叹。

“如若不相见，便可不相恋。如若不相知，便可不相思。”后来，那位多情的僧人仓央嘉措也发出如此至情至伤的叹惋。不知他可曾读过纳兰的诗。无须读过，自古多情之人，演绎着各自的多情，伤痛却都是一般模样。

我生君未生，君生我已老。不知是你姗姗来迟，还是我转身太早？你我就如那不同季节的花瓣，各自飘落，各入尘埃。你我就这样错过。

佳期不可再，风雨杳如年。

时光冲蚀不了回忆，冲刷的只是回忆的浓度。而纳兰的回忆却不曾随时光有丝毫的消减。

一个情字，便是纳兰的全部故事。情，是纳兰生命的全部意义。回忆，是纳兰生命中爱的延续。

仿佛遗失在时光里的一支琉璃，时隔经年，拂去尘埃，依旧艳丽。纳兰内心里有多少的悲哀与忧愁，多少的意乱情迷，时光无法掩饰。以为忘记，却时时都在回忆。无人可以走进他的内心，无人可以懂得他的痴迷。或许，他自己也没有答案。

人生就是一出戏。是把生命的全部拿出来展示，还是把真情深深地隐匿？纳兰选择了前者，每一个角色都在演绎着真实的自己，每一幕的忧伤，每一幕的欢喜，都是那么执拗，那么着意。最终难逃的宿命是，伤痕累累，身心俱疲。如若，一切不那么刻意，不那么投入，是否就能够轻易地转身，做回潇洒的自己？遗憾的是，帷幕一旦拉开，置身其中，一切都无法逃避，任人间悲喜、爱恨情愁一幕幕上演，只需等待着那个早已注定的结局。

如果人生真的是一出戏，倒也没什么遗憾。遗憾的是我们进得了戏，却走不出去，陷落在无尽的迷惘之中。痴情人多是伤心人，纳兰容若，千古情痴，命定在劫难逃。

曾经的爱情，有如一炷燃烧在流光里的沉香，你以为已将它遗忘，那淡淡的余香却依旧在空气中飘荡。

曾经的爱情，有如小楼上暗淡的烛光，足以照亮心底暧昧许久的缠绵。

曾经的爱情，蝴蝶般轻盈，以为拥有翅膀就可以飞过沧海。却不知何时，已迷失在了两心之间。有时，两颗心之间真的是如隔沧海，难以抵达。

如今，岁月悄然走远，爱情渐渐老去，却唯独不见我们说好的幸福。

幸福与否，爱情说了不算。

纳兰的生命，宛如凡·高笔下那橙黄色的花朵，因爱情而绽放，因爱情而消亡，只是蕴含着太多的悲剧般的倔强与苍凉。

爱情，生命中两个人的告白。

等待，生命中一个人的姿态。

十年踪迹十年心

一个人，不只是为自己而活。

遥遥处，总会有一颗灵魂，

默默为你守候。

虞美人

银床淅沥青梧老，屧粉秋蛩扫。采香行处蹙连钱，拾得翠翘何恨不能言。

回廊一寸相思地，落月成孤倚。背灯和月就花阴，已是十年踪迹十年心。

爱上《虞美人》是从南唐后主李煜开始的。

春花秋月何时了？往事知多少。小楼昨夜又东风，故国不堪回首月明中。

雕栏玉砌应犹在，只是朱颜改。问君能有几多愁，恰似一江春水向东流。

最美的诗歌往往是最绝望的哀音。李煜此词，绝望中的悲凉。

往事不待流年，太匆匆。多少旧恨与前欢，恍如一梦中。留不住的流水落花，回不去的帝王才子。多少往事，恰似那，一江春水，无语东流。只留下，这与生命相连的词章，千年之后，依然拨弄着我们的心弦。

宋太宗闻听这曲《虞美人》之后，便派南唐旧臣前去打探。李煜心怀一颗赤子之心，却做不来刘禅的乐不思蜀，更没有勾践卧薪尝胆的胸襟。既然选择了苟活，就要保持沉默。可面对故人，他却是故国之思难掩，宋太宗勃然大怒，遂赐其牵机药了其一生。《虞美人》成了李煜的绝命词。

千古词帝因这一阕《虞美人》而断送了自己的生命，而两千年前的虞姬用自己的生命换了个“虞美人”的美名。

力拔山兮气盖世，时不利兮骓不逝。

骓不逝兮可奈何，虞兮虞兮奈若何！

项羽垓下被围，四面楚歌，英雄末路，对长天一叹：“虞兮虞兮奈若何。”尔后，刎颈而亡，留下一曲《垓下歌》。

“汉兵已略地，四方楚歌声。大王意气尽，贱妾何聊生。”虞姬拔剑最后一舞为夫君，后饮剑而亡。

“虞兮虞兮奈若何”，项羽乌江边的一曲悲歌似在耳畔萦绕，而如今，却已是美人不再。自此，“虞美人”在我心中总是带着无奈的悲凉，悲凉得像后主的一阕词，一片绝地的哀伤，惹生出了无数的忧思与惆怅。就连一代婉约词宗李清照也为他豪放了一回：“生当作人杰，死亦为鬼雄。至今思项羽，不肯过江东。”

末世英雄，绝代佳人，一对乱世眷侣，用生命谱写了一曲凄美的爱之悲歌。

后人作词以咏这位虞美人，词牌就此而成。

“春花秋月何时了，往事知多少”，“问君能有几多愁，恰似一江春水向东流”，一首绝美的词，一声亘古的叹息，一生悲情的终结。南唐后主的这首绝笔《虞美人》，读来总是令人怅然无语，唏嘘不已。

项王的《垓下歌》读来自有一种穷途末路的悲凉。英雄末路，长歌当哭，示爱以命。生于深宫之中，长于妇人之手的李煜自是难有如此悲壮的情怀。

虞姬的决然与贞烈，更是小周后无法相提并论的。“刬袜步香阶，手提金缕鞋”的小周后，可以提得起一双金缕鞋，却提不起虞姬手里的那把剑。

一个是宁为玉碎，虽死，犹教人荡气回肠。一个是苟且偷生，虽生，却是生不如死。

一个是决然殉情，本可以生，却选择死。一个甘愿受辱，有勇气生，却没勇气死。

一个为了爱情，一个为了情爱。为爱与为情，悲壮与悲凉。

纳兰的这阕《虞美人》，没有霸王别姬的悲壮，也没有后主家仇国恨的悲凉，只是透露着一己的淡淡哀伤。

上片铺垫以景，语句平淡无奇，我不是很喜欢。下片转景入情，也是词人惯用手法。倒是结句一语“十年踪迹十年心”，令我怔然无语，又是一语爱上整篇。就像当初因一句“人生若只如初见”，爱上了那阕《木兰花令》；因一句“当时只道是寻常”，爱上了那阕《浣溪沙》。

与其说本词是一首悼亡词，倒不如说是一首追忆往昔之作。

康熙十三年（1674），容若二十岁时，娶两广总督卢兴祖之女卢氏为妻。由“十年踪迹十年心”句可知，这首词作于康熙二十二年（1683）。而这“十年踪迹十年心”一句是化自南宋高观国的一首《玉楼春》。

春烟澹澹生春水。曾记芳洲兰棹舣。岸花香到舞衣边，汀草色分歌扇底。

棹沈云去情千里。愁压双鸳飞不起。十年春事十年心，怕说湔裙当日事。

显然，这是词人一首忆旧之作。旧日情景，细致入微。与纳兰的这首《虞美人》相比，胜在词美而差之情真。“一切景语皆情语”，景色明暗浓淡之间，流转的皆是情绪。高词的情绪似乎不及纳兰饱满，景也轻，情也淡。“春烟”“春水”“花香”，读来是那般轻盈，纳兰的一句“青梧老”已是心绪沉沉。唯“十年春事十年心，怕说湔裙当日事”一句恰是纳兰词境。“十年踪迹十年心”，也正是纳兰此词之魂。

故地重游，往昔不再，拾得旧物，思念满怀，恍然惊觉，已是匆匆十载。十年光阴易逝，纳兰心中的思念难消。

纳兰这里的“拾得翠翘”是化用了温庭筠的一句“拾得当年旧翠翘”。此处“翠翘”，未必是实指，也许就是以旧物忆旧情而已，诗人遣词措意，未必都是实景实物，传递情绪罢了。纳兰词中常常出现的“金井”“玉钗”“翠翘”之类意象，更多的应是情感表达的载体而已，想那翠翘也不会躺在那里十年等待纳兰来拾。

曾经的情愫，如今已失落在那九曲回廊，手中的翠翘如果可以说话，定会给我们讲述那一片月满西楼的怀想，还有那月下西楼的惆怅。

词原本是用来唱的。

曾经，“凡有井水处，皆能歌柳词”，柳永的词唱遍了秦楼楚馆，传遍了大江南北。然而，怎样的风光无限，也拯救不了他落魄的哀伤。唯有，空留几段风流让后人去凭吊。

生亦风流，死亦风流。生时“忍把浮名，换了浅斟低唱”，死后“乐游原上妓如云，尽上风流柳七坟”。放眼历代词人，自甘沉沦者不乏其人，沉沦得如此精彩者，却是寥寥。

曾经，“家家争唱饮水词”，唱出的是纳兰的心曲，“纳兰心事几人知”，又有谁曾真正走进过他幽幽的心田？

一句“十年踪迹十年心”，无法全部揭示纳兰内心隐藏的无奈与悲凉，只能平添思念后的忧伤。

十年，足以让你用一生去怀念。

十年，足以让一切回忆烟消云散。

十年，不足以忘却所有的留恋。

十年，不足以弥补所有的遗憾。

十年，我想起了那写下“十年生死两茫茫，不思量，自难忘”的苏轼。

苏轼十九岁时与同郡王弗结婚，嗣后出蜀入仕，夫妻琴瑟调和，甘苦与共，不幸王弗早亡。苏轼一次梦见妻子而作《江城子》，此时，距王弗卒故已是十年。生者与死者虽然幽明永隔，那份感情却是结而未解。

“不思量，自难忘”，思量更断肠。

十年，我想起了“十年一觉扬州梦”的杜牧。

十年一觉叹梦长，梦醒已断肠。十年后，二十四桥变了模样，爱情蹉跎了时光，追忆晕染着苍凉。那十年的誓约已沉淀于旧日的风月，“洒尽满襟泪，短歌聊一书”，徒留几句诗行，惹人哀伤。未必是为了曾经那“娉娉袅袅十三余”的豆蔻少女，也许只是为了弥合遗憾给自己内心留下的忧伤。

十年，我想起了“一怀愁绪，几年离索”的陆游。

十年的别离，沈园一遇，似乎是命运逼仄，有意将伤心人摧折。十年后，曾经的唐家小妹早已嫁作他人妇，纵有无尽的愁苦与思念，如今也是欲语难说。除了饮下那杯黄縢酒，留下一阕《钗头凤》，只有看着她牵着别人的手，无语泪暗流。

红酥手，黄縢酒，满城春色宫墙柳。东风恶，欢情薄。一怀愁绪，几年离索。错，错，错。

春如旧，人空瘦，泪痕红浥鲛绡透。桃花落，闲池阁。山盟虽在，锦书难托。莫，莫，莫。

曾经一双红酥手，捧来一杯黄縢酒。曾经春色莹莹，柳色青青。怎奈东风吹尽欢情过，空有愁绪满怀，还有那物是人非的失落。错，错，错。这一切，不知都是谁的错。

如今，春如旧，人空瘦，泪痕湿得红绡透。桃花飞落闲池阁，纵有山盟在，更与何人说。莫，莫，莫，不说也罢。

一阕《钗头凤》拯救不了陆游的爱情，却成了后人愁苦与哀伤的代言，成了千古名篇。如若陆游知晓，他是否还会写什么《钗头凤》，也许他宁愿把痛埋在心中，独自凭吊。

四十年以后，七十五岁的陆游再回沈园，留下了“梦断香消四十年，沈园柳老不吹绵。此身行作稽山土，犹吊遗踪一泫然”的感伤。那份痛，终究是深埋在了心底，无法磨灭。

又是十年后，八十五岁的陆游最后一次来到沈园，留下了催人泪下的诗句，也留下了最后一捧相思泪。“沈家园里花如锦，半是当年识放翁。也信美人终作土，不堪幽梦太匆匆。”

一年后，放翁去了。不知是解脱还是遗憾。

我想，此一生，能得有爱如放翁者，足矣。有人将你一辈子放在心头，一生的念念不忘，足矣。

我活着，你便永生。

有多少爱，可以重来？有多少人值得等待？有多少个十年才能足以教人忘怀？回首望，太匆匆。

有的故事，太美好，美好得成了美丽的传说。有的故事，太悲凉，悲凉得仿佛就是尘世中的你我。

“十年踪迹十年心”。十年，饱含着纳兰的哀伤与难忘。似那苏轼，不思量，自难忘，一样的无处话凄凉。

爱如那杯黄縢酒，饮罢教人沉醉。酒醒后，曾经失落的爱情，还是无以为续。“还将旧时意，怜取眼前人”，然而，唐琬此时的心境又怎能如那莺莺那般决绝，那般冷静。她挥笔和了一首《钗头凤》，不知是对痛失所爱的埋怨，还是对逝去爱情的祭奠。

世情薄，人情恶，雨送黄昏花易落。晓风乾，泪痕残。欲笺心事，独语斜阑。难，难，难。

人成各，今非昨，病魂常似秋千索。角声寒，夜阑珊。怕人寻问，咽泪装欢。瞒，瞒，瞒。

莫怨“世情薄”，莫怪“人情恶”，也不必为谁开脱，曾经的进退两难，只有回头看，才知爱一个人是那么难。如今已是，“人成各，今非昨”，只恐有人问起，只能强装欢颜。无奈，唯有，瞒，瞒，瞒。瞒得住世人的眼，瞒不住自己的心。

往昔的美好终成回忆，今天的誓言有谁知道明天能否会实现。能把握的只有眼前，而遗忘真的不是说说那般简单。没有走出一个桎梏的灵魂，又怎能走进另一个鲜活的生命？

世间只有那难以诉说的，深埋心底的思念，才是刻骨铭心的痛。

相爱未必会永远，珍惜曾经的拥有，留下一份惦念，也未尝不是圆满。

爱情，有时似乎触手可及，可它却似朝夕相处的相背相离，你在面前，我却看不到你。爱情，有时却又是遥不可及，如远隔千里的两两相对，唯有遥遥地用心去感知。

在时间匆匆的河流之畔，曾经的爱情，就这样凝滞成绝望的两生花，开在此岸与彼岸，开在前世与今生。

念时为彼岸，过处即前生。

拂落岁月的尘埃，在泛黄的诗笺上，在月下回廊里，在荒芜的心底，依旧可以看到旧日的印迹。

旧日不再来，回首却思量。

天不老，情难绝。

一个人，不只是为自己而活。遥遥处，总会有一颗灵魂，默默为你守候。

此恨何时已

爱过，顿悟。

有一种爱，近在咫尺，无法靠近。

有一种爱，远在天涯，却可抵达。

金缕曲·亡妇忌日有感

此恨何时已。滴空阶、寒更雨歇，葬花天气。三载悠悠魂梦杳，是梦久应醒矣。料也觉、人间无味。不及夜台尘土隔，冷清清、一片埋愁地。钗钿约，竟抛弃。

重泉若有双鱼寄。好知他、年来苦乐，与谁相倚。我自中宵成转侧，忍听湘弦重理。待结个、他生知己。还怕两人俱薄命，再缘悭、剩月零风里。清泪尽，纸灰起。

人若有情亦有恨，情无尽，恨难绝。若得有时，心心相惜，不负钗钿之约，苦乐相倚。不必忍听湘弦，无须双鱼寄语，只惜取，今生知己。

一颗伤心，一寸柔肠，一阕悲歌点点泪，几多思量。今生恨无双鱼寄，一弦一柱思惘然。今生无望，待他生，许个地久天长。

哀音如许，寸断愁肠。

本词可谓纳兰悼亡词中的代表之作，堪称绝唱。

词至宋时，分令、引、近、慢四种。至明时，分小令、中调和长调。令即小令，引与近相当于中调，长调即所谓的慢词。长调，一般用字过百，铺陈婉叙，用韵较疏。读来却是音韵错落，曲调转侧，丝毫不觉拖沓。纳兰擅小令而不工于长调，而此曲却是“柔肠九转，凄然欲绝”，感人至深。

卢氏十八岁嫁与纳兰，两人伉俪情深，惜三载而逝，从此而悼亡之音不绝。纳兰悼亡词有四十余篇，篇篇情真意浓，凄楚悲凉。

王国维曾叹：“一切文学，余爱以血书者。”容若本篇，可谓血泪交融，泪尽而以血继之。

词有题“亡妇忌日有感”，又有“三载悠悠魂梦杳”句，故可推断此词当作于康熙十九年（1680）农历五月三十日。这是一个冥冥中难以逃脱的日子。三年前的这一天，卢氏永远地离开了人世。自此，“他生知己”之愿，“人间无味”之感，几乎紧攥着他生命的最后时光。卢氏去世八年后，也是这一天，纳兰离开了自觉无味的人间，永远埋愁地下。

“此恨何时已”，终于找到了答案。

“此恨何时已”，起句突兀，直抒胸臆。开篇一问，直道心中深切绵长、无穷无尽的哀思，正是纳兰词风。

恨恩爱三年竟成永诀，恨缠绵不再而哀思不绝，恨天人悬隔，相见无期。三载悠悠，此恨难休。

此恨何时已？纳兰如此追问，北宋的李之仪也在追问。

李之仪有词《卜算子》，很是有名，其中有“此水几时休，此恨何时已”句。容若开篇直接借了李句。

我住长江头，君住长江尾。日日思君不见君，共饮长江水。

此水几时休，此恨何时已。只愿君心似我心，定不负相思意。

同住长江边，共饮长江水，遥遥相望难相见。唯有长江水，无语东流。只有默默祈愿，换我心，为你心，始知相忆深。

这首《卜算子》语句质朴，明白如话，感情却深沉真挚。托物寓情，自然流畅，不假修饰而韵味天成。别具风调，真挚可爱，极具民歌与古乐府风格，宛如《古诗十九首》里的诗境。

一水相隔，遥遥相望。我想起了《诗经》中那在水一方的女子。

“蒹葭苍苍，白露为霜。所谓伊人，在水一方。”于千万人之中，遇见你要遇见的人，于千万年之中，时间无涯的荒野中，没有早一步，也没有迟一步，遇上了也只能轻轻地说一句：“哦，你也在这里吗？”仅此而已。

但丁说："三步之遥，如隔沧海。"奈何，唯叹，"此水几时休，此恨何时已"。

"此水几时休，此恨何时已"，如此一句成了经典慨言。李之恨，生离阻隔了爱情。纳兰之恨，死别诀绝了爱情。

雨打芭蕉，空阶滴雨，是古诗词中极常用的凄冷意象。

何逊有"夜雨滴空阶，晓灯暗离室。相悲各罢酒，何时同促膝"。

蒋捷有"而今听雨僧庐下。鬓已星星也。悲欢离合总无情。一任阶前点滴到天明"。

不过，"滴"得最妙的，也是我最喜欢的，当数花间鼻祖温庭筠的那句，"梧桐树，三更雨。不道离情正苦。一叶叶，一声声，空阶滴到明"。

夜雨骤歇，残雨滴空阶，郁闷心事难解，温飞卿是为离情所苦，纳兰则为丧妻而痛。死别之痛远过于生离之苦，痛到直觉得"人间无味"。

温飞卿的这首《更漏子》，可谓王国维"一切景语皆情语"的完美诠释。两宋中期，有一个叫作万俟咏的词人袭了一把温庭筠的这首《更漏子》而作了一首《长相思》："一声声，一更更。窗外芭蕉窗里灯，此时无限情。梦难成，恨难平。不道愁人不喜听，空阶滴到明。"这首词的意境还算是很美的，不过，反复读来，字字句句都是那么熟悉。所谓"化用"，"化"好了为己增色，"化"不好就难免有袭他之嫌。

尽管纳兰在卢氏亡故后又续有官氏，然而，曾经沧海难为水，念念于心的仍是卢氏。在这样一个夜雨滴残的葬花天气，如此轻易地又将伤痛拾起。此间意境，只可感受，不可语言。

雨初歇，滴空阶，点点滴滴奈愁何。葬花天气，寂寞冷清，真真是，一朝春尽红颜老，花落人亡两不知。

他年青灯佛前，还记得我们的誓言，“愿得一心人，白首不相离”。而如今，虽得一心人，已然人间天上，只落得，玄鬓暗消磨。

这世间，若真的有天长地久，又怎能，下黄泉，上碧落，落个两处茫茫不得见。

冷雨夜，葬花天，那泥土中的芳尘，那再也触摸不到的容颜，都在这个清冽的雨季沉沉走远。

说到“葬花天气”，头脑中总会闪现黛玉那柔弱的身影。想必那曹翁也是深爱《饮水词》的，以至于每次读《石头记》都能读出《饮水词》的影子。那怡红公子风流倜傥，今古难遇的一介情痴，不敌容若也算相仿，与容若难分轩轾。也难怪红学“索引派”认为，纳兰即是宝玉的原型。

有人说“葬花”一词是那曹雪芹袭了纳兰一脉。其实，其祖父曹寅就有“葬花”句的，《楝亭诗钞》抄录有两首葬花诗，两首都是题画诗，一首是《题柳村墨杏花》：“勾吴春色自藷苴，多少清霜点鬓华。省识女郎全疋袖，百年孤冢葬桃花。”另一首《题王髯月下杏花图》也有“前日故巢来燕子，同时春雨葬梅花”。明清两代也多有“葬花”句，最早的当是出自江南四大才子之首唐寅之手，据《唐伯虎佚事》载：“唐子畏居桃花庵，轩前庭半亩，多种牡丹花，开时邀文徵仲、祝枝山赋诗浮白其下，弥朝浃夕。有时大叫痛哭。至花落，遣小伻一一细拾，盛以锦囊，葬于药栏东畔，作《落花诗》送之。”据说这就是“葬花”的最初来历。

掬一捧落花，那可是轻轻滑过我手心的你的芳华，曾经的柔姿妩媚，可否再次绽放？已经过了花时，我却依旧期待那人面桃花的错落。

三载悠悠魂梦杳，是梦？是醒？如果是梦，“是梦久应醒矣”，为何我还是在梦中恍惚徘徊？如果是醒，为何独留我咀嚼着这“人间无味”？活着的，活在梦中。逝去的，终可清醒。“卿自早醒侬自梦”，痴语若此，沉痛至深，令人感慨唏嘘。

爱在时，柔若鸿羽，握在手心里，你感觉不到它的存在。爱走后，你才发现，原来，它坚如磐石，就在那里，不动不移。时光流转，只褪却了爱情的青春容颜，剥落时光的印迹，光鲜如昨，不曾改变。三载的魂牵梦绕，眷恋的心已摩挲得太久，却依旧不肯醒来。是人间无味，还是我对你的思念不够？一抔黄土，一片冷清，沉埋了你的哀愁，却隔不断往昔的无限缠绵，隔不断我的心痛不已。

说悼亡，越不过那位“檀郎玉貌”“妙有姿容”的潘岳。妻子亡故后，作有《悼亡诗》三首，其中有诗云：

如彼翰林鸟，双栖一朝只。
如彼游川鱼，比目中路析。
岂曰无重纩，谁与同岁寒。
岁寒无与同，朗月何胧胧。
徘徊墟墓间，欲去复不忍。
徘徊不忍去，徙倚步踟躅。

“潘岳悼亡尤费词”，洋洋洒洒，铺陈满篇。不过，我还是很喜欢其中的这几句。热烈深情，大胆直露，缠绵悱恻，清雅浑融。除却《诗经》中的《绿衣》，这也可谓悼亡诗的首笔了。

说悼亡，不得不提那位悼亡高手元稹。一篇《莺莺传》暴露了他的无情，却留下了他多情的诗句。“诚知此恨人人有，贫贱夫妻百事哀”，说到了每个人的痛处，隐隐作痛的内心隐藏着怎样的悔恨与哀伤？最著名的还要数他的那首《离思》：“曾经沧海难为水，除却巫山不是云。取次花丛懒回顾，半缘修道半缘君。”曾经缠绵痴情，如今心灰意冷，藏于字里行间的是深深的哀痛。

说悼亡，更是忘不掉开悼亡词先河的苏轼。“夜来幽梦忽还乡，小轩窗，正梳妆。相顾无言，惟有泪千行。”生死诀别，恩情难忘，唯梦中徜徉，遥遥相念，独自凄凉。“不思量，自难忘”，至今，他的句子还是频挂于悲情感伤者的唇边，赚得滴滴清泪，惹人神伤。

说悼亡，我想起了李商隐。李诗悼亡，较之于他人更加含蓄委婉。

潘岳无妻客为愁，新人来坐旧妆楼。

春风犹自疑联句，雪絮相和飞不休。

长亭岁尽雪如波，此去秦关路几多。

惟有梦中相近分，卧来无睡欲如何。

这是李商隐的《过招国李家南园二首》，是诗人悼念亡妻之作。与纳兰一样，李妻先其而去，留下他一人，孤独地煎熬着漫漫长夜。

旧地重访，春风依旧，只是那妆楼上再也不见你的模样。长亭外，雪如波，思念似雪未消融，然而，去路遥远，只有梦中相逢。他也要像容若一样，愿意做一个一梦不醒之人。可惜，“卧来无睡”，上天铿吝，连做梦的机会都不给他。

“惟有梦中相近分，卧来无睡欲如何”，与纳兰的茫茫碧落，天人永隔一般的无奈，可谓意境相通，可是读来总不及纳兰词那般沉痛，那般凄凉，那般催人断肠。

以晦涩难解而独有盛名的李诗我是很喜欢的，不过这二首却是少有独到之处，平平之作而已，语言倒是少有的平实，打动我的也只是他的念妻情深。

纳兰悼亡词，情感真挚，哀思缠绵，语言朴素自然，不尚涂泽。用词向来质朴平白的纳兰，喜欢化前人之句，偶有用典，却不生涩。本词有几处用典。

“夜台”，坟墓。李白《哭善酿纪叟》：“夜台无李白，沽酒与何人？”

你我许下“钗钿约”，如今忍心独抛弃，留下我一人，尝尽孤独滋味。古人喜欢用首饰来表达情谊，用“金钗钿合”来指夫妻盟誓，用“镜破钗分”来代指夫妻失散。《长恨歌》里有“惟将旧物表深情，钿合金钗寄将去。钗留一股合一扇，钗擘黄金合分钿。但教心似金钿坚，天上人间会相见”，讲的是唐明皇与杨贵妃的密约深盟。

古乐府有“客从远方来，遗我双鲤鱼，呼儿烹鲤鱼，中有尺素书”。后“双鱼”“双鲤”便成了书信的代指。

《楚辞》有“使湘灵鼓瑟兮，命海若舞冯夷”。“湘弦”后于诗词中常用以代指鼓瑟弹琴，古时悼亡多“湘弦”意象，贺铸《雁后归》有“湘弦弹未半，凄怨不堪听”句，《断湘弦》有“青门解袂，画桥回首，初沉汉佩，永断湘弦”句，皆为此意。

五月天，花冢边，伊人不见怨湘弦。独对夜台思往事，剩月零风泪阑干。问一句：清夜何人伴?

五月的轻风，曾经的柔情，不小心湿润了你昨天的心房，那些带着芳香的心事轻轻地流淌，轻轻地释放，又轻轻地搁浅，最后被昨天遗忘。

“人生几何时，怀忧终年岁”，蔡文姬两千年前的怨怼至今让人心生忧戚，说的可是纳兰此刻这般苍凉的心境？忧苦之心，无人可解。

结句“清泪尽，纸灰起”，不着情字，却是饱含深情，甚是凄绝。

读罢，唯潸然泪下。

得不到的最美，失去的最痛。曾经拥有，才知可贵。得不到的，遗憾大于悲痛。而曾经的拥有，一旦失去，是你永远抹不去的心痛。萦绕于心，唯一的安慰，待来世，结个他生知己。却恐怕，“欲将恩爱结来生，只恐来生缘又浅”，剩月残风同悲戚。

有人说，世界上最遥远的距离，不是生和死，而是我站在你面前，却不能说，我爱你。

世界上最遥远的距离，是曾经拥有，却没有去珍惜。一旦失去，才知道，我是那么地爱你。

“落花风雨更伤春，不如怜取眼前人。”能够拥抱的时候，就不要只是轻轻地牵手。能够相爱的时候，不要只是默默地欢喜。不要等到失去才去珍惜，才去追悔莫及。

纳兰多情，纳兰深情。多情未必不薄幸，深情偏是伤心人。终落得，唯消受，“清泪尽，纸灰起”。这样的结局，今生来世，无人解得。天上人间，黄泉碧落，这是无人可以超越的遥远。

纳兰的这首《金缕曲》还另有一段插曲。悼亡，是指悼念亲人，而至清代，出现了代悼亡，是谓代笔而悼之意。纳兰的悼亡词写得悲戚万分，几令人闻之扼腕。如若有人和上一曲，感觉可想而知，想来是十分尴尬而难以接受的。而容若的一生知己，顾贞观，可谓一介狂生，步容若原韵和了一首《金缕曲》，俨然阮籍丧母食酒肉，嵇康携酒挟琴来，孤绝突兀，不同流俗。

好梦而今已。被东风、猛教吹断，药炉烟气。纵使倾城还再得，宿昔风流尽矣。须转忆，半生愁味。十二楼寒双鬓薄，遍人间、无此伤心地。钗钿约，悔轻弃。

茫茫碧落音谁寄。更何年、香阶划袜，夜阑同倚。珍重韦郎多病后，百感消除无计。那只为，个人知己。依约竹声新月下，旧江山、一片啼鹃里。鸡塞杳，玉笙起。

顾贞观是懂纳兰的，“纵使倾城还再得，宿昔风流尽矣”。永失吾爱，“风流尽矣”。纵得倾城为伴，怎奈，意冷心灰，已不是从前。“此情无计可消除”，只为“个人知己”。

桑田之前是沧海，往事过后是云烟。尘世间，卑微的你我，哪个不是生离死别的沦陷？人死了，爱情还活着。人活着，爱情却已走远。最终，爱情的舞台上，一个人的表演。

一个人的守候，那不是爱情。无论坚守，还是放弃，都比不上两个人来得容易。两人就算是执手相看泪眼，纵无语，情幽幽，眼眸中映照的都是你的温柔。

活着的，不放。逝去的，不忘。因为我们总是相信，有的爱，可以超越生死，天上人间永相随。

爱过，顿悟。

有一种爱，近在咫尺，无法靠近。

有一种爱，远在天涯，却可抵达。

如此，此生无恨矣。

不必叹，此恨何时已。趁活着，让我们好生相待。

赢得更深哭一场

心中的纠结，
解开的，是结，
解不开的，是劫。
或许，
缘来当惜，缘去则放。
爱，一个永远解不开的结，
一个永远逃不过的劫。

沁园春

（丁巳重阳前三日，梦亡妇淡妆素服，执手哽咽，语多不复能记。但临别有云："衔恨愿为天上月，年年犹得向郎圆。"妇素未工诗，不知何以得此也，觉后感赋。）

瞬息浮生，薄命如斯，低徊怎忘。记绣榻闲时，并吹红雨；雕阑曲处，同依斜阳。梦好难留，诗残莫续，赢得更深哭一场。遗容在，只灵飙一转，未许端详。

重寻碧落茫茫。料短发、朝来定有霜。便人间天上，尘缘未断；春花秋叶，触绪还伤。欲结绸缪，翻惊摇落，减尽荀衣昨日香。真无奈，倩声声邻笛，谱出回肠。

纳兰好友顾贞观有言："容若词一种凄惋处，令人不能卒读。人言愁，我始欲愁。"此语用来评解纳兰此词，实为妥帖。

在纳兰众多悼亡词中，这首《沁园春》可谓千古传唱的佳作之一，用情尤深，其性其情，可见一斑。

由序可知，本篇作于康熙十六（1677）年九月，即重阳节前三日。此时卢氏已病逝三个多月，时近重阳，纳兰梦中与妻相见，执手相看，相顾无语，千言万语难诉说，临别唯有一诗相赠。然卢氏虽"生而婉娈，性本端庄"，却素未工诗，至于那"衔恨愿为天上月，年年犹得向郎圆"的诗句，显然是纳兰借妻之口，言己之痛罢了。

"瞬息浮生，薄命如斯，低徊怎忘"，开篇定调，典型的纳兰词风。这是对生命的慨叹，叹浮生短暂，叹爱妻命薄，叹短暂的美好，成了永久的记忆。

算来别是凄凉，往事不堪伤。痛苦，因为无法忘记。纳兰一生，短若昙花，瞬间绚烂，余生皆回忆。纳兰就是一个永远活在回忆中的人。

一句"低徊怎忘"，勾出了对往昔美好的回忆。

一句"薄命如斯"，道出了纳兰对转瞬即逝的美好的留恋，不禁让我想起了那位自叹"薄命如斯"的霍小玉。

我为女子，薄命如斯。君是丈夫，负心若此。韶颜稚齿，饮恨而终。慈母在堂，不能供养。绮罗弦管，从此永休。征痛黄泉，皆君所致。

这是霍小玉绝望后的哀怨与愤恨，她把爱情当作了一生的博弈，赌进了自己所有的力气。她视爱情为自己的生命，以为那是她终身所依，命中注定的结局，最终输掉了卑微的自己。

李君李君，今当永诀。我死之后，必为厉鬼。使君妻妾，终日不安。

这最后的咒誓是她对爱情无力的抗争。

据说，李益在小玉死后“乃大猜忌”以致惶惑而终。如此结局也算对无情薄幸的愤然，对多情痴心的一种宽慰。

我们不必去责怪李益的薄幸，也不必叹惋霍小玉的遇人不淑。你以为你付出，就应该有回报，殊不知，爱情中的两个人，不是天平的两端，爱情从来就不是平等的。

爱情，没有贵贱，只有适合与不适合。爱情，无须诅咒，而有的爱情却偏偏不被祝福。

有人的爱挂在嘴边，有人的爱永远藏在心间，有人的爱永远存在于另一个人的故事里。

有的人，因为寂寞爱上一个人。有的人，因为爱上一个人而一生寂寞。正因如此，爱情才变幻莫测，教人难以琢磨，才更令人向往，也更让人受伤。

爱情有时就是如此错落，你把他当归人，他却把你当过客。遇见，已然是缘。

多少繁华成寂寞，多少温柔唤不回。似那林花谢了春红，太匆匆。留下的，唯有一捧无可奈何的伤心泪。

故事刚刚开始，便已是，落花点点飘残梦，一寸相思一寸灰。曾经的“雕阑曲处，同依斜阳”，如今已是，“回廊一寸相思地，落月成孤倚”。

海誓山盟，佳期密定，然后一走了之，不再回头。那是多情的李生。

一树梨花一溪月，不知今夜属何人。今夜与你只能梦中相见。那是深情的纳兰。

纳兰此词，上片梦境，下片现实。

记当时，形影相随，栏杆曲处，与你同看那落红如雨，共沐那如染斜阳。你在欣赏那风景，我却在欣赏风景中的你。

如此意境，欣然而称意，正所谓，“寻常风月，等闲谈笑，称意即相宜”。曾经“当时只道是寻常”的画面，如今，已然成奢，成了一个梦，一个永远留在昨天的梦。

“梦好难留，诗残莫续，赢得更深哭一场。”梦往往是我们欲得而未能的寄托，梦好须留却难留，梦醒皆成空。那“衔恨愿为天上月，年年犹得向郎圆”的诗句，也随着梦醒后的一枕孤凉，变得残缺而难以再续。

一生，一瞬。恍如一梦，转眼即逝。

同样被人称作“千古伤心人”的晏小山曾有慨叹，“从别后，忆相逢。几回魂梦与君同。今宵剩把银釭照，犹恐相逢是梦中”。小山与纳兰皆可谓绝世情痴，但他却远比纳兰幸福，虽是“几回魂梦与君同”，却得今宵银灯照，这不是梦中，是真实的拥有。不过，相逢之后，依旧是别离，摆脱不掉的永远是回忆。此刻，宁愿是梦不是醒。

疏远了曾经快乐的感觉，却难以摆脱旧日时光的纠缠。是试图挽回？还是想重温旧梦？抑或只是淡淡的想念和回忆？

回忆，是因为现实有诸多的失意。有时，我们回忆的不是爱情，而是已经褪了色的记忆，是“当时只道是寻常”的点点滴滴。

爱过，便已无憾，那是无奈的慰藉。夜深，绣被春寒，相思袭来，寂寞难耐。爱过，终究归于寂寞。

十年生死两茫茫，不思量，自难忘。千里孤坟，无处话凄凉。纵使相逢应不识，尘满面，鬓如霜。

夜来幽梦忽还乡，小轩窗，正梳妆。相顾无言，惟有泪千行。料得年年肠断处，明月夜，短松冈。

苏轼的一首《江城子》，却是上片写实，下片写梦，浓浓的悲伤同样在现实与梦境间流转。

十年生死两相隔，不必思量，真情自难忘。念芳魂千里，蔓草相伴，谁与话凄凉。即使梦中相逢，想必也只有相对泪流。这是怎样的寂寞，怎样的凄凉！

唐五代及北宋描写女人的词篇，要么言语艳俗尘下，要么境界狭窄，且所写女子少有妻者，有也是躲闪其辞，倒是柳永、少游词作洋洋洒洒，但多出自烟花柳巷、秦楼楚馆。苏轼此词，却丝毫没有隐晦与避忌，下笔淋漓，直抒自己对亡妻的思念之情，可谓开了悼亡词之先河。

至于纳兰，更是因袭其法，直抒心怀，一发而不可收拾，悼亡之音不断，惹人同悲。

王国维有言，“词至李后主眼界始大，感慨遂深”。国破家亡、身为他虏之后的李煜，词风骤变，沉郁而苍凉，故国之思、往事之念以及囚居他乡的悲哀与绝望屡屡见于笔端。

“往事已成空，还如一梦中”，这或许是他对自己起起落落人生的感慨，或是对亡国生涯的喟叹。无法忘记过去，唯有承受着梦醒时分的怅然。“弃我去者，昨日之日不可留”，李白最是洒脱。后主没有李白的洒脱，也无法洒脱。他注定不是红尘里的过客，无法走出红尘的痴缠。他的去国之思，他的亡国之恨，是不能愈合的伤和痛，更是不可忘记的恨与悲。

曾经“魂迷春梦中”，最后“惊觉银屏梦”。也叹“何处相思苦，纱窗醉梦中”，也悔“暂时相见，如梦懒思量”。洒然“笙歌醉梦间”，温润“可奈情怀，欲睡朦胧入梦来”。

国破后，才觉“梦里不知身是客，一晌贪欢”。醒来时，方知“故国梦重回，觉来双泪垂”。

有谁知，“多少恨，昨夜梦魂中”。到终了，“往事已成空，还如一梦中”。

待繁华洗尽，烟云过眼，他终于明白，“世事漫随流水，算来一梦浮生”。

他的爱情，在梦中。他的一生，在梦中。

纳兰词宗北宋，更得南唐二主之遗风，故人们都把纳兰比作后主李煜或北宋的晏几道。论纳兰的身世，纳兰的性情及为人，确可与此二家一比。他们应该同属于王国维所谓“不必多阅世，阅世愈浅则性情愈真”

的主观诗人。词中性情，发于肺腑。不过，纳兰词无论是从视野还是从意境上来看，都不及后主词来得开阔和高远。比起小山，韵味相类，情真更胜一筹。

一个人的智慧、思想以及眼界与理念等，都是需要岁月的淬炼和阅历的磨砺。纳兰短暂的人生已然注定了他词的广度和厚度不足。然而，纳兰词的情真意切，却是无人可及的。

是梦总有梦醒时，梦醒更断肠。待梦醒，一切成殇，不如“更深哭一场”。古代的诗人，他们“泪”，他们“泣”，不到真正悲痛处是不“哭”的，因为“哭”不够婉约，不够美。对于婉约一派的纳兰来说，更是缱绻氤氲而作媚语。要哭也得是忧国忧民的诗人杜甫之类者，“少陵野老吞声哭”，“新鬼烦冤旧鬼哭”。纳兰，这样一位情感细腻，作词考究且精美的人，也要“更深哭一场”，非悲恸至极而不可为。痛哭可以当悲，却抵挡不了思念。梦中的模样，还未仔细端详，却化作一阵轻风，随那一缕芳魂飘散得无影无踪。

“重寻碧落茫茫”，梦中相见，终了却是音容俱逝，片刻的欢愉，无尽的悲凉。白居易的“上穷碧落下黄泉，两处茫茫皆不见”，那是唐明皇马嵬坡失去杨玉环后的茫然而无主，虽是遍寻贵妃的魂魄，已是于事无补。莫不如，像苏轼与纳兰，静静地梦一回，深深地哭一场，虽是悲痛，却也透着人间烟火味道。

“料短发、朝来定有霜”，与苏轼的“纵使相逢应不识，尘满面，鬓如霜”如出一辙，皆是十分悲凉情绪。不过，我还是觉得苏轼的悲凉更入我心。

“便人间天上，尘缘未断，春花秋叶，触绪还伤”，这是纳兰心有不甘的呐喊。纵然天人永隔，却坚信尘缘未断。那春花秋叶，就是我思念你的丝丝琴弦，稍稍触动，已是悲凉的哀音。

“欲结绸缪，翻惊摇落，减尽荀衣昨日香”，这更是纳兰无奈的纠结。汉李陵有诗曰：“独有盈觞酒，与子结绸缪。”元稹的《莺莺传》里也有：“绸缪缱绻，暂若寻常，幽会未终，惊魂已断。”那是情深意切，缠绵不解的爱情，最终却成了短暂美好之后的惊魂。惊醒后，弥漫的是褪了色的年华和你身上曾经的味道。

最后，唯有一叹：“真无奈，倩声声邻笛，谱出回肠。”

“竹林七贤”之一的向秀《思旧赋》篇前有序云：“邻人有吹笛者，发声寥亮，追思曩昔游宴之好，感音而叹，故作赋云。”后人多以笛声作凄婉怀旧之意。北周庾信有“莫待山阳路，空闻吹笛悲”。杜甫有“吹笛秋山风月清，谁家巧作断肠声”。笛声幽幽，吹出了寥落与凄凉。

有些人活在你记忆里，却刻骨铭心。有些人就在身边，却很遥远。

真正的爱情，不是你离我有多近，而是你能否走进我的心里。时空遥隔不能减少我对你的怀念，只是，银汉两隔的怀念，更痛彻心扉。

短暂的相聚，永久的别离，一梦瞬间，凝固成永恒的画面，一滴泪水便成沧海桑田。

有些事，你不必懂得，唯有承受，思念撑不起地久天长的缠绵，回忆也留不住海枯石烂的誓言。

心中的纠结，解开的，是结，解不开的，是劫。

或许，缘来当惜，缘去则放。

爱，一个永远解不开的结，一个永远逃不过的劫。

风雨消磨生死别

风走了，独留一枝花开。
花谢了，却把花影留下来。
我活着，你便永生。
你离开，我即衰败。

忆江南·宿双林禅院有感

心灰尽，有发未全僧。风雨消磨生死别，似曾相识只孤檠，情在不能醒。

摇落后，清吹那堪听。淅沥暗飘金井叶，乍闻风定又钟声，薄福荐倾城。

只要活着的人还活着，死去的人就不会死。凡·高如是说。

爱情不死，人便永生。纳兰如是说。

在纳兰的心中，卢氏没有离去，她就活在他的心里。只要心中有爱，她便永生。

一首写于双林禅院的悼亡之作。

双林禅院，位于北京阜成门外二里沟，建于万历四年（1576）。

康熙十六年（1677）五月，卢氏死后，其灵柩曾厝于此一年有余，直到康熙十七年（1678）七月葬于皂荚屯纳兰祖坟。其间，纳兰常来双林禅院陪伴着妻子，怕她孤单，怕她寂寞，纳兰默默地守候着她的灵魂。似乎只有这样，心才会离她更近。咫尺之间，却是无法跨越的距离，让他陷入了一种更深的失落。不知世间男子，能有几人像纳兰这般痴情。

“心灰尽，有发未全僧”，起句萧索而凄凉。

此句翻用陆游《衰病有感》“在家元是客，有发亦如僧”诗意。不过容若用情尤深，欲放不能，情在难醒，远没有放翁淡看红尘的心境。

我想起了《红楼梦》中的林黛玉，稍不如意，便泪水涟涟，哭着闹着要剪了头发去做尼姑。此话想必是当不了真的，小女子的嗔怒娇情而已。

纳兰的心境倒更像那贾宝玉。黛玉之死，令其悲痛欲绝。最后，毅然出家做了和尚。纳兰虽未出家，卢氏一去，满怀冷清，恰似遁入空门，纵有三千烦恼丝，又与出家何异?

物是人非，情在人远。世间悲哀，大抵如此。

而如今，却是人事皆非，一个人沉浸在回忆往昔的梦中，唯一盏孤灯相伴。醒来，却是花瓣凋零，伴着淅淅沥沥的细雨，点点滴滴，敲打着一个人的寂寞。

一个人，禅院独坐，听着秋风秋雨，耳边消磨。旧事如影，在独夜里飘摇，一声禅钟惊觉，却唤不回梦中的寂寥。怪自己，缘薄福浅，纵有如花美眷，却是隔着流年，不得相见。

我愿为你，“薄福荐倾城”。“荐”本意为古时祭祀的牺牲，此处属名动用法。为伊生，为伊死，我愿意用自己的生命为爱祭奠。

哀极，心死。

思念至极，心若死灰。

怎样的情深意浓才担得起一句“心灰尽，有发未全僧”？红尘繁华，紫陌杨花，兀自开落，这一切都与我无关。心字成灰，翻飞在双林禅寺阵阵的梵音之中，钟声未落，余温犹存，却已是，尘埃落定。

无须说，“曾经沧海难为水”，也不用说，“取次花丛懒回顾”，“有发未全僧”，有此一句，我心你懂。

金井梧桐秋色残，人间惆怅缘未了。这一生，曾发誓，要做一生一代一双人。这一生，最堪悔，当时只道是寻常。

我愿意，在你宁静的笑容中，用我余下的浮生，为你守候，为你祭奠。

有言道，强极则辱，情深不寿。纳兰用情至深，其短暂的一生，如绚烂的花火，瞬间的美丽，一生的黯淡。纳兰一生，处处皆伏笔。

这期间，纳兰还作有另一首《忆江南 · 宿双林禅院有感》。

挑灯坐，坐久忆年时。薄雾笼花娇欲泣，夜深微月下杨枝。催道太眠迟。

憔悴去，此恨有谁知。天上人间俱怅望，经声佛火两凄迷。未梦已先疑。

挑灯而坐，瘦尽灯花夜更长。念及当时事，不禁无语泪流。

"薄雾笼花娇欲泣，夜深微月下杨枝。"又是一个上弦月的晚上。一个人静静地坐在那里，想起往事一幕幕，想着玉人娇容，想着夜深时她催促自己入眠。寺院里的经声香火让他惊觉，这一切，已然天上人间，恍若一梦。

夜阑，未眠。

还是一样的夜晚，一样的月光，一样愁思漫溢的季节，一样的流离孤寂。瑟瑟的秋风，吹起你的长发，看到你流泪的脸。

如此的夜晚，我知道你与我一样，独思独坐，独拥寂寞。灯花瘦尽的夜，静如一片秋色，寂若半生憔悴。

一室昏黄，一灯如豆。弦月在窗，亦是，醒也无聊，睡也无聊。不挑灯花不闭窗，独看月光，似我的泪，在寂寞的夜里流淌。

愿那缕生命的云烟，落于安然。此心成念，此生无悔。

记忆中，你含羞低首，默默地走在我身后。

没有不落幕的故事，只有不绝望的心。

勿忘，足矣。

只是纳兰听不到，两百多年后麦田上的那一声枪响。一片乌鸦惊起，一个倔强的灵魂倒下了。凡·高的爱情，只活在他自己的心里。如此的爱情，不是谁都能够承受。

一场虚妄，在无边的大清盛景之中，化作一缕悲音，寂寞回荡。一个孤独的灵魂，在回忆中独自坚守，身后，几番清秋零落。

风走了，独留一枝花开。

花谢了，却把花影留下来。

我活着，你便永生。

你离开，我即衰败。

恋之卷·梨花影

182 — 203

爱恋一个人，如春之细雨，润物无声，悄然湿润了你的心田。

思念一个人，像夏潮涌动，决堤而泻，霸道地占有了你的心房。

等待一个人，似秋风萧瑟，心绪凄凉，满心期待着春暖花开。

追忆一个人，如冬之严寒，悲凉彻骨，满怀的都是悲伤与绝望。

一片幽情冷处浓

春天从未走远。

远去的，是我们不欲离去的心。

春未走远，人已天涯。

采桑子

桃花羞作无情死，感激东风。吹落娇红，飞入窗间伴懊侬。

谁怜辛苦东阳瘦，也为春慵。不及芙蓉，一片幽情冷处浓。

桃之夭夭，灼灼其华。

《诗经》里的桃花是那般繁盛，比兴意浓，华丽而美好。寻之于诗词，桃花却多有凄凉感伤味道。

“人面不知何处去，桃花依旧笑春风”，崔护的桃花带着佳人难再寻的感怀与伤逝。

“颠狂柳絮随风去，轻薄桃花逐水流”，杜甫的桃花是感时伤事、不与逐波的感叹。

“柳丝榆荚自芳菲，不管桃飘与李飞”，林黛玉的桃花多有世态炎凉无人管的自怜。

桃花妩媚，桃花孤傲，桃花凄冷，桃花似那潇湘馆里多情多愁女子难逃的宿命，“花谢花飞花满天，红消香断有谁怜”。

“桃花羞作无情死”，词一开篇，便是伤春感怀味道。

分明是片片桃花飘落，小山直道，“东风又作无情计，艳粉娇红吹满地”。纳兰偏说是，“飞入窗间伴懊侬”。东风似懂我心，片片落红，吹进我的轩窗，来陪伴独自烦恼的我。寻常的花开花落，纳兰似乎总能品出别样的凄凉味道。

春不知情起，情却为春慵。纵飘来桃红片片，又怎能解我一片幽情如冰。

“一片幽情冷处浓”，此句出自王次回的诗句，“个人真与梅花似，一片幽香冷处浓”。纳兰拿来一用，情致哀婉，淡美，淡伤。却不及次回的一句情绪来得那般轻巧。待东风，桃花吹尽，佳人何在，门掩残红，一种孤清之美。

“不及芙蓉”一句暗用了“芙蓉镜”的典故。

唐李固言举试落第，闲游蜀地，遇一老妇，言其将于芙蓉镜下科举及第。二十年后，且有拜相之命。果不其然，第二年，李固言及第，榜上恰有“人镜芙蓉”字样。二十年后，拜为丞相。

纳兰的仕途可谓一路坦途。十七岁补诸生，十八岁考乡试，一举而中，考得举人。十九岁，参加会试，成为贡士。没想到的是，之后一病卧床，未能参加殿试。这是他仕途中仅有的一次挫折。但就是这一次挫折，却给了未经风雨的纳兰不小的打击，以致心情郁闷至极。

“一片幽情冷处浓”，结句幽凉，伤春意浓，透着几分自怜的幽独。无意赏春归，独卧看花落。这是病榻之上，纳兰错失殿试后的懊恼，原来烦恼情绪在此。

三年后，纳兰参加殿试，中二甲七名，赐进士出身，获三等侍卫，后晋一等侍卫，应了“芙蓉镜”之典。

“谁怜辛苦东阳瘦”，用南朝沈约的典故，又是彼时病中情绪。

南朝沈约，如那玉貌檀郎，才高格雅，堪称绝美。因其曾做东阳太守，故人称东阳。暮年身体消瘦，日渐清减，腰肢瘦损。

《南史 · 沈约传》：“初，约久处端揆，有志台司，论者咸谓为宜，而帝终不用。乃求外出，又不见许。与徐勉素善，遂以书陈情于勉，言己老病，‘百日数旬，革带常应移孔。以手握臂，率计月小半分’。欲谢事，求归老之秩。”

沈约想告老辞职，一次给徐勉写了封信，说自己年老多病，近百多天来皮带常需收紧，每月估计腰肢要缩小半分。

纳兰用此典故，意指身体病若东阳清减，想必纳兰也有自视才高貌美，格调堪比沈约之意。

然而，接下来的故事却是沈约预料不到的。原本一句自怜自爱之语，没想到，却是沈腰一瘦，尽得风流。一个不小心，成了六朝时美男的审美标准，竟引得时人纷纷效仿。后人将其和韩寿偷香、相如窃玉、张敞画眉合称古代四大风流韵事。

只是后来，后人说及“沈腰潘鬓”，总是带着愁苦难当的意味，美反倒在其次了。

后主词中有“沈腰潘鬓消磨”一句，这个“沈腰”指的便是沈约。明代诗人夏完淳也有“酒杯千古思陶令，腰带三围恨沈郎”之诗句，这个细腰男子指的也是沈约。

由此可见，古之风潮，与当下相比，有过之而无不及，可谓疯狂到无理。

纵观历史，被后人争相效仿而成风流者，又何止一个“沈郎瘦腰”。

南朝时，一阵轻风吹过，吹落一瓣梅花，恰落于在宫院内闲嬉的寿阳公主的额头之上，未曾想，看上去竟是妩媚动人。结果，“若缀寿阳公主额，六宫争肯学梅妆”，宫中女子纷纷效仿，剪梅花贴于额头，一种新的妆式从此诞生，人称之“梅花妆”。花木兰恢复女儿身后，也曾“当窗理云鬓，对镜贴花黄”，说的就是这种“梅花妆”。此妆直到唐五代都非常流行。

北朝时，一阵轻风吹过，吹歪了城外打猎的独孤信的帽子。他倒是没有在意，歪着帽子打马回城，招摇过市。怎料，第二天，满城男子尽是歪帽造型。一个不小心，便引领了一把潮流。

晋时潘岳，小名檀郎，又称潘安，“至美，每行，老妪以果掷之满车”。潘岳极美，美到什么程度？只要他一出门，妇人蜂拥追逐，以水果掷之。最后他得意地载着满车水果招摇而去，这是何等的风景，何等的风流。

当然，不论是仿独孤信“当风侧帽”，还是学潘岳“掷果盈车”，当须有独孤信与檀郎的绝代姿容，方能有此自信，否则，东施效颦，后果难料。

晋时左思，“绝丑，亦复效岳游遨。于是群妪齐共乱唾之”。他竟然仿檀郎驾车而出，也想收车水果，怎料，遭到众妇人群殴。丑则丑矣，还要出来招摇。人家檀郎可是天下第一美男。结果，落得个“委顿而返”。

左思何许人也？就是那个十年写就《三都赋》而使“洛阳纸贵”的左太冲。时人够疯狂，也不太厚道，管你才高几斗，照样不买你的账。看来，以貌取人，自古有之。

纳兰与沈约，两人皆堪称绝才情，美姿容，又都有多愁多病之身。纳兰以“东阳瘦”自况，意味尤深。彼时，纳兰愁病在身，内心空落，纵使春好不出门，独自一人，看庭院桃花开落，独自品味寂寞。

纳兰词最初刊印之时，取名《侧帽集》，便是用了独孤信“当风侧帽”的典故。想必，纳兰对自己风流公子的自赏之态，也是相当自信的。纳兰也定是个不输时代的风流人物。

容若此词，似伤春，亦伤情；似怜春，实自怜。

花本无情物，羞作无情死。容若怜花之语，另辟蹊径，似陆游那首咏梅的《卜算子》，冷处着眼，看到的自是一派凄冷意境，更能触痛人心。

心性豁达的陆游多有沉沉而苍凉的人生感悟，此与东坡近。心思纤细的纳兰则更多是自叹自怜的怨艾，更与小山相类。

我却独喜欢纳兰词中那淡伤淡美的味道。

深红浅紫看虽好，颜色不耐东风吹。日暮风吹红满地，无人解惜为谁开。一派多情多愁之态。容若定是极其感性之人，一点春愁过眼，便成一片秋色。

想念与伤感，总是相伴发生在春来春归之际、花落花开之时。

春天从未走远。远去的，是我们不欲离去的心。

春未走远，人已天涯。

相看好处却无言

此一生，可曾有一人，如想象中美好，
在彼此的心里，相守一生？
此一生，可曾有一人，
给了你最美的回忆，也给了你最痛的伤？

浣溪沙

十八年来堕世间，吹花嚼蕊弄冰弦。多情情寄阿谁边。
紫玉钗斜灯影背，红绵粉冷枕函偏。相看好处却无言。

你就是那误入凡尘的仙子。

有女一人，嫣然妩媚。樱唇吹叶，妙音轻传。口含花蕊，香若幽兰。玉指弄弦，声若天籁。“巧笑倩兮，美目盼兮”，宛如《诗经》里的美人。

想来，洛阳城里那位名唤柳枝的女子，也是这般模样，惹人怜惜。

一个眼波流转，楚楚可怜。惊鸿一瞥，你翩若仙子的媚影便落入我心，从此便再也没有离开。

玉钗斜插，映衬着烛光下的背影。绣被香枕之上，依稀是熟悉的味道。烛影下，四目相对，默默无语，轻盈的情绪在浪漫的色调之中蔓延。画面中，流淌着难掩的喜悦。

如此曼妙温馨的画面，似《诗经》中那对新婚佳人的瞬间。

就是这样一首婉美的小词，惹得人们争相猜测，猜测这词中的十八佳人究竟是何人。

一句“十八年来堕世间”，人物朦胧若出。

十八年来堕世间，瑶池归梦碧桃闲。

如何汉殿穿针夜，又向窗中觑阿环。

这是李商隐的《曼倩辞》。“十八年来堕世间”一句典出于《仙吏传·东方朔传》。东方朔，字曼倩，西汉著名辞赋家。司马迁在《史记》中称他为“滑稽之雄”，似有些许戏谑味道。然东方朔其人，实是言词敏捷，才气过人，只不过性格诙谐，放言不羁，常作讽刺语，“时观察颜色，直言切谏”。最终却是不得汉武帝的喜欢，被视为俳优而不得重用。

东方朔生前曾说，天下之人唯太王公懂我。待他死后，汉武帝闻听此言便召太王公来问。太王公夜观天象后，对汉武帝说，天上诸星唯岁星十八年不见，今方得复见。武帝沉思良久，一声长叹：“东方朔在朕身边十八年，朕竟不知他是岁星。”想到自己与他面对十八年，却不知他是神仙的化身，终是错过，不禁惨然不乐。

李商隐这首《曼倩辞》，说的就是东方朔与汉武帝的故事。李诗向来晦涩，至于这首诗写的是诗之本事，还是暗指自己的情事，不得而知。

康熙十三年（1674），卢氏十八岁，嫁与纳兰。纳兰此处借来李商隐的一句“十八年来堕世间”，可是要借东方朔之典来赞爱妻惊为天人的绝色？似乎倒也说得过去。

唐传奇《霍小玉传》中说：“妾年始十八，君才二十有二，迨君壮室之秋，犹有八年。一生欢爱，愿毕此期。”

小玉不奢求与李益长相厮守，只求一起共度八年时光。然而，如此一个已低微到尘埃的要求也未能如愿。若只因小玉身为歌伎，如此便说暗合了沈宛的身份，判断词中女子当是沈宛，此种索引，过于牵强，难以服人。

何必如此纠结？“十八年来堕世间”，就是这一句交代爱人年龄的话。十八佳人，宛若天仙，仅此而已。

“吹花嚼蕊”，说的是李商隐与柳枝的故事。李商隐在《柳枝》诗序中说那柳枝姑娘“吹叶嚼蕊，调丝擫管，作天海风涛之曲，幽忆怨断之音”。

纳兰在寄好友顾贞观的信中说："吾哥所识天海风涛之人，未审可以晤对否？弟胸中块垒，非酒可浇，庶几得慧心人，以晤言消之而已。沦落之余，久欲葬身柔乡，不知得如鄙人之愿否耳。"

李商隐用"天海风涛"指红颜知己柳枝。容若在信中所说的"天海风涛之人"是何人呢？我想，当是江南才女沈宛。所谓能"作天海风涛之曲"，意指柳枝姑娘才艺出众、擅识音律，抚琴作歌，声若柔风抚柳、海涛拍岸，美妙动听。在纳兰的几个女人之中，卢氏虽为大家之女，知书达理，论才学雅致却不及人称"女校书""扫眉才"的沈宛，而其原本身为歌伎，歌舞之功，自不在话下。因此"吹花嚼蕊""天海风涛"，似乎又暗合了沈宛身份。

汤显祖的《紫钗记》演绎的是霍小玉的故事。"紫玉钗"在唐传奇《霍小玉传》中亦有出现。容若也确是读过《紫钗记》的，根据《谦牧堂藏书目》载，纳兰藏书中确有《紫钗记》一书。不过紫钗、玉钿之类，原本就是情事所指，不足为怪。

"相看好处却无言"，语淡意浅，却是惊艳情语，一如汤显祖《牡丹亭 · 惊梦》里的那一句："是那处曾相见，相看俨然，早难道这好处相逢无一言。"

情到浓处是无言。心中情愫，无须言说。默默相望，心有所属。

无言，是你最美的语言。

一切皆推拟，词中女子究竟是妻卢氏，或是妾江南沈宛，抑或是那入宫的表妹，只有容若自己清楚。

一首轻清婉丽的小词，却藏了多处典故，探究起来不是那般轻松。我担心探究得多了会失了它的轻灵宛妙，不去考究也罢。

我从来不觉得读诗读词，一定要把其中人物具体到唯一，仿佛作者作词定要有个故事给人。我倒是觉得，诗词旨在情绪的宣泄。正如纳兰在《渌水亭杂识》所言："诗乃心声，性情中事也。"不是远远地观望，而是置身其中，读其词，感其情。恍然觉得，那说的正是你我。

当这首词还躺在纳兰的案几上时，它是容若写给爱人的一封情书。当我们捧在手里吟诵，它就成了一件文学作品，成了大众的情书。那词中女子，就是你我心中的爱人。

初遇刹那，一朵花开，一瓣花香盈怀。蓦地一相逢，彼此眼中几多倾慕，几多喜悦。从这一刻起，他注定为这初见的情动付出一生的代价。越是情深，越是难留。卢氏如是，沈宛如是，那个两小无猜的表妹亦如是。

初遇花开的刹那，一生难忘的美好。

此一生，可曾有一人，如想象中美好，在彼此的心里，相守一生？

此一生，可曾有一人，给了你最美的回忆，也给了你最痛的伤？

夕阳潜下小楼西

人生是一次单程的旅行，
悔与不悔，只可回首，难以回头。

相见欢

落花如梦凄迷。麝烟微，又是夕阳潜下小楼西。
愁无限，消瘦尽，有谁知。闲教玉笼鹦鹉念郎诗。

落花如梦，夕阳如染，小楼上弥漫的香雾随着那落花如梦般消散。如此凄凉的景象，此刻成了一个人孤单的表演。

独倚西楼，任夕阳的余晖洒满我的肩头，晕染了我的哀愁。有谁知，我是为谁消瘦为谁忧?

愁苦无解，寂寞难耐，念君不至唯有念君诗，那笼中的鸟似解我愁。此刻，阁楼中的我，岂不正似那樊笼中的你，独自守候着寂寞。

《相见欢》，又名《乌夜啼》《秋夜月》《上西楼》。我却独爱《相见欢》。一个让人一见便为之心动的词牌，仅此三个字，便已教人浮想联翩，想象中尽是情人相见的悱恻缠绵。然而，词人却是多用此调填写忧愁之词，少有欢愉之语。没有相见之欢，尽是伤感之意。

纳兰的这阕《相见欢》是一闺怨伤春之作。开篇直道孤寂凄凉之意，尽显心中无可解脱的愁苦之情。满纸忧伤，凄婉动人。

闺中女子，伤春念远。小楼独倚，送夕阳西下，看落花凄迷似梦。“愁无限，消瘦尽”，如此清愁哀怨，又有谁知晓?

平白如话的一阕小令，语清淡而意凄婉。正所谓，“非文人不能多情，非才子不能善怨”。纳兰天资超逸，多情善感，正是其气韵所在。

说起《相见欢》，必会想到后主李煜的“无言独上西楼”和“林花谢了春红”。在我心中，这两首《相见欢》已是无可超越。

《词苑丛谈》云：“南唐李后主乌夜啼词最为凄惋。”读罢总有些许哀愁郁结于心，挥之不散。

无言独上西楼，月如钩。寂寞梧桐深院锁清秋。

剪不断，理还乱，是离愁。别是一般滋味在心头。

我们仿佛看到词人孑然一身，步履滞重，独上西楼的背影。

无言独上西楼，独望着，天边残月如钩。独守着，满院梧桐，一地冷清秋，似满怀的寂寞无由。那萦绕在心头，剪不断，理还乱的，正是那别之苦、离之愁。才下眉头，又上心头。

真正的痛苦都是无语的。无限思量休对月，愁肠无据月无声。无声的还有那别有滋味在心头的叹息。

“无言独上西楼”总让人想到他那句“独自莫凭栏”。此时，无限江山已是一派冷清秋，独对西楼月，只怕都是同样惹生哀愁，无论它如环还是如钩。

李煜的“问君能有几多愁，恰似一江春水向东流”写尽愁之势，“别是一般滋味在心头”写出了愁之味。其味在五味之外，是根植于内心深处，无法驱散的心痛。无法言说，心感方知。

林花谢了春红，太匆匆。无奈朝来寒雨晚来风。

胭脂泪，相留醉，几时重。自是人生长恨水长东。

此阕《相见欢》应是后主被掳之后，在“日夕只以泪洗面”的软禁生涯中所作的一首哀歌。一个丧国之君，连自己的女人都保护不了，内心的苦楚与怅惘，时时刻刻如影随形。于是，在这样一个落红寂寂、风雨潇潇的夜晚，一句“自是人生长恨水长东”脱口而出，道出无尽的悲凉。

记得有人这样说过：“在我国历史上，如果少了像李煜这样一个皇帝，人们也许不会太在意。但是，如果少了像李煜这样一位词人，恐怕就会给后人留下一些遗憾。”

李煜在政治上可以说是个庸驽无能的皇帝，而论艺术才华，他却是品高位重的一位。他工书法，善绘画，通音律，词的成就尤高。

王国维认为：“温飞卿之词，句秀也；韦端己之词，骨秀也；李重光之词，神秀也。”李煜词，承晚唐以来温庭筠、韦庄等花间词人的衣钵，却是摆脱了花间的浮靡。又受其父李璟及冯延巳等人的影响，不假雕饰，用情真挚。亡国后的作品更是题材广阔、含意深沉，超越了晚唐五代的词，成为宋初婉约派的开山。“千古词帝”，当之无愧。

李煜后期词作，凄凉悲壮，意境深远，已为苏辛的豪放派埋下了伏笔。他是词史上承前启后的一代宗师。如王国维《人间词话》所言：“词至李后主而眼界始大，感慨遂深。”其语句的清丽、音韵的和谐，更是空前绝后。

至于南唐的亡国，相信这也并非都是李煜的错。他继承过来的南唐国，本已是风雨飘摇、不堪一击。他想要挽狂澜于既倒、扶大厦之将倾，想必也是有心无力的。

不过，他的情路坎坷却是怨不得别人的。

生于七夕，死于七夕。他注定是要为情而生，为情而死。

如果说，纳兰的《相见欢》，如那小家碧玉，柔美可人，婉丽清新，那么李煜的《相见欢》，则是经历了亡国之痛的赤子独自的慨叹与哀愁。

纳兰和李煜，是经常被拿来做对比的两个人，要比较这两个人谁的结局更悲惨，谁的情感更凄凉，不免有些幼稚和残忍。无论是后主的亡国之恨，还是纳兰的一己之愁，都是一样的沉痛哀伤，无须比量。

纳兰词风更近后主前期的轻灵婉约，但却是少了一番浓情蜜意、语笑嫣然，多了一种怆然泪下的悲伤。

李煜的风月之作难免让人感觉花间气浓。其亡国后的作品，倒是与纳兰词的意境更贴近。

纳兰太怨，“愁无限，消瘦尽，有谁知”。

重光太愁，“胭脂泪，相留醉，几时重。自是人生长恨水长东”。

林花开谢太匆匆，只留下，朝雨晚风中无尽的寂寞与离愁，独自消受。离愁总是纠结于心，积郁成心中永远的痛。正是那一句，“自是人生长恨水长东”。

世事繁华，终归落寞，如那匆匆凋谢的林花。人生美好，却有谁能系得流光驻。留下的，唯有无奈与惆怅。

从此，无奈与惆怅已然超越了一己之愁而成了人之大愁。读罢，心有戚戚。

我喜爱小令胜于长调。纳兰与后主词多小令。小令语言清丽而平直，恰如白描，简单勾勒，栩栩如生。也似那山涧小溪，清澈而流畅。《白香词谱笺》中有言：“词之难于令曲，如诗之难于绝句，不过十数句，一句一字闲不得。末句最当留意，有有余不尽之意始佳。”后主这两阕词中的结句，“别是一般滋味在心头”和“自是人生长恨水长东”，自有画龙点睛之妙。一语道尽心中痛楚，令人久久不忘。

人生在世，总是有太多的不如意，总有太多的不舍得。你该转身离去，可你总是犹豫，总是在失去后才想到，当初是不是该果敢决绝地选择。

末世帝王，多情才子，如果让李煜重新选择，不知他会选择哪一个。不论他怎样选择，两个角色注定都是悲剧的结果。如那唐明皇，江山难保全，如何顾红颜？纵有如花美眷，情意缠绵，帝国大厦将倾，岂能燕燕莺莺白头眠？不如“醉笑陪公三万场，不用诉离觞”，留下淡淡的墨痕如花，在寂寞的流年中独自开放。

词人本多情，虽尊为帝王，爱情却是他生命中浓墨重彩的一章。一个朝代的灭亡，成就了这些华美而忧伤的词章。千年之后，依然蛊惑着人心。每每吟咏，心依旧随之荡漾。

如果有来生，不知纳兰是否还愿生在相府家，还继续做他的千古痴心人。可惜，此生早已注定，半点不由人。即便是那万人之上的帝王又如何，同样做不了自己的主。多情悲情的纳兰，也唯有慨叹，世事难料。

还是曹雪芹说得好，“自古穷通皆有定，离合岂无缘”。不如张开怀抱，尽一时之欢，未尝不好。

一个绝代才子，一个薄命君王。一样无法选择的宿命。

人生是一次单程的旅行，悔与不悔，只可回首，难以回头。

而今独伴梨花影

这世上，
没有谁离不开谁，
只有谁舍不得谁。

青衫湿遍·悼亡

青衫湿遍，凭伊慰我，忍便相忘。半月前头扶病，剪刀声、犹在银釭。忆生来、小胆怯空房。到而今、独伴梨花影，冷冥冥、尽意凄凉。愿指魂兮识路，教寻梦也回廊。

咫尺玉钩斜路，一般消受，蔓草残阳。判把长眠滴醒，和清泪、搅入椒浆。怕幽泉、还为我神伤。道书生薄命宜将息，再休耽、怨粉愁香。料得重圆密誓，难禁寸裂柔肠。

纳兰词，是一袭清丽外衣下的一曲美丽的哀伤。悼亡，是其哀伤的骨韵。除却此音，纳兰词便失去了风骨。

纳兰留世词作三百四十余首，悼亡之作占去三分之一。其悼亡词哀感顽艳，读之哀婉流转，教人心有同悲。每每总是心有怯怯而不敢触及，总怕稍一触碰，忧伤难收，心思难以回转。

词之长调难于小令，纳兰词，小令胜于长调，其小令清丽凄婉，悱恻缠绵。长调不免晦钝生涩，有心余力绌之感。然纳兰留世的几首长调，堪称佳作，本篇便是其一。

《青衫湿遍》是纳兰的自度曲，仅读“青衫湿遍”这四个字，凄凉的心绪已然开始在心中蔓延。本篇可谓发乎心而表乎情，自然天成，其情堪哀，其意堪伤。“一种凄惋处，令人不能卒读”，纳兰至交顾贞观所言不虚。

这首词应是纳兰作于丧妻未久之时，当为悼亡之作首篇。骤然的生死离别，哀痛未消，刻骨铭心的思念难平，悲痛之意，跃然纸上。句句哀怨凄婉，字字苍凉悲怆，无语可以复加。

回忆着你温暖的怀抱，仿佛就在昨天。怎么一个转身，你就离我那么遥远。想念你，不觉泪水已湿遍青衫。想起你的体贴与安慰，教人怎言相忘。念当初，烛影映花红，花影舞红窗。想起你，独守空房的胆怯与孤单。而如今，陪伴你的，唯有疏疏落落梨花影，和那无尽的寂寞与凄凉。愿与你，梦中相见。玉钩斜路，近在咫尺，已是残阳蔓草生。愿我的滴滴清泪，唤醒你的沉睡。却唯恐，愁伤令你心碎，怕你怨我多情，难相忘。曾经的海誓山盟，如今旧梦难圆，想起已然是寸断肝肠。

生命之中，总会经历各种伤与痛，唯情之哀伤，最是难忘。如纳兰，郁郁终生而引以为恨；一咏三叹，视哀伤为己任。生命有尽而哀伤不绝，引得人心绪难平，与之同悲。

人人都会有忧伤，却不是人人都懂得倾诉。纳兰却是寄情于词，将他缕缕哀愁与悲伤倾诉得淋漓尽致。

《诗经》中有一首很是有名的悼亡诗，乃丈夫悼念亡妻之作。睹物生伤，浮想联翩。所表之情，含蓄委婉，缠绵悱恻。亦有别论，称其并非悼亡之作，但其情深婉，却是有目共睹。

绿兮衣兮，绿衣黄裏。

心之忧矣，曷维其已。

绿兮衣兮，绿衣黄裳。

心之忧矣，曷维其亡。

绿兮丝兮，女所治兮。

我思古人，俾无訧兮。

絺兮绤兮，凄其以风。

我思古人，实获我心。

一首《绿衣》，我从中读出了哀伤。其伤之痛足以令人同悲，其情之真足以移他人之情。诗句至感至伤，足以用来悼亡。

古之悼亡，自《绿衣》始而绵绵不绝。魏晋有潘岳悼亡诗，唐有元稹《谴悲怀》，宋有苏轼一阕《江城子》。悼亡之作，虽自古有之，却难成为诗词的主题。毕竟悼亡乃一己私情，不便外道。而至清纳兰容若的《饮水词》一出，"悼亡之吟不少，知己之恨尤深"，一发而不可收拾。

潘岳虽有悼亡诗三首，然其词语华丽而语意空洞，乃辞藻铺陈而已。元稹之悼亡诗，苏轼之悼亡词，也是数目寥寥，难成主流。是“情挚近痴”的“千古伤心人”纳兰容若把悼亡词推到了巅峰。“春花秋月，触绪堪伤”，情伤难遏，哽咽悲歌，悼亡成了《饮水词》的主旋律。虽题材雷同，却句句肺腑，其情之浓，其悲之切，无人可及。竟使得“家家争唱”，实为异数，这异数皆源于一个“情”字。其情之真，其情之哀，足以教人感同身受。

爱恋一个人，如春之细雨，润物无声，悄然湿润了你的心田。

思念一个人，像夏潮涌动，决堤而泻，霸道地占有了你的心房。

等待一个人，似秋风萧瑟，心绪凄凉，满心期待着春暖花开。

追忆一个人，如冬之严寒，悲凉彻骨，满怀的都是悲伤与绝望。

悼亡，是一个人痛苦的追忆，是一个人无尽的爱恋与思念。

悼亡，是一个人无尽无休的等待。只需一个人，幽幽处独坐独思，静静地思念，任怀念恣意流淌。

悼亡，是最沉痛的思念，是最幽深的惆怅。

悼亡，是欲罢不能的念念不忘，是独自一人永恒的心伤。

你离开，我说我不悲伤，只是掩饰着心中无限的不舍与难忘。

人生宛如三月花，短暂而匆匆的美好。闲情逸致的生活，春花寥落的寂寞。刚刚绽露娇颜，便无可挽回地凋落，留下的只是无奈、感伤和失落。

这世上能有几人似那执着的杨过。小龙女绝情谷下一寂十六载，他独守断肠崖十六个春秋。他选择了等待，他把生命中最灿烂的时光作为代价，等待小龙女的归来。真不知，到底谁比谁更情深，谁比谁更寂寞。

这世上又有几人像那痴绝的林逋。梅花相伴，终生守候着孤单。我不知，他是在逃避着让他失落的那份情感，还是在等待着那份不会到来的爱情。

往日的缠绵，已烟云飘散，曾经的欢颜，寂寞如昨天。那个曾经我爱的人，无声无息地在我心间留下一抹淡淡的容颜，一如那生命中悄然飘逝的华年。一旦触碰，仍然会被思念晕染得轻灵而柔软。

你走了，带走了你的美丽，留下了我的悲伤。是你依依不舍，还是思恋不肯将我遗忘。梨花片片零落，如你永无归宿的漂泊，而今小窗红烛，独伴我无法醒来的寂寞。

这世上，没有谁离不开谁，只有谁舍不得谁。

爱一个人，就要把思念填满每一寸时光。生命是条河，命运是一叶不系扁舟，谁也不知道，一个转身，它会漂向何方。

思念，不是谁都能够承受的孤寂与凄婉。

思念是条河，流淌在心里，永远无法涉过。

梦之卷·随逝水

206 — 243

有人相识，终是陌路。
有人邂逅，一见如故。
这世间，有多少人，
曾经邂逅，最后擦肩。
有多少人，曾经说与子偕老，
最终却是各自孤单。
心悦君兮君不知，
有时，爱就是阴差阳错。

聒碎乡心梦不成

当你身心安逸，当你不再疲惫，可否有一瞬，回首西南，想起远方的那份相思？

相思，未晚；

遥望，相安。

内心的一份静美。

长相思

山一程，水一程。身向榆关那畔行，夜深千帐灯。

风一更，雪一更。聒碎乡心梦不成，故园无此声。

《长相思》，一个情意绵绵的词牌，唐教坊曲亦有此调。南朝乐府有句，“上言长相思，下言久离别”，词牌由此而得名。

仅“长相思”三个字，已尽含缠绵缱绻之意。词未出，情韵已胜三分。但凡词人填此曲，少有脱离情之主调者。

宋时，那个自称“词隐”的万俟咏写有一首《长相思》：“一声声，一更更。窗外芭蕉窗里灯，此时无限情。梦难成，恨难平。不道愁人不喜听，空阶滴到明。”多有袭人之句的嫌疑，说着无限情，却少了些真切之感，读来倒是有些幽怨之意。

雨多情，雨无情，敲打的都是愁人的心绪。永夜纠缠，终究是相思意难平。

“若问相思甚了期，除非相见时”，还是小山痴人痴语般的自问自答更显天真可爱，直接道出了相思质朴的要义。何以解相思，除非相见时。

世间事，总是磨折有情人。多少人，心中空有相思意，却是相思无所寄，“欲把相思说似谁”，却怕“浅情人不知”。

都说，“两情若是久长时，又岂在朝朝暮暮”，那是秦少游安慰痴情女子的借口。又有谁，不盼那朝朝暮暮，与意中人共度如水流年？

纳兰容若的这首《长相思》，却似脱离了他“主情”的词路，一转而成思乡的咏叹，飒然而有塞外之风。出乎意表，令人过目不忘。

台湾李敖说，唐诗一半是思乡。此言虽有夸大之嫌，却道出了边塞诗的分量。词从范仲淹《渔家傲 · 秋思》一出，开边塞词先河，一扫花间词柔靡之气。苏辛豪放词风，突兀而起。由此，诉说羁旅行役之苦，抒发怀远思乡之情的词作，便成了词中不可或缺的一部分。

论及塞上之作，从《诗经》中的《击鼓》，到唐李益的《从军北征》，再到宋范仲淹的《渔家傲 · 秋思》，远别与离愁便一次次涤荡着我们那颗不欲远去的心。

说《击鼓》，“死生契阔，与子成说。执子之手，与子偕老”，一句铮铮的爱的誓言，千古传诵。有此一句，所有的山盟海誓都黯然失色。如此妙句，《诗经》中恐怕唯有那一句“关关雎鸠，在河之洲。窈窕淑女，君子好逑”可与其比肩。

情之要义原来如此简单，我只要，“执子之手，与子偕老”。如此一句，便轻易地道破了多少情中人欲说还羞的心中事，深得情中人喜爱，屡屡被拿来作为爱的表白。于是，人们就想当然地认为，它就是出自一首爱意绵绵的情诗。正如初见纳兰的《长相思》，固执地去想，那定是一首情意缠绵之作。

清代学者方玉润早已给它下了定义：《击鼓》乃“戍卒思归不得之诗也”。

那是一缕久戍不归的征人的思念与幽怨，那是一抹挥之不去的牵挂与乡愁。

一如李益的乡愁，“天山雪后海风寒，横笛偏吹行路难。碛里征人三十万，一时回向月明看”。大漠西风霜月寒，横笛吹彻征人怨。置身其中，悲凉无比。正如黄叔灿在《唐诗笺注》中所说，“碛里征人，妙在不说着自己，而己在其中”。

一如范仲淹的乡愁，“人不寐，将军白发征夫泪”。悲壮，凛凛而有大将之风。

边塞之咏叹，就是一片浓郁而不可化解的乡愁。

一程山水一程歌，一更风雪一更愁。

纳兰的乡愁是在那风雪如诉的路上。

那一年，纳兰满怀着郁郁的乡愁，踏上了风雪漫漫的边塞之旅。

那是康熙二十一年（1682）的早春时节，康熙平定了云南，决定出关东巡，祭告奉天祖陵。纳兰作为御前侍卫一路扈从，风雪途中，写下这首著名的《长相思》。

榆关，即山海关。纳兰曾两度随康熙出关。

山一程，水一程，身向榆关行，心在故乡不能醒。在故乡，定有一人如他，辗转反侧，孤枕难眠。

风一更，雪一更，风雪飘零不忍听。回响在耳边的，是塞外风雪的呼啸和远方爱人轻声的叮咛。萦绕在心头的，是悠悠的思念与淡淡的离愁。

读这首词，总有人爱拿“故乡”说事，说纳兰是满洲人，东北才是他的故乡，而纳兰却忘了本，反认他乡作故乡，云云。我看那是把“祖籍”和“故乡”混淆了，难道让生在北京长在北京的纳兰去想念他老祖宗生活的东北不成吗?

回首望，西南是故乡。山水相看人不寐，风雪多情叹夜长。红纱一点，相思永难绝，万帐穹庐，谁教双鬓空染霜。

长相思，人难寐。夜夜除非，好梦留人睡。

有爱在，是为乡。

我想，纳兰心中念念不忘的，不是京华故园，而是故园中那红唇软语、缕缕柔情。

乡思，说到底，是相思。

容若这首小词，语句似写塞外风光，究其情绪，还是纳兰风骨，未脱幽怨伤情的主调。

通读纳兰词，教人心有所感的，都是那满纸的浓浓的哀伤与那一份淡淡的凄美的情绪。一己之情，凄凄婉婉，然其情之真，其念之切，足以弥补纳兰词“小我”的境界，足以将这一己之情，弥漫到我们的整个身心，令人感同身受。

纳兰词的魅力，正在于此。

这首《长相思》，没有辜负其“千古伤心人”的本色。

山一程，水一程。风一更，雪一更。无论我们身处何方，故乡是我们心中一个永不泯灭的梦，深藏于心，时而清晰，时而模糊，但从来未曾改变。

梦在路上，思念在路上。

乡心，永远是纳兰最柔软的归宿。

纳兰词中，“人生若只如初见”“当时只道是寻常”等名句已是有口皆诵。这首《长相思》也是极为有名的，它的广为传诵与深得赞誉，与一个人的鼎力推荐密不可分。

“明月照积雪”“大江流日夜”“中天悬明月”“长河落日圆”，此种境界，可谓千古壮观。求之于词，唯纳兰容若塞上之作，如《长相思》之“夜深千帐灯”，《如梦令》之“万帐穹庐人醉，星影摇摇欲坠”差近之。

这是王国维在《人间词话》里对“壮观”的表述。其言不免有失偏颇，其中多少掺杂了他个人的喜好。且不说他所举的“壮观”诗句，就词而言，有谁说苏轼的“大江东去，浪淘尽，千古风流人物”不够壮观呢？其壮观之中透着豪迈之气，把北宋词坛涤荡一清，一改以往靡艳之风。柳永的“对潇潇暮雨洒江天，一番洗清秋”，东坡的另一句“惊涛拍岸，卷起千堆雪”，壮观当也不输纳兰句吧？

容若此词，偶作豪放语，虽与其一贯的婉约词风大相径庭，但我觉得怎么也算不上豪放一派。

赵秀亭在《纳兰丛话》中对此词如此评价：“容若豪宕之作，往往只得半阕，后半即衰飒气弱。”

以豪放论，赵秀亭的话还是中肯的。容若这首小词，从中倒是可以读出几分疲惫，几分无奈，几分一已厌于扈从的情绪，透露着一丝对羁旅生涯的厌倦、一缕淡淡的思乡之愁。此种况味，唯有纳兰那种心思纤细、情愫若丝的性情中人方可体味。

“夜深千帐灯”，这绝不是容若心中的“壮观”之景。我想，在他的心中，令其念念不忘、隐隐作痛的，不是塞上的“夜深千帐灯”，而是故园的“红楼半夜灯”。

想那夜阑人静时，小楼上，红纱灯一点，灯下红影摇曳处，是他念念于心的爱人。只可惜，京都塞外，遥不可及，而那无趣的风雪偏又搅碎了他独自编织的美梦。

此情此景，正似那，“因听紫塞三更雨，却忆红楼半夜灯”。

人有情，风雪却无心，最无奈，那盏红楼半夜灯，却总是映照着寒夜里那一个人的寂寞与孤冷。

风一更，雪一更，风雪交加，声声入耳，直扰得人心绪难宁，似柳永那一句“聒得人心欲碎”。

心碎了，纳兰心中的故园之梦也碎了。睡梦中，是“依旧回廊新月在”的烟雨京华；惊醒后，却是“人比疏花还寂寞”的空落。

我喜欢在花疏月朗的夜晚，一个人静静地读他的词，一个人在他的忧伤里忧伤，一个人在他的伤感里放纵自己内心的那份伤感。

“斜倚画屏思往事，皆不是，空作相思字。忆当时，垂柳丝，花枝，满庭胡蝶儿。”那点点滴滴的美好，是纳兰梦中故园里抹不去的回忆。

“半生已分孤眠过，山枕檀痕涴。忆来何事最销魂，第一折枝花样画罗裙。”那娇美的温柔乡，是纳兰乡心最柔软的归宿。

“归梦隔狼河，又被河声搅碎。还睡，还睡，解道醒来无味。”一个塞外风雪之夜，一个被搅碎的乡梦。梦里，故园难归。

读罢，心头唯有，点点忧伤，丝丝悲凉。

都说，人生是一场无休止的旅行，可当我们疲惫时，我们的灵魂能够在哪里停歇？

人生，在路上。我们的灵魂，在路上。

远处仿佛传来古乐府的歌声，“行行重行行，与君生别离。相去万余里，各在天一涯。”

你我天各一方，彼此遥望。灵魂的归宿，永远在那回不去的彼岸，那是我们心灵的故园。每当我们身心疲惫，都会想起她。

“相去日已远，衣带日已缓。浮云蔽白日，游子不顾返。思君令人老，岁月忽已晚。”古乐府的歌声里唱出的，似你我的等待与无奈。

当你身心安逸，当你不再疲惫，可否有一瞬，回首西南，想起远方的那份相思？

相思，未晚；遥望，相安。

内心的一份静美。

不为登高，只觉魂销

岁岁重阳，今又重阳。

不知故乡篱下，又添几瓣香？

今夜樽酒里，可有菊花无？

采桑子·九日

深秋绝塞谁相忆，木叶萧萧。乡路迢迢，六曲屏山和梦遥。

佳时倍惜风光别，不为登高。只觉魂销，南雁归时更寂寥。

九日，农历九月九日，重阳节。

九九重阳，登高临远，独饮一杯菊花，独插一枝茱萸，乡愁难掩。

说重阳，是绝不能不说王维的，他的一篇《九月九日忆山东兄弟》已成重阳诗的招牌，无人可及。“独在异乡为异客，每逢佳节倍思亲”，此一句，更是超越了重阳一意，转而成为乡愁的代言，遂成千古绝唱。天涯游子，四海羁客，每逢佳节，必是将王维此诗拿来诵念，以此消解心中的落寞与惆怅，还有那满怀的乡愁。

独在异乡为异客，每逢佳节倍思亲。
遥知兄弟登高处，遍插茱萸少一人。

题中“山东”并非像有人望文生义地解为今之“山东”，而是指王维的家乡，位于华山之东的山西。

彼时，王维为谋取功名，客居长安。时值重阳，长安城一片繁华盛景。王维独自一人，在熙攘的人群之中品味着游子他乡的寂寞。登高远望，故乡遥遥。我的兄弟，你是否登高一叹，“遍插茱萸少一人”？

登高临远，有着典型的中国式惆怅情结。

古往今来，文人墨客，能够把“登高”提升到人生大义之境界的，其中翘楚，必是陈子昂。

陈子昂极具文才，且有政治灼见。他直言敢谏，对武后朝的诸多弊政敢于谏言，却不为武则天采纳，并曾一度因受“逆党”株连而下狱。万岁通天元年（696），契丹李尽忠、孙万荣等攻陷营州。武则天委派武攸宜率军征讨。陈子昂在武攸宜幕府担任参谋，随军出征。武攸宜为人轻率少谋。陈子昂屡次出谋，均不被采纳，反被降为军曹。

在一个寒风萧瑟的秋天，陈子昂独自登上幽州古台，举目远望，大地苍茫。思古抚今，心生茫然。本欲建功立业，终是报国无门。心中感慨倾泻而出，化成了一首《登幽州台歌》："前不见古人，后不见来者。念天地之悠悠，独怆然而涕下。"

《楚辞》中《远游》有云："惟天地之无穷兮，哀人生之长勤。往者余弗及兮，来者吾不闻。"

陈子昂的这首诗的语句即由此化出，而意境却更显苍茫遒劲。语句明朗，笔力老到，苍凉悲壮之气见于笔端，极具汉魏遗风，由此而成千古名句。

能够独品孤独的人，是内心足够强大的人。陈子昂独自登临，指问苍天，超然物外，天地悠远。此刻，他是一个仰天长叹的孤独的勇者。

黄周星在《唐诗快》中赞此诗道："胸中自有万古，眼底更无一人。古今诗人多矣，从未有道及此者。此二十二字，真可以泣鬼神。"就是这样一首可以泣鬼神的诗句，后来成了他的绝命诗。

此刻，陈子昂应该想起了屈原。在曾经同样因直谏而遭迫害的屈原身上，他看见了自己的影子。瞬间，诗人的寂寞与先人的孤傲神合。

后来，陈子昂辞官返乡，本欲就此隐去，怎奈，世事弄人。有人说他那首"前无古人，后无来者"的诗是在影射武攸宜，被武氏人所不容，不久就被县令段简陷害，在狱中忧愤而死，时年四十二岁。

陈子昂一生，虽心有壮志，终不能酬。这不是他一个人的悲哀，这是一个时代的悲哀。纵观历史，上下几千年，此幕频频上演。

纳兰一生多次出塞，时值九月而身居塞外只有两次。一次是康熙二十一年八月至十二月去梭龙侦察，另一次是康熙二十二年扈驾去五台山。去五台山时值九月中旬，已过重阳。故此词当作于康熙二十一年的九月重阳。

此时，纳兰身居关外，适逢重阳佳节，却无法与家人团聚。身份的光艳也掩饰不住内心的孤独。秋风瑟瑟，木叶萧萧，唯有登高一望，以文抒怀，以寄乡思。

上片由景起兴。深秋，落叶萧萧，满目凄凉，一派萧索景象。乡路迢迢，登高远望，愁思缕缕，惆怅难收。

王次回有诗："纵使到家仍是客，迢迢乡路为谁归？"此刻，不知纳兰心中想念的是谁，又有谁在想念着他？而这一切，此时都如梦一般遥远。

下片由景而情，寂寥的心情更加浓郁。深秋时节，风景如画，正是欣赏风景好时候。然而，秋色再美，却是异乡。

杜甫有言："露从今夜白，月是故乡明。"异乡的景再美，不如家乡的一山一水。此时，无关风景，心中酝酿的，是"每逢佳节倍思亲"的乡愁。

南北朝时的刘勰说："原夫登高之旨，盖睹物兴情，情以物兴。"

"不为登高，只觉魂销"，此句最是撩拨人心，让人动容，让人心痛，俨然唐人风范。

登高一望，不为风景，只为那无处寄托的乡思和无法宣泄的惆怅。

“不忍登高临远，望故乡渺邈，归思难收。”柳永不忍登高，偏又登高，登高一望，乡愁盈怀。无论他身在何处，终是一匆匆过客，似一叶浮萍，没有归途，注定一生漂泊。

“故乡何处是，忘了除非醉。”李清照的故乡在漂泊之中，纳兰的故乡又在哪里？是那朔漠苍茫之地，还是那繁华不夜之都？

纳兰的故乡在他的心里。

岁岁重阳，今又重阳。

不知故乡篱下，又添几瓣香？

今夜樽酒里，可有菊花无？

暗忆欢期真似梦

如果爱，请深爱。
要么深爱，要么离开。
经历了爱恨情愁之后发现，
爱，原来就是计较。

浪淘沙

夜雨做成秋，恰上心头。教他珍重护风流。端的为谁添病也，更为谁羞。

密意未曾休，密愿难酬。珠帘四卷月当楼。暗忆欢期真似梦，梦也须留。

“夜雨做成秋，恰上心头。”

我一向不喜欢文人文字游戏般的诗句，唯独这个意境皆佳的字谜样的句子，我却极喜欢。秋上心头，合成愁，极具情绪。

纳兰此句是化自吴文英的词句“何处合成愁，离人心上秋”。吴文英直抒愁绪，纳兰则是以景语渲染愁绪。秋已萧瑟，偏逢夜雨，似李清照“梧桐更兼细雨”的凄凉，不由愁绪暗生，教人难以消受。

秋雨秋风愁煞人。风雨来袭，悲从中生。临别离，道珍重。如此情绪，到底谁为谁相思成病，谁又为谁羞？

无眠时，珠帘闲卷，月正当楼，更勾起几分伤感。思往事，皆成梦。如此亦真亦幻，惹人惆怅。这般凄凉情景，足以令人愁苦不堪、无可奈何。

“端的为谁添病也，更为谁羞”，这一句让我想起了元稹《会真记》中崔莺莺写给张生的那首情诗：“自从消瘦减容光，万转千回懒下床。不为旁人羞不起，为郎憔悴却羞郎。”这诗写得实在是不敢恭维，不过其中为郎憔悴为郎病的情绪倒是有几分真切。只是，写了这首诗后，她就再也无缘与她的张郎相见了。

“密意未曾休，密愿难酬”，词至下片，笔锋一转。心中的情意未了，密愿未酬，似与那莺莺同病相怜。美好的时光只在梦中才有。即便是梦，也要把它留下。

到手的爱情，终觉平常。念念于心的，总是那段未了的情缘。

绕指柔情失去了往日的温度，事不遂人愿，密愿终难酬。心中曾编织了无数遍的美好愿望，一个“难酬”，便破灭了继续幻想的理由。

没有永久的爱情，难以忘怀的，往往是那些不堪回首的回忆。以为已经拥有，待细思量，发觉拥有的原来只是那如烟的往事。

多少信誓旦旦，多少恩爱缱绻，如今已恍如隔世一梦。留下的，只是点点破碎的梦境，让人不舍遗忘。

读纳兰词，我们从来不是看客。我们总能被其情绪感染，在他的情绪中回味或者酝酿着自己的情绪。愁其所愁，悲其所悲，借着他的泪水，湿润了自己的往事。

来如春梦几多时，去似朝云无觅处。如今，已是天涯人远，情未尽，缘已了，许你个相思消得么？

爱，要么是用我们的回忆重温往昔，要么是用我们的幻想编织着未知的美好，不论你在身边，还是你很遥远。

曾经，你在我身边。

曾经，你含羞低眉，默默地走在我身后。

而如今，我无数次地回头，却怎么也无法抓住你的手。

情知此后来无计，是谁在强说欢期？记曾来处易销魂，是谁在黄昏独倚，忆那销魂往事？

爱，原是那一怀悠长的心事。

如果爱，请深爱。要么深爱，要么离开。经历了爱恨情愁之后发现，爱，原来就是计较。

不要等到辗转难眠，才去道思念。

不要等到梦醒时，才去相信永远。

不要等到离别后，才去感受眷恋。

不要等到失去，才明白什么是怀念。

待到天涯人远，待到晓风残月时，你会发现，心里，总有个地方，思念可以隐藏。无论时光如何冲蚀，只须淡淡的一念，脑海中仍会清晰地显现那张久未曾见，久未想念，以为早已忘却的容颜。

不知远方的你，可否，隔山隔水，感受到我的思念？

一念情动，一念辜负，一生牵挂。

有人相识，终是陌路。有人邂逅，一见如故。

这世间，有多少人，曾经邂逅，最后擦肩。有多少人，曾经说着与子偕老，最终却是各自孤单。

心悦君兮君不知，有时，爱就是阴差阳错。

爱从不曾远离。

曾几何时，与你相逢在梦中。梦中，你我细语凭肩，依偎吟和。落花鬓边堕，微雨湿黄昏。

醒来，我牵着你的手，走在那似曾相识的街上，却怎么也找不到出口。

梦也不分明，又何必，催教梦醒。奈何，好梦易醒，唯有一声叹息，觉来何处着思量。

“为伊判作梦中人”，纳兰一生，为情所伤，他的全部美好仿佛都尽归于梦里。“若问生涯原是梦，除梦里，没人知”，梦里，有个人儿共。

多情的小山，亦是那般伤感，唯有将一份真情寄托在梦魂深处，“相寻梦里路，飞雨落花中”。

梦，就是你我情感的出口。

如果还有“如果”，我不要与你执手相看泪眼，不要只与你在梦中相见。我再也不会轻易放开你的手，我只要把你留在身边，珍重你的伤感，珍重你的羞涩涟涟。

只是，一旦开始，就再不会有“如果”。一切皆回忆，回首已惘然。

此情可待成追忆，岂是一句“当时惘然”可以开脱。我用文字掩饰着自己的虚伪，我用多情开脱着自己的原罪，我用一个转身就把你的梦击碎。

待醒来，一切已变了模样。

纵便是梦，今夜，我也要将你留下。

我，在梦中等你。

半世浮萍随逝水

缘，是得不到或失去后的自圆。

摊破浣溪沙

林下荒苔道韫家，生怜玉骨委尘沙。愁向风前无处说，数归鸦。
半世浮萍随逝水，一宵冷雨葬名花。魂是柳绵吹欲碎，绕天涯。

"半世浮萍随逝水，一宵冷雨葬名花"，一语既出，道尽悲凉。

每每读到此句，总有一种难掩的凄凉由心头汩汩而出。不知这是纳兰对自身身世的哀叹，还是因痛失至爱而生的幽怨。

冷雨葬花，意境凄凉，如此情景，总是惹生哀伤。一如俞伯牙一曲寂寞的回响，弦断处，无人听。浮萍已随流水去，凄风冷雨葬名花，语句凄美，凄美得教人心痛。

一句"一宵冷雨葬名花"，总会让我想起《红楼梦》中林黛玉的《葬花吟》。"花谢花飞花满天，红消香断有谁怜"，撩拨了无数情中男女凄然的心绪。"一朝春尽红颜老，花落人亡两不知"，更是道出茫茫碧落，天人永隔的苍凉。读来与纳兰此篇情绪相通，一般悲凉。

一曲《葬花吟》，是黛玉对自身境遇的叹惋。黛玉葬花，埋葬的是自己一颗眷恋于红尘的心，还有对于那个冷漠世界深深的绝望与无奈。"未若锦囊收艳骨，一抔净土掩风流"，黛玉凄凉的结局已将这诗句化成了她命运的谶语。

黛玉葬花，那是一个小女子对身世的怨怼。黛玉葬花那绝美的画面，映照的是她无比凄凉的心境。纳兰的"葬花"之语，却是别有一番滋味在心头。曾经的如花娇颜，最终付诸黄土一抔，那是一个多情种痛失所爱后的凄然与哀伤。

一部红楼，任由后人揣测猜疑了两百余年。众说纷纭，各有说辞，其中就有"明珠家事说"这一种推论。

索引派认为，纳兰乃是《红楼梦》中宝玉的原型。纳兰词中的"半世浮萍随逝水，一宵冷雨葬名花"一句，已是广为人知，有口皆诵。《红楼梦》中“黛玉葬花”的桥段便与纳兰此词句有着隐隐的关联。

曹雪芹的祖父曹寅与纳兰曾同为康熙的侍卫。两才子相遇，惺惺相惜，甚是交厚。康熙三十四年（1695）秋，曹寅在自家的楝亭邀好友庐江郡守张纯修，以及容若在国子监读书时的同窗、江宁知府施世纶，也就是《施公案》里的主人公“施不全”。三人于楝亭秉烛夜话。张纯修即兴作《楝亭夜话图》，然后三人分而咏之，他们用各自的诗句表达着对故人的怀念。此时，距离纳兰容若故去已有十年。

曹寅当时作了一首《题楝亭夜话图》，诗中感慨道：“家家争唱《饮水词》，纳兰心事几曾知？”非纳兰知音者不可道此语，曹寅堪称纳兰知己。

要论“明珠家事说”最早应是出自乾隆皇帝之口。

乾隆末年，《红楼梦》在民间争相传抄，广为流传。蒋瑞藻《小说考证拾遗》引《能静居笔记》云：“曹雪芹《红楼梦》，高庙（乾隆）末年，和珅以呈上，然不知所指。高庙阅而然之，曰：‘此盖为明珠家作也。’后遂以此书为明珠遗事。”

一部红楼，是人间悲喜的凝集，是世事沧桑的别样投影，每个人都可以从中捕捉到不同的痕迹。仅因乾隆爷一句“为明珠家作也”便就此断言纳兰即是那宝玉的原身，还是草率了些。

不过，曹雪芹的一句“满纸荒唐言，一把辛酸泪”，倒是与纳兰这位“人间惆怅客”的境况确有几分相似。

陈康祺在《燕下乡脞录》中曾经引用徐柳泉先生观点：“小说《红楼梦》一书，即记故相明珠家事。金钗十二，皆纳兰侍御所奉为上客者也。宝钗影高澹人（高士奇），妙玉影西溟先生（姜宸英）妙为少女，姜亦妇人之美称。”

的确，纳兰与宝玉，其二人皆乃翩翩浊世佳公子，至情至性，皆可谓情种一颗。无论身世，还是情史，亦如出一辙。纳兰的那一段愁云惨雾般的爱情往事，与《红楼梦》中宝、黛、钗三人的关系更是十分相似。宝玉俨然纳兰后身。

反观纳兰词，其中亦多有“红楼”句。“今宵便有随风梦，知在红楼第几层。”“因听紫塞三更雨，却忆红楼半夜灯。”“人在小红楼，离情唱《石州》。”“莫教星替，守取团圆终必遂。此夜红楼，天上人间一样愁。”

红楼何处？梦在何方？纳兰念念于心的，到底是一个真实的红楼，还是他心中的红楼一梦？

纳兰词里也屡有“葬花”句，如“葬花天气”“一宵冷雨葬名花”。由此看来，“黛玉葬花”源自纳兰词也并非子虚乌有。不过，我等读红楼，读纳兰，只需去感受两颗情种一样的“情殇”。背景考究当是那些“红学家”的事。

做背景考究，是做学问的严谨态度，无可厚非。然而解词不是考古，我认为，解词就是一次灵魂的流放，任思绪流淌，以词人之心映照吾之心，以吾之情领悟词人之情。如此方解词中意，如此方得词人心。如此，甚好。

“林下荒苔道韫家，生怜玉骨委尘沙。”开篇一句，说的是那咏絮才女谢道韫。

谢道韫乃魏晋才女，谢安侄女，“书圣”王羲之的儿媳，王凝之之妻。

因《世说新语》称谢道韫“有林下风气”，又说道韫咏雪有“未若柳絮因风起”之句，故“柳絮”“林下风气”均为才女的代名词。

纳兰词中屡见“谢娘”“道韫”“柳絮”“林下”等词语。想必，纳兰所恋之人，也定是如那咏絮才女般才华斐然、气质出尘。

曾经的风华幽韵，如今已是入土蒙尘。风萧瑟，愁难歇，几多愁苦更与谁人说。“愁向风前无处说，数归鸦”，愁苦无尽，思念无涯。“归鸦”向来都是与萧瑟苍凉的意境相称，与愁苦无聊的心绪对应。杜光庭的“斜阳古岸归鸦晚，红蓼低沙宿雁愁”，刘镇的“柳外归鸦，点点是离愁”，“归鸦”句，句句含愁。纳兰的“数归鸦”句，是化用了辛弃疾的“佳人何处，数尽归鸦”，无尽愁苦之外，更显惆怅。

“半世浮萍随逝水，一宵冷雨葬名花”，下片起句便是一组对仗工整而意境悲凉的对句。半生已如浮萍东流去，一宵冷雨，叶落花残。

本词意境清冷，读罢，让人黯然神伤。所谓天妒红颜，情深不寿，无外乎此。花开虽美，却难掩凋谢的凄凉，如浮萍随逝水，半点不由人。就这样，在一个雨打残花的夜，她带着自己的美丽与哀伤，默默离去，独自飘荡。

人生就是一次旅行，但你却永远无法停止脚步。苦苦挽留的，总随雨打风吹去。恋恋不舍的，总如烟花般短暂。美好总与遗憾相伴。遗憾的是，有时连遗憾都不曾给你留下。

“魂是柳绵吹欲碎，绕天涯。”顾敻的《虞美人》有“玉郎还是不还家，教人魂梦逐杨花，绕天涯”句。魂梦似杨花，东风吹散了，漂泊天涯。

咏絮风流一抔沙，谢家庭院夕阳斜。瘦尽绿杨春又去，隔天涯。半生闲抱孤枕过，忍看冷雨透窗纱。几许梦痕愁点点，落灯花。

才非福气情不寿，名士倾城易伤心。当一切随风飘逝，尘埃落定，才发现，满眼春风百事非，除却思量悔已迟，一切已不堪回首。

我后悔让你离开，我后悔没有把你挽留。抓在手心里的才是爱，不要等一切都无可挽回，才独自去悔恨，独自去伤怀。

曾经以为，牵手就能够永久，“执子之手，与子偕老”，原来只是说与人听、存于己心的美好。

时光流转，如春梦秋云，花开花落，去留无定据，聚散终有时。聚合无常，是天地间的神秘。离散有时，是冥冥中的注定。也许，这就是人生之真。

“花非花，雾非雾。夜半来，天明去。来如春梦几多时，去似朝云无觅处。”于是，一切归缘。把人间聚散，全当成是缘起缘灭。试问，缘为何物？到头来，仍是一场迷惘。

缘，是你匆匆的背影，是你转身后留下的美丽伤感。

缘，是情在不能醒，是往事成空的情非得已。

缘，是得不到或失去后的自圆。

算来好景只如斯

少年情怀，无法评说。
就像爱情，没有爱过，无权评说；
爱过了，无须评说。
爱，不知所起，不知归路。
爱，就是一件无法评说的事。

少年游

算来好景只如斯，惟许有情知。寻常风月，等闲谈笑，称意即相宜。

十年青鸟音尘断，往事不胜思。一钩残照，半帘飞絮，总是恼人时。

读惯了纳兰词的哀感顽艳，一句“寻常风月，等闲谈笑，称意即相宜”，直教心中生出一种清新恬淡的美好。

那一刻，我遇到你，没有早一步，也没有晚一步。一切刚刚好，称意而美好。

无须闭月羞花之貌，无须沉鱼落雁之容，只要你是我眼里的那一抹温柔。“之子于归，宜其室家”，只要你做《诗经》里那个要出嫁的新娘，而我做你的新郎。

不要浪漫的风花雪月，不要温柔的甜言蜜语。寻常的风月，寻常的你我，相称相宜，一切皆美好。

纳兰的这首《少年游》就如同一段寻常风月，惬意而美好。

“寻常风月，等闲谈笑，称意即相宜”，如此平淡，如此寻常。似乎说的就是寻常的你我。有你的风景才称意。

已是十年音尘绝，回首，只有彼时的美好。残照当楼，落花飞絮，勾起了几多少年时的回忆。只是，换了心境，再也回不到从前。多少少年美好往事，不胜思。

说少年，总是要带些惆怅味道，仿佛只有如此才不枉少年时。

说少年时，人已不少年。

远离了少年的放浪形骸，淡漠了少年不再的窘困逼仄。蓦地回首，那“少年”二字已然化成了流年的一缕薄凉。遇得到曾经的风景，却找不回曾经的心情。识尽愁滋味，已是欲说还休。

晏殊写有一首《玉珠词》，因词有“长似少年时”句而得名《少年游》。此后，许多词人填此小词，极尽旖旎风流味道。

芙蓉花发去年枝，双燕欲归飞。兰堂风软，金炉香暖，新曲动帘帷。

家人拜上千春寿，深意满琼卮。绿鬓朱颜，道家装束，长似少年时。

柳永也写有一首《少年游》，一句“不似少年时”，俨然晏殊《少年游》的和作。

长安古道马迟迟，高柳乱蝉嘶。夕阳鸟外，秋风原上，目断四天垂。

归去一云无踪迹，何处是前期。狎兴生疏，酒徒萧索，不似少年时。

晏殊的《少年游》，若少女怀春，有一种柔媚温婉之情态。柳永的《少年游》，萧索如秋士易感，一种低沉萧瑟之意境。

一个“长似少年时”，极尽风流。一个“不似少年时”，则是瑟瑟的凄凉萧索之气。同样回忆少年时，不同的境遇，不同的感悟。

官拜宰相的晏殊，一生富贵优游，仕途坦荡。有“一曲新词酒一杯”的潇洒，有“无可奈何花落去”的无奈，亦有“似曾相识燕归来”的温馨。

放荡不羁的柳永，仕途坎坷，生活潦倒。屡试不中，好不容易中了进士，最终，却因一句“浅斟低唱”而得了个“奉旨填词”的御字招牌。他索性选择了流连于秦楼楚馆，倚红偎翠，浅斟低唱，潦草余生。

晏殊，一代权相，一生富贵无忧，自然也少有悲戚愁苦之词。莫求他去吟唱“今宵酒醒何处，杨柳岸，晓风残月”。

柳永，才子词人，白衣卿相，真性真情真风流。怎么也吟不出“昨夜西风凋碧树，独上高楼，望尽天涯路”。

纳兰出身贵胄，少年时，光鲜照人，羡煞旁人。身为康熙御前侍卫，“目睹龙颜之近，时亲天语之温”。就是这样一位小山一般的翩翩佳公子，却是一生惆怅。

纳兰，翩翩相门公子，却俨然一落落狂生。他有晏殊的富贵荣耀，也有柳永的才情。曾经，“凡有井水饮处，皆能歌柳词”。如今，“家家争唱饮水词”。

他的词传到国外，朝鲜人称，“谁料晓风残月后，而今重见柳屯田”。“柳屯田”说的就是柳永，因他当过屯田员外郎，人称“柳屯田”。

作此词时如今的纳兰，磨去了年少轻狂，多了深谙世事的沉静。

少年情怀，无法评说。就像爱情，没有爱过，无权评说；爱过了，无须评说。

爱，不知所起，不知归路。爱，就是一件无法评说的事。

落寞一叹，“算来好景只如斯，惟许有情知”。目之所及，寻常风月；耳之所闻，一般谈笑。称了我心，才算相宜。

身处繁华，却是无所寄托。唯情一隅，痴迷一生。

青鸟，在神话传说中是为西王母取食传信的神鸟。《汉武故事》云：“七月七日，上于承华殿斋，正中，忽有一青鸟从西方来，集殿前。上问东方朔，朔曰：‘此西王母欲来也。’有顷，王母至。有两青鸟如乌，侠侍王母傍。”后遂以“青鸟”为信使的代称。

“青鸟不传云外信，丁香空结雨中愁”，这是中主李璟的伤春之调。“回首渌波三峡暮，接天流”，收拍一句，不是中主惯常的婉约词路，俨然豪放一派。

“十年青鸟音尘断，往事不胜思。”十年重回首，往事不堪悲。笔意大开，纳兰伤心本色，比中主沉痛了许多。“一钩残照，半帘飞絮，总是恼人时。”一句收束，又回到了温柔缱绻的路数。

此处“十年”若是实指，那词中所怀之人定不是卢氏，卢氏去世后八年纳兰便去世。回忆十年往事倒是可以，“十年青鸟音尘断”，那就不对了。那就是传说中的表妹了。回忆年少时青涩的初恋，称意而美好，也切了《少年游》的词牌。

时光难以挽留，好景无法等待。两千多年前，孔子临江叹道：“逝者如斯夫，不舍昼夜。”不见古人，不见来者，悠悠天地间只一句“逝者如斯”，昼夜间便越过几千年。

越是渴望，越是遥远。越是珍惜，越易失去。相知相伴，最是难求。

“寻常风月，等闲谈笑。”她只求能与他共剪西窗烛，与他同赏夜雨芭蕉，与他依偎着听残荷雨声。她或许没有咏絮才，抑或谈不上有停机之德。但她懂他，懂他的浅唱低吟，懂他的眉尖心上。

平平淡淡的岁月里，成长着只属于两个人的记忆，而后便永久地定格成一幅画。也有叶落，也有花开，那是三分谈笑，二分思念，一分微嗔，剩下的是半生相忘于江湖。

纳兰的生命里没有明天。他等不到自己老去，便带着少年的寻常风月、等闲谈笑，随那半帘飞絮匆匆逝去。

唐明皇说："彼此当年少，莫负好时光。"岁月有常，那般短长。倒是我们的心，可以容得下多少难忘的过往？

弹指数百年，悠悠世间，又几番风月变换，几番情事上演？

明月依旧在，只是人事改。古人不见今时月，今月曾经照古人。

亦有少年时，亦有一人懂的情愫，亦有两心知的爱恋。

只是，少年不再来，往事堪回首，却是不胜思。

不是人间富贵花

我愿是那片雪花，落到你的手里，
在你手心慢慢地融化，流进你的心里。
我愿是那片雪花，轻轻地抚摸你的脸庞，
然后化作一滴泪水，在你的脸上轻轻地滑落。

采桑子·塞上咏雪花

非关癖爱轻模样，冷处偏佳。别有根芽，不是人间富贵花。

谢娘别后谁能惜？飘泊天涯。寒月悲笳，万里西风瀚海沙。

难觅人间真颜色，唯雪洁白是天真。

我有一友，身居关内，久未见雪，心中纠结难安。当知道我要写有关雪的文字时，其一句“难觅人间真颜色，唯雪洁白是天真”脱口而出，使我怔怔然，无语良久。

雪，冰清玉洁，纤尘不染。由古而今，雪被诗人赋予了生命与灵性，寄托着诗人别样的情怀。

在中国古典诗词的两大源头《诗经》与《楚辞》中，我们便可发现“雪”的踪影。

《诗经 · 采薇》中有“昔我往矣，杨柳依依。今我来思，雨雪霏霏”。当初离家，杨柳青青。而今归来，大雪纷飞。仿佛一幅图画，简单几笔勾勒，便把一个游人的羁旅情怀呈现在我们面前。所谓“诗三百”，“思无邪”，这就是《诗经》。

屈原《九章 · 涉江》中有“霰雪纷其无垠兮，云霏霏而承宇”句。雪花纷纷，一望无垠。浓云密布，漫接天际。诗人孤独彷徨的苦闷心境依稀可见。《楚辞》铺排夸饰、想象丰富，读来已不似《诗经》那般轻巧明快。

谢灵运《岁暮》里有“明月照积雪”一句。月轮皎皎，白雪皑皑，天地间辉映出一幅意境空远而清冷的画面，清冷得让人仿佛听得见诗人心底的一声叹息。谢灵运写景，开门见山，直切入景。其独特的写景手法使其当仁不让地成为“山水诗派”的鼻祖。王国维在《人间词话》中将这句誉为“千古壮语”。大巧若拙，此之谓也。

唐诗中写雪的诗句也俯拾皆是。

写雪写得最美的，也是我最喜欢的，当是岑参的那句“忽如一夜春风来，千树万树梨花开”。诗人用春景写冬景，奇思妙想，颇有浪漫色彩。

刘长卿在《逢雪宿芙蓉山主人》中描绘了一幅雪夜客至图：“日暮苍山远，天寒白屋贫。柴门闻犬吠，风雪夜归人。”诗中似有旅人独行的苍凉，亦有风雪夜归时的温暖。

柳宗元的《江雪》更是写尽了孤寂与幽凄：“千山鸟飞绝，万径人踪灭。孤舟蓑笠翁，独钓寒江雪。”

韩愈被贬谪时写下的“雪拥蓝关马不前”、杜甫旅居时所作的“窗含西岭千秋雪”等都是脍炙人口的千古佳句。

雪，俨然已经融入了诗人的灵魂，总会给他们内心以丰富而又独特的感受。

然而，前人写雪，写雪景者多，写雪花者少，以景托情者多，以景喻人者少。纳兰是这少之又少中的一个。

纳兰词中，有两句最能流露容若心迹，彰显其品格。一句是《浣溪沙》中的“我是人间惆怅客”，另一句便是本篇中的“不是人间富贵花”。“我是人间惆怅客”一句，人情的悲凉、世事的沧桑，尽数融化其中；“不是人间富贵花”，一句心灵的独白。一语道破心迹者，纳兰词中，唯此一句。

本篇是纳兰在陪同康熙出巡塞外途中所作的一首咏物令词。与其情词相比，这首塞外之作自是别有一番风情。

咏物诗，一般可以分为两类：一类是见物态而不见我心；一类用比兴手法，由物及我，明言物，实言我。纳兰的这阕小令当属后者。但纳兰本篇却与前人不同。前人有咏“雪”的，有咏“花”的，纳兰却独咏“雪花”。他一抛前人咏雪的常套，把雪花当作花一般来歌咏，这正是纳兰才调高绝、自由挥洒而独出机杼的一例。

纳兰容若，百分之百的完美主义者。在他的文字间自然流露的性情，与其为人称羡的相国公子、天子近臣的家世身份极不相称。他天性纯良高洁，追求完美。以他性情之真，必不能作伪，必有所寄托、有所抒发。于是，他寄情于山水，寄情于友朋，寄情于词。后人以他比拟于南唐李重光、北宋晏小山，不只是因为他们都出身于高门贵族，更重要的是，他们的文字中流露出的纯情与哀伤，几近不食人间烟火，可谓性情相类。本篇就是容若纯真心性的表露。

“更无柳絮因风起，惟有葵花向日倾”，纳兰内心的细腻与伤感绝非是莫名的。他的愁苦与绝望，源自其悲天悯人的情怀。其心昭昭，其情切切，三百多年后读他的心事，仍有如涓涓溪流从心头流过。

唐有李白。是李白为盛唐增添了绚丽的色彩，还是盛唐造就了李白不朽的诗篇？

宋有苏轼。他是宋朝最赏心悦目的一曲辞章，七分月色，三分流水，信手一挥，便是大宋最风流华丽的影像。

清有纳兰。三百年前，情至若痴、心洁不染纤尘的慧男子，以一阕阕纳兰词，使得痴情成为绝唱，在历史的长空中回荡。

“非关癖爱轻模样，冷处偏佳”，开篇一句，独辟蹊径。我喜欢的，不是你那轻盈娇巧的模样，而是在这清寒的世界中，你的恬淡与孤美。我喜欢你“冷处偏佳”的孤绝。宋代女词人孙道绚有“悠悠飏飏，做尽轻模样”的咏雪句，这是对雪的“轻模样”的赞美。纳兰笔下的“轻模样”与孙道绚的相比，可谓两样的情怀。

王国维在他的《人间词话》中曾说：“纳兰容若以自然之眼观物，以自然之舌写情……北宋以来，一人而已。”话虽有过誉之嫌，但足见容若风格的特异。

纳兰容若，宛如冰山上的一朵雪莲，冰冷之中，傲然绽放。“冷处偏佳”映照下的，正是容若孤傲的灵魂。

一句“不是人间富贵花”，自有陆游“零落成泥碾作尘，只有香如故”的孤傲之气。

恍然间，我懂了，孤傲的你，真的不是人间富贵花。

富贵花，世人多指牡丹。周敦颐《爱莲说》中有言：“牡丹，花之富贵者也。”不论欧阳修的“天下真花独牡丹”，还是白居易的“绝代只西子，众芳惟牡丹”，尽数赞美牡丹的富贵之态。但最早说出“人间富贵花”的却是陆游：“何妨海内功名士，共赏人间富贵花。”不过，陆游说的是海棠。无论所喻为何花，都只是三千繁华之中的一个倒影，生于繁华，迷失于繁华，再也找不到自己。

那些飘飘洒洒的雪花，正是别有根芽，岂同于那凡尘之中的富贵之花？一句“别有根芽”，已然将那雍容华贵的牡丹摒弃，于平凡无奇处，独见对出尘冰洁的雪花的爱怜。

独怜雪花的，除了纳兰，还有那位“咏絮”才女谢道韫。

“谢娘别后谁能惜？飘泊天涯。”自从那“咏絮”才女谢娘走后，谁又懂得去怜爱呢？

《红楼梦》中，曹公用“堪怜咏絮才”来赞誉林黛玉的才情，而这个典故是出自魏晋时期公认的两大才女之一的谢道韫。

“谢娘”一般用来代指自己心爱的女子，但这里的谢娘却实有所指，说的就是这位“咏絮”才女。

据《世说新语》记载，谢安一家皆能诗，一日大雪，谢安问道：“白雪纷纷何所似？”其侄儿谢朗张口便道：“撒盐空中差可拟。”其侄女谢道韫在一旁弱弱地接了一句：“未若柳絮因风起。”谢安闻听大赞。

谢道韫以一句“未若柳絮因风起”而获“咏絮”才名，可谓是雪花的知己。如今，“咏絮”才女早已如雪花飞絮般飘散。那生于孤独、长于天外的雪花，还有谁是你的知己者？

在卢氏之后，纳兰，可否还有哪一位红颜为你容？还有哪一双红袖为你舞？只任你孤零零地在繁华的人间漂泊不息，与喧嚣的人群交而不融。锦衣玉食，豪门贵胄，对于纳兰，不是归宿，是漂泊；不是家乡，是天涯。

“寒月悲笳，万里西风瀚海沙。”清冷的月下，悲怨的胡笳，浩瀚无垠的黄沙，其间行走着一个漂泊孤傲的灵魂。如那飘散的雪花，随风飘舞，魂归何处？西风中，寒月下，悲伤和着凄冷的月光与胡笳的苍凉，在漫漫黄沙中渐渐消散。

生活是一场冥冥中已经注定的悲剧，没有谁可以逃脱，而生活又不得不在这个悲剧中继续。这便是一种凄凉到骨的无奈，明知生活在别处，可你却在原地徘徊。

世间有太多温暖的面孔，你却偏偏选择寒冷的一面去触碰。

你幻化成羽，随长风在空中孤独地飘荡，姿态是如此的曼妙而优美。你用一世的凄凉，换取无尽的漂泊。

漂泊，最终要飘落。飘落，最终要融化成寂寞。

里尔克说："谁在此刻孤独，便一生孤独。"

我想，当纳兰说出"不是人间富贵花"的那一刻，他的内心是孤独的。本为进士及第，如今却作为一名武将，站在这西风浩瀚的风雪边疆。虽是身处权贵，却厌倦仕途，愿与江湖落魄文人相交，视富贵如粪土。

人间富贵何足道，照人冰雪自天真。手心那一抔盈盈的雪花，如同爱人简单而纯洁的眼神，值得用一生去珍惜，去怜爱。

每个人心中都有一片永不融化的雪花，它寄托着你一生的牵挂。

我愿是那片雪花，落到你的手里，在你手心慢慢地融化，流进你的心里。

我愿是那片雪花，轻轻地抚摸你的脸庞，然后化作一滴泪水，在你的脸上轻轻地滑落。

你那里下雪了吗？

捧在你手心里的那一片，可是我对你遥遥的思念？

雪，深藏于心，不化的情结。

醉之卷·他生里

244 — 275

梦里桃花源，只向醉中寻。酒，诗人孤独心绪的宣泄，寂寞心灵的慰藉。

共君此夜须沉醉

有一种灵魂无法超越，只可默默仰望；
有一种心思无法参透，只可遥遥感知；
有一种情感无法体验，只可慢慢领悟。

金缕曲·赠梁汾

德也狂生耳。偶然间，缁尘京国，乌衣门第。有酒惟浇赵州土，谁会成生此意。不信道，遂成知己。青眼高歌俱未老，向樽前，拭尽英雄泪。君不见，月如水。

共君此夜须沉醉。且由他，蛾眉谣诼，古今同忌。身世悠悠何足问，冷笑置之而已。寻思起，从头翻悔。一日心期千劫在，后身缘，恐结他生里。然诺重，君须记。

谁说过，“人生得一知己足矣，斯世当以同怀视之”？

又是谁感叹，“人生难得一知己，千古知音最难觅”？

悠悠苍穹之下，茫茫人海之中，伯牙子期一遇，一抚琴，一聆听。青山碧水之间，悠悠流淌出一曲绕梁不绝的《高山流水》。终于，我明白了王勃那一句“钟期既遇，奏流水以何惭”的感叹。

有情皆寂寞，知己渺难逢。世间万物皆有情，一山一水，一人一物，只有觅得可怜可懂之人，方不悔在世间往来一遭。

菊花是幸运的。陶渊明的一句“采菊东篱下，悠然见南山”，使得山野间那菊花的淡然优雅深深地印刻在人们的心中，使人读之忘味。

落花是幸运的。龚自珍的一句“落红不是无情物，化作春泥更护花”，让落花少了几分清冷意味，多了几分从容，却反而让人对其更生几许怜惜。

夕阳是幸运的。温庭筠用一句“过尽千帆皆不是，斜晖脉脉水悠悠。肠断白苹洲”，赋予夕阳愁丝缕缕，道出了世间多少有情人无尽的思念。

纳兰是幸运的，他遇见了顾贞观，他一生的知己。

顾贞观，别号梁汾，是清初颇有名气的词人。梁汾为人俊朗，尚友好义，美丰仪，高才调。遗憾的是，其一生郁郁而未能得志。早年担任秘书省典籍，因受人排挤，愤而离职，落魄还乡，索性自诩“第一飘零词客”。

李渔在《赠顾梁汾典籍》一诗中说：“镊髭未肯弃长安，羡尔芳容忽解官。名重自应离重任，才高那得至高官。”可见才高名重的顾贞观，其离任实在是不得已而为之。纳兰“蛾眉谣诼，古今同忌”的感慨，想必也正是为此而发。

顾贞观初遇纳兰，便被其才华折服，遂有“一见即恨识余之晚”之感言。两人一见倾折，如遇故交，从此视彼此为知己。

人生大抵如此，有的人，屡屡相遇，却屡屡擦肩；有的人，只需一个回眸，便相悦相知，宛如前生的约定。

纳兰性笃于情而信于义。在其离世后，顾梁汾在为其撰写的祭文中如此说道：“其于道义也甚真，特以风雅为性命，朋友为肺腑。”这是对纳兰的赞誉，也是纳兰为人为友至情至性的写照。

这首《金缕曲》为纳兰初识梁汾时的酬赠之作。他们二人的友情还要从梁汾的两首《金缕曲》说起。

季子平安否。便归来，平生万事，那堪回首。行路悠悠谁慰藉，母老家贫子幼。记不起，从前杯酒。魑魅搏人应见惯，总输他，覆雨翻云手。冰与雪，周旋久。

泪痕莫滴牛衣透。数天涯，依然骨肉，几家能够。比似红颜多薄命，更不如今还有。只绝塞，苦寒难受。廿载包胥承一诺，盼乌头马角终相救。置此札，兄怀袖。

我亦飘零久。十年来，深恩负尽，死生师友。宿昔齐名非忝窃，诚看杜陵穷瘦。曾不减、夜郎僝僽。薄命长辞知己别，问人间，到此凄凉否。千万恨，为君剖。

兄生辛未吾丁丑。共些时、冰霜催折，早衰蒲柳。词赋从今须少作，留取心魂相守。但愿得、河清人寿。归日急翻行戍稿，把空名、料理传身后。言不尽，观顿首。

这两首词是顾贞观写给受“丁酉科场案”牵连而远配宁古塔的吴兆骞的。纳兰读罢此二词，深深感动于顾吴深挚的友情，当即承诺五年之内定当救得吴兆骞，并挥笔写下了这首披肝沥胆的《金缕曲》赠与顾贞观。顾贞观读着此词，恍惚间觉得，自己空度了四十载岁月。这漫长的岁月仿佛就是为了等待这一首词，等待着这位翩翩公子的到来；仿佛一曲《高山流水》，只待钟子期的到来。

此后，纳兰频有词作写与梁汾。在他送给朋友的词作之中，给顾贞观的应是最多的。纳兰的心事，唯可与梁汾道，亦唯梁汾可懂。“若有知音见采，不辞遍唱阳春”，晏殊道出了纳兰心声。

读惯了纳兰情致婉转、缠绵悱恻的小令，再来读这首慢词，宛如汉赋铺陈，一泻千里，痛快淋漓，令人耳目一新。时人皆言纳兰长调不及小令。我倒觉得，纳兰这首慢词绝对堪称佳作。

徐釚在《词苑丛谭》中说，纳兰此词一出，“都下竞相传写，于是教坊歌曲间，无不知有《侧帽词》者”。一首《金缕曲》，引得家家争唱，此词堪称纳兰成名之作。

“德也狂生耳”，起句突兀，令人陡然心惊。纳兰名性德，“德”为纳兰自称。纳兰词一贯开篇定调，直抒胸臆。一句“德也狂生耳”，狷狂之气，跃然纸上。纳兰本是生于富贵而对此不屑一顾，位居君侧而不事张扬。此一句，不似纳兰一贯内敛的词风。纳兰此“狂”，非狂家世，非狂权势。那么，其狂为何？

顾梁汾在《祭文》中赞纳兰，“浩浩落落，其以世味也甚淡，直视勋名如糟粕，势利如尘埃”。梁佩兰在为纳兰撰写的祭文中称其“黄金如土，唯义是赴；见才必怜，见贤必慕”。如此侠风俊骨，试问，世间几人可以担当？纳兰一狂，足以担当。

有一种灵魂无法超越，只可默默仰望；有一种心思无法参透，只可遥遥感知；有一种情感无法体验，只可慢慢领悟。

翩翩浊世佳公子，富贵功名皆等闲。

此纳兰也。

人皆视我为贵介纨绔，岂不知，我本与你一样，乃一介狂生。只见我，“缁尘京国，乌衣门第”，一切非我愿。谁知我，“有酒惟浇赵州土”，独自品尝知音难觅的孤独。

南北朝时的范缜说：“人之生譬如一树花，同发一枝，俱开一蒂，随风而堕，自有拂帘幌坠于茵席之上，自有关篱墙落于粪溷之侧。”此句譬喻精妙。人生如同开在一棵树上的花，有谁知，花开一枝，花落何处？不论是随风飘落到亭内座席之上，还是落到污秽之所，冥冥中自有定数。

人生贫贱富贵本无常，朋友之交亦各异。其实本无他，就如同那树上花，飘落无据而已。纳兰对于朋友，抛开门第地位之俗见，全以一颗赤诚之心相待。

梁汾后来亦为这首《金缕曲》和韵作答：

且住为佳耳，任相猜，驰函紫阁，曳裾朱第。不是世人皆欲杀，争显怜才真意。容易得一人知己。惭愧王孙图报薄，只千金当洒平生泪。曾不值，一杯水。

歌残击筑心逾醉，忆当年，侯生垂老，始逢无忌。亲在许身犹未得，侠烈今生已已。但结托来生休悔。俄顷重投胶在漆，似旧曾相识屠沽里。名预籍，石函记。

在这浊世之中，试问，有几狂生似我？独歌独行，只为寻觅那一知我者。

万事可得，唯知己难遇，无奈只得“有酒惟浇赵州土”。纳兰以平原君自期，而顾贞观则以侯嬴自诩。平原君乃“战国四君子”之一，礼贤下士、喜好交游。那出奇谋，窃符救赵，而后刎颈自尽以谢信陵君知遇之恩的便是侯嬴。

如此倾倒，乃战国士风，秦汉之后已不多见，唯有魏晋风骨可与其相提并论。

说魏晋风骨，是怎么也越不过阮籍的。“竹林七贤”之一的阮籍，“嗜酒能啸，善弹琴，当其得意，忽忘形骸，时人多谓之痴”。魏晋的名士风流，在阮籍身上尽显无遗。

阮籍是魏晋文士中放达一派，行为怪僻。服丧时居然饮酒食肉，“时率意独驾，不由径路，车迹所穷，辄痛哭而反”。《晋书》云：“籍本有济世志，属魏晋之际，天下多故，名士少有全者，籍由是不与世事，遂酣饮为常。”大有世人皆醒我独醉之态。

纳兰的“青眼高歌俱未老”中的“青眼”便是典出阮籍。人称阮籍“能为青白眼，见礼俗之士，以白眼对之”。

杜甫《短歌行》有句云：“青眼高歌望吾子，眼中之人吾老矣。”纳兰翻用其意，彼此相遇，正当盛年时，如阮籍与嵇康，青眼相待，何不慷慨高歌，举杯痛饮。不过，在举杯痛饮之余，又不禁涕泪滂沱。英雄失路，惺惺相惜，得友的喜悦、落拓的悲哀，一齐涌上心头。辛稼轩曾有句云：“倩何人，唤取红巾翠袖，揾英雄泪。”纳兰的心境，与此相类。

“君不见，月如水”，上片以景收束，这是全篇唯一的景语。那一夜，月光皎洁，凉若霜雪，似是映照着他们悲凉的情怀，还有他们笃深的友情。

一般作词，因情而景，由景而情，情景相生，此为常套。如此长调，完全不入景语，则易流于粗率。纳兰这首词直抒胸臆，重在言情，但也信手拈来一二景语，略加点染，顿有跌宕之感。

沈谦在《填词杂说》中表达了如此的观点：“长调要操纵自如，忌粗率。能于豪爽中著一二精致语，绵婉中著一二激厉语，尤见错综。”这话颇有见地。纳兰在歇拍中稍作跌宕，略写月色，豪放中，偶作情景之语。似是闲笔，却使得行文流转自如，正是纳兰情感的自然流露。

过片一句“共君此夜须沉醉”，畅快淋漓，沉郁苍凉。

如此一句酒后慨言，语出韦庄的一首《菩萨蛮》。

劝君今夜须沉醉，樽前莫话明朝事。珍重主人心，酒深情亦深。须愁春漏短，莫诉金杯满。遇酒且呵呵，人生能几何。

这词真的一般，说到底，无非一句，今朝有酒今朝醉，莫使金樽空对月。人生苦短，行乐须趁早，晚了就没有那么快乐了。

今夜，将进酒，杯莫停，与君倾一醉，同销万古愁。“身后名不如生前一杯酒”，无非是才子骚人对世事无常、仕途失意的感慨，柔情中带着些许豪气。

诗酒清欢兴味长。酒逢知己，须一倾也。

“酒”与“诗”，是中国文化不可或缺的元素。不论得意还是失意，千般情绪，尽在一吟一醉之中。

前有晏殊“一曲新词酒一杯”的安闲，李白“会须一饮三百杯”的洒然，张先“水调数声持酒听，午醉醒来愁未醒”的伤怀，而纳兰的一句“共君此夜须沉醉”，洒脱中带着沉凉。如此境界非我等俗人可比，个中滋味，亦是不可言说，只需浮一大白，然后用心默默地去感知。

遇酒须倾，莫问千秋万岁名。人生多少恨，一倾而已。做不了李太白，饮不成两相欢，能够一饮一醉一忘忧，也算落得个洒脱。

一壶春色透瓶香，两袖清风好下酒。

酒，浅斟怡情，痛饮伤身。若是没有这杯中之物，世间就会少了两种人：一种是酒鬼，逢饮必醉，醉则闹事；另一种还是酒鬼，逢饮必醉，醉则能歌。如陶渊明，把酒东篱，悠然自适。如李白，举杯邀明月，金樽对影饮。如阮籍，山谷一啸，可解风情。如纳兰，遇酒须倾，管他生前身后名。

把酒东篱，对菊而歌的陶渊明。花间独酌，飞觞醉月的李白。临风把酒，笑问苍天的苏子。面对现实的无奈，又能如何，唯求一倾一醉而已。世间多少繁华纷扰，都在那一饮一醉中化作尘烟一缕，随风散去。

梦里桃花源，只向醉中寻。酒，诗人孤独心绪的宣泄，寂寞心灵的慰藉。

纳兰平生不好结交达官权贵，更喜与清贫文士相好。君子之交淡若水，但朋友之于容若，可谓肝胆相照、休戚与共。现实的压抑，内心的愤懑，让容若常与友人举杯共醉。只可惜，醒也无聊，醉也无聊，但如能在高山流水、雅韵清音中觅得知己一人，足以慰平生。

词人总是喜欢用酒来排遣愁苦无聊的心绪。纳兰在《采桑子》中曾说，“遇酒须倾，莫问千秋万岁名”，这是看破功名的苍凉与平淡。《秋水 · 听雨》中的“谁道破愁须仗酒，酒醒后，心翻醉”，是世事无常，是失落后的感慨。

“明月几时有，把酒问青天。不知天上宫阙，今夕是何年。”苏子的把酒问青天，可似屈原的《天问》一般难以作答？中秋词，自东坡《水调歌头》一出，余词尽废。

“愁肠已断无由醉，酒未到，先成泪。”良辰美景，无人与共，如此的孤愁，唯范仲淹可语。比其在《苏幕遮》中“酒入愁肠，化作相思泪”的愁意更浓。

“为君沉醉又何妨，只怕酒醒时候，断人肠。”这是极有情调又极擅调情的风流情种秦少游说的，是在友人家当着友人的面对友人的爱姬说的。爱需要放纵，但如少游如此借酒风流者，却是少之又少。

世间美好，皆如一醉。终有酒醒肠断时。醉愈深，愁愈浓，最终沦落一场空，内心只有一个伤极至痛的空洞。这就是风流的代价。

辛弃疾隐居上饶时，常借酒遣兴，以酒消愁。一次大醉后写过一首《西江月》：

醉里且贪欢笑，要愁那得工夫。近来始觉古人书，信着全无是处。

昨夜松边醉倒，问松我醉何如。只疑松动要来扶，以手推松曰去。

说实话，这实在是算不上什么佳作，只当是词之小品欣赏即可。但词人饮酒酣醉之态跃然纸上，趣味甚浓。醉后竟觉书无用，不如眼前酒一杯。俨然爱过，痛过，发誓不再相信爱情，其实心中还是隐藏着落寞后的不甘。

更有趣的是，醉后倒在松边，还痴痴地问：“你看我喝多了吗？”看到风吹松影摇动，以为松树要来扶他，一甩手：“去，谁用你扶！”倔强得可爱，可却又隐约可见其内心的孤单与孤单背后的悲凉。

不是谁都能有这般几近痴顽的潇洒，因为我们心中，总有太多的不舍与放不下。

我们景仰他们，是因为我们不敢为的，他们却乐而为之。我们羡慕他们，是因为他们不放弃的，正是我们不得不放弃的。

屈原说过："众女嫉余之蛾眉兮，谣诼谓余以善淫。"古往今来，有才识之士被排斥不用者多如牛毛，势力小人造谣中伤者比比皆是。正所谓，"且由他，蛾眉谣诼，古今同忌"。现实既然无法改变，何必理会，不妨樽前图一醉，一醉了之。

"身世悠悠何足问，冷笑置之而已。"身世恨，何足问，只需冷笑置之。才命相负，自古有之。不论是顾贞观的遭遇，还是自己的境况，在这既污且浊的境遇之中，命运不值一提，唯有发出"寻思起，从头翻悔"的一声感叹。

纵有心期在，怎奈千千劫。待来生，定结个，他生知己。世间的真情，无外乎此，世间的无奈，一语道尽。

"然诺重，君须记"，纳兰一言，季布一诺，铮铮有声。

纳兰履行了自己的诺言，五年后，"绝塞生还吴季子"。吴兆骞得以还京。

康熙二十四年（1685）的夏天，一切一如从前，渌水亭边，夜合花摇曳似蝶。那夜，飒然风起，一片花叶飘落。纳兰的一生，短若花季，黯然凋谢。

那一年，一个孤独惆怅的身影悄然离去，空留下，一点眉间忧伤，半卷清风明月。

那一年，一个悲痛欲绝的人返回江南，辍笔谢知音，从此不再作词，再未踏入京城半步。

此后，有一人，默默地守在烟波浩渺的太湖边，在无锡惠山的贯华阁里，终其余生，整理着纳兰的遗稿。

他在兑现着不曾许下的诺言。

他相信，天上定有一双眼睛看得见。

我也相信。

谁道破愁须仗酒

雨一直下，雨滴空阶一声声，似你我遗失的心跳。

秋水·听雨

谁道破愁须仗酒，酒醒后，心翻醉。正香销翠被，隔帘惊听，那又是、点点丝丝和泪。忆剪烛幽窗小憩，娇梦垂成，频唤觉，一眶秋水。

依旧乱蛩声里，短檠明灭，怎教人睡。想几年踪迹，过头风浪，只消受、一段横波花底。向拥髻灯前提起。甚日还来，同领略，夜雨空阶滋味。

纳兰向来起笔不凡。

“谁道破愁须仗酒，酒醒后，心翻醉。”起拍一句，虽是翻自前人词句，却翻出了不一样的心境。沉醉不解浓愁，“酒醒后，心翻醉”，自是一番别样的凄清与无奈。

这一句出自宋赵长卿的《南乡子》：“谁道破愁须仗酒，君看，酒到愁多破亦难。”纳兰是直接借了赵长卿的成句。

“酒醒后，心翻醉”，醉时容易醒时难，人醒心还醉。

都知道，借酒浇愁愁更愁，但想必此话需酒后才能体会。风流如张先者，也不得不领略“午醉醒来愁未醒”的滋味。

我最喜爱范仲淹的那句“酒入愁肠，化作相思泪”。原来，借酒浇愁，姿态也可以如此凄美。与纳兰的“谁道破愁须仗酒，酒醒后，心翻醉”相比，意相近，而境大不同。纳兰的借酒浇愁，酒重意伤，愁苦不堪。范仲淹愁苦不及纳兰，却是惆怅胜之，让人黯然神伤，意韵皆美。如此意境美，为纳兰所不及。

词人作词，情由心生，有感而发。“非文人不能多情，非才子不能善怨”，顾贞观真的是很懂纳兰的。多愁善感，本就是纳兰这样才子文人的特质。尽管纳兰是一介武官，我想人们还都是把他看作文人的，他自己也认同。但凡有几许闲愁，尽需以酒消遣，此亦为文人所独钟。斟酌之间，酒兴与诗意交融，留下了许多千古美谈与佳作。

自古而今，多少人，曾用酒来驱散心中的郁闷；多少人，曾有庾信般“眼前一杯酒，谁论身后名”的酒后狂态。然而，却少有人能真正做到李白“人生在世不称意，明朝散发弄扁舟”的洒脱与超然物外？李白的天真心性我们学不来，倒是有许多人在他的“举杯消愁愁更愁”的诗意中放纵着自己。

愁来时，“为君沉醉又何妨”？料应是，“只怕酒醒时候断人肠”。

“谁道破愁须仗酒”，一语惊醒酒中人。原本，愁是我们不舍的情怀。没有了酒，愁会更孤单。

词牌《秋水》是纳兰的自度曲，是我一见便喜欢的那一种。

“秋水”，总让我想起女子的眼波流转，顾盼之间，盈盈若语，教人心动。

词题“听雨”，更是极具情绪。秋深夜正浓，窗外芭蕉窗里灯，和雨和愁，消得人憔悴。雨打芭蕉，点点滴滴，正似佳人点点泪。

“夜阑卧听风吹雨，铁马冰河入梦来”，那是暮年的陆游一腔壮志难酬。大开大阖，极具气势。

“雨中黄叶树，灯下白头人”，那是“大历十才子”之一的司空曙英雄迟暮的感叹。

“梧桐更兼细雨，到黄昏，点点滴滴”，那是李清照晚年孑然一身、颠沛流离的苦楚。

“秋阴不散霜飞晚，留得枯荷听雨声”，那是李商隐雨夜怀友的相思。

听雨，成了诗人抒发心绪的出口。

季羡林说：“听雨本来是雅人的事。”的确，非雅士绝难有此雅趣。

就词而言，最早“听雨”的应该是韦庄了。“春水碧于天，画船听雨眠”，听得意态风流、洒脱悠然。

一个深秋雨夜，林黛玉病卧潇湘馆，听窗外秋雨淅沥，不由得心生凄凉，随口吟道：“泪烛摇摇爇短檠，牵愁照恨动离情。谁家秋院无风入，何处秋窗无雨声。”

林黛玉是个有愁无伤、有情无事的闺阁女儿。有愁，也是闺中小女子的幽幽怨怨。有情，也是少怀春事的卿卿我我。感动的，只是她自己。

此种情境，融入纳兰词中，境味则大不相同，更具真情实感，更加凄婉感人。

真正能够听出雨中三昧，把雨听上层面的，应该是蒋捷。

少年听雨歌楼上，红烛昏罗帐。壮年听雨客舟中，江阔云低，断雁叫西风。

而今听雨僧庐下，鬓已星星也。悲欢离合总无情，一任阶前，点滴到天明。

蒋捷的一阕《虞美人 · 听雨》，听出了人生况味。人生境遇，尽在其中。

少年时，年少不识愁滋味。中年时，颠沛流离、悲凄苍凉。暮年时，历尽离乱后憔悴枯槁。一生的悲欢离合总无凭，听那阶前雨，点点滴滴到天明。

寥寥几笔，写出了对岁月不寻常的观感，读来使人凄然。

纳兰的听雨，境界远不及蒋捷开阔，依旧是愁苦与相思。这怪不得纳兰。乌衣门第，钟鸣鼎食，英年而逝，更多的人生经历不曾感受，这是纳兰无法弥补的缺憾。纳兰词，向来就是一己小我之情，一个人的幽幽怨怨，一个人的相思不绝。

听雨，原本就是秋深夜阑时，一个人的寂寞。

也是一个秋雨霖霪的夜，李商隐身居巴蜀之地，想起了远在长安的妻子，写下“君问归期未有期，巴山夜雨涨秋池。何当共剪西窗烛，却话巴山夜雨时”。如此质朴无华、饱含浓情的诗句，没有了唐人旧句的华丽和雄浑，质朴中透露出淡淡的思念和哀伤。

“忆剪烛幽窗小憩”，纳兰是化了李商隐句，却多了几分哀伤。在遥远的长安，还有人等待着李商隐“共剪西窗烛”。纳兰纵使如何期盼，如何遥望，“剪烛幽窗”已无期。念得伊人在，不见伊人归，唯有一叹：“甚日还来，同领略，夜雨空阶滋味。”

人生那不相思绝，声声夜雨滴空阶。那点点清落的雨声，似纳兰心底轻轻的呼唤。只盼望，遥遥处有一人，能够听得见。

总有一个人，不曾远去。总有一段情，无法泯灭。拾起，是痛。忘却，是奢。

愁未解，心翻醉。只是，一颗孤独的心却从不曾绝望。何时，能与你再剪烛幽窗。能否，再许我一段横波花底。不如今夜，来我梦里，来我窗前，同领略，夜雨空阶滋味。

词为情生，情由心生。一次听雨，一首《秋水》。词成，梦不成。词尽，情未了。情与词并生，词与情同悲。

纳兰听雨，听出了人生别离的黯然销魂，听出了夜雨空阶的相思苦楚。到最后，还是难忘那横波一段，终是遗恨花底，难教好梦留人睡，辜负了那一眶秋水。唯留得，点点丝丝愁和泪。

“吟花成绝笔，听雨罢深谭。”纳兰去后，朱彝尊在为其写的《挽诗》中，为纳兰的短暂的一生作了如此的收笔。朱彝尊的听雨，如纳兰的一生一般凄美。

如此的夜，如此的雨，总会惹人心生情绪。同样的听雨，不一样的境遇，感受也是如此的不同。

那点点滴滴的秋雨，仿佛正敲打着你我淙淙流淌的年华。声声都是岁月的回响，还有对昔日难再的痛惜与欲语还休的惆怅。似乎只有在这声声的雨滴空阶中，心灵才得以喘息，生命才再度鲜活。

雨一直下，雨滴空阶一声声，似你我遗失的心跳。

凭君料理花间课

我读纳兰，只为他的真情与痛彻心扉。我读梁汾，只为他的赤诚与执着不悔。掩卷，同悲。

虞美人·为梁汾赋

凭君料理花间课。莫负当初我。眼看鸡犬上天梯。黄九自招秦七共泥犁。

瘦狂那似痴肥好。判任痴肥笑。笑他多病与长贫。不及诸公衮衮向风尘。

这是纳兰词中，难得一见的疏狂。

纳兰小词，向来婉约。本篇却是直抒胸臆，狷狂不羁，是纳兰词中，鲜有之作。

纳兰一生，“以风雅为性命，以朋友为肺腑”，与人为交，生馆死殡，倾其所能，一向为人称道。

纳兰结交之人，“皆一时俊异，于世所称落落难合者”。这些不肯入俗者，大都为江南布衣、落拓文人。时人对此颇有微词，纳兰却是泰然视之，如其所言，“且由他，蛾眉谣诼，古今同忌。身世悠悠何足问，冷笑置之而已”。

顾贞观，号梁汾。江南落魄一才子，如纳兰，也算一例才命相负者。顾贞观之于纳兰，如子期之于伯牙，鲍叔牙之于管仲。纳兰一生，真正知己，非顾贞观莫属。

梁汾才高，清时与陈维嵩、朱彝尊二人并称“词家三绝”。其为人特立独行，恃才傲物，可谓落落与世难合者。后终因遭排挤，落职归里。他倒是看得开，自嘲道“不是世人皆欲杀，争显怜才真意”。若没有别人的争相排挤，怎显谁是真正懂我之人？可谓豁达。

顾贞观虽落魄一生，沉沦下僚，活得却是无比潇洒。得意时，“落叶满天声似雨，关卿何事不成眠”。任落叶声声萧瑟，关我何事，我自安枕成眠。不得意时，挂冠而去，恋功名何。他索性给了自己一个“第一飘零词客”的封号，聊以自遣，虽看似洒脱疏狂，却是透着难掩的落寞与惆怅。

文人大都如此，落魄于江湖，隐遁于山林，初总是心有不甘，怀着一颗进仕之心。而身在仕途，困于庙堂，却又渴望隐居山野、逍遥遁世。

纳兰亦是如此，“身在高门广厦，常有山泽鱼鸟之思”。缁尘京国视若红尘；乌衣门巷，视作布衣。身在仕途，心在江湖。何也？他自己如是说：“人各有情，不能相强。”若问我有何愿望，“恒抱影于林泉，遂忘情于轩冕，是吾愿也。”

纳兰叹，“浮名总如水”，愿“拚尊前杯酒，一生长醉”，而这只是自我慰藉而已。最后，也只能“叹光阴，老我无能，长歌而已”。空叹光阴老我，写写词，发泄发泄，仅此而已。

顾贞观仕途沉浮，拼到最后，终于得到个正七品的小官。纳兰到最后升为一等侍卫，官至三品，却没能实现自己“恒抱影于林泉，遂忘情于轩冕”的心愿。

当顾贞观无奈地挂印而去，纳兰还在那里牢骚不止。人总是心中充满欲念，总是无视自己所拥有的，而对得不到的，念念于心、耿耿于怀。

你拥有的越多，你就越是放不下，一如纳兰。一旦你了无牵挂，也就无所谓放下放不下，一如顾贞观。

不是谁都有陶渊明“采菊东篱下”的洒脱，也不是谁都有李白“天子呼来不上船”的狂妄。纳兰真的做不来，唯情一事，已是拿得起放不下。

康熙十五年（1676），顾贞观返京。这次是经国子监祭酒徐元文的举荐，入内阁大学士明珠府，任为容若弟揆叙的塾师，也就是做容若弟弟的家庭教师。就这样顾贞观得以与纳兰相遇，两人一见如故，大有相见恨晚之意。

这一年，纳兰二十二岁，新科进士。这一年，顾贞观四十岁，依旧落魄。

顾贞观生性狷介，十分狂放。进了纳兰府，按理说只管教书便是，而他见纳兰府气派十足，很是不屑，说“卿自见其朱门，贫道如游蓬户”，意思是你那朱门碧瓦与柴房草屋有何两样？

这其中自然少不了些许酸酸的味道。有时候，所谓潇洒，是无奈后的选择。

纳兰岂是俗辈？你如此潇洒，我也够叛逆。你的不合时宜，正是我所好。你不是喜欢你的茅草屋吗？于是乎，纳兰居然在相府之内建了三间草屋。建好之后，邀请顾贞观来住，还赋词一首，词中说道，“问我何心，却构此，三楹茅屋。可学得，海鸥无事，闲飞闲宿”。别问我为啥，闲着没事，我喜欢。

此等性情，令人惊到无话可说，非纳兰至情疏放者而不可为。也足见纳兰与顾贞观的关系，非他人可比。

此一生，若得友如纳兰者，足矣。

终于，我明白了，纳兰何以把自己结词成集之重任托付给顾贞观。

“凭君料理花间课”，便是纳兰对顾贞观为自己词作选集付梓的嘱托。

顾贞观也终是没有辜负纳兰的嘱托。康熙十七年（1678），他重刊纳兰词集，取“如鱼饮水，冷暖自知”之意，将《侧帽集》更名为《饮水词》。

纳兰这首《虞美人 · 为梁汾赋》是写给顾贞观的，也是纳兰自己的词旨宣言。“舒写性灵”，是容若与梁汾的填词主旨，二人可谓心有灵犀。词中可见容若对顾梁汾的信赖，也能读出纳兰愤世嫉俗的情绪。语言犀利，是纳兰词中鲜见的一类。

纳兰甚爱花间词，词中多处可见花间影子，他将填词称作“花间课”。他在给顾贞观的信中就说过，其“爱花间致语，以其言情入微，且音调铿锵，自然协律”。他是很推崇花间词的“致语”及“言情入微”的。然容若词风清丽，已经脱离花间浓艳的形迹，远非花间一派了。

清初，“八股”盛行，词非主流，甚至被称作“艳体”，多受人讥笑。所以容若说，“眼看鸡犬上天梯”，对于那些不屑于他们所填之词的“主流”人士，更是语含讥诮。

黄庭坚在《小山词序》中说：“余少时，间作乐府，以使酒玩世，道人法秀独罪余以笔墨劝淫，于我法中当下犁舌之狱。”这正是纳兰词中所说的“泥犁”之意。“泥犁”本佛家语，地狱的意思。纳兰愿与贞观携手而赴“泥犁”，大有“走自己的路，让别人说去吧”的意味。

纳兰把自己和顾梁汾喻为黄庭坚与秦少游，正如黄庭坚所言，似有与时人叫板之意。

秦少游在作词方面的艺术成就应在黄庭坚之上。王国维在《人间词话》里说，“少游词境最为凄婉”。冯煦评论秦少游的词说，“少游词寄慨身世，闲雅有情思，酒边花下，一往而深，而怨悱不乱，悄悄乎得《小雅》之遗。后主而后，一人而已”。

由此可见，纳兰词当属“黄九”“秦七”之列，旖旎凄婉。古代诗人词人常以行第相称，柳永排行第七，故又称“柳七”。“黄九”“秦七”分别指北宋的黄庭坚和秦观。

《南史》有载，南朝时，沈昭略酒醉后，路遇王约，问道：“汝王约耶？何肥而痴。”约道：“汝是沈昭略耶？何瘦而狂。”昭略抚掌大笑曰：“瘦已胜肥，狂又胜痴。”

纳兰用此典，以“瘦狂”自喻，“以痴肥”比喻那些“鸡犬上天梯”的人。

纳兰反用其典，狂放言志。“瘦狂那似痴肥好，判任痴肥笑”，有道不同不相为谋之意。

“诸公衮衮”，谓诸位公卿得意仕进，握权柄，登要津，显赫当朝。此处纳兰用杜甫《醉时歌》中“诸公衮衮登台省，广文先生官独冷”语意，有反讽之意。

纳兰，一朵兀自悠然绽放的花，遗世清绝。一个转身，黯然凋谢。“凭君料理花间课。莫负当初我”，竟成不祥谶语。

纳兰走了。顾贞观在《祭文》中写道：“伯牙之琴，盖自是终身不复鼓矣。”以子期自比。

纳兰走了，顾贞观发誓，“不复拈长短句”，又似伯牙断琴为子期。

纳兰走了，顾贞观再次南归故里。山脚下，自建三楹草屋，一改风流之态，避世隐逸，再未踏出江南半步。

家家争唱《饮水词》，纳兰心事几人知？

梁汾如此一叹，泪湿青衫。

此一生，知纳兰者，梁汾也。

我读纳兰，只为他的真情与痛彻心扉。

我读梁汾，只为他的赤诚与执着不悔。

掩卷，同悲。

谁道飘零不可怜

相思花又开，知为谁断肠？

浣溪沙

西郊冯氏园看海棠，因忆香严词有感。

谁道飘零不可怜，旧游时节好花天。断肠人去自经年。

一片晕红才著雨，几丝柔绿乍和烟。倩魂销尽夕阳前。

秋海棠，又名“断肠花”“相思花”。

那一年，沈园中，陆游与唐琬一别。唐琬送陆游一盆秋海棠，陆游问：“此为何花？”答：“断肠花。”陆游沉思良久，自语道：“此乃相思花。”

陆游走了，没有带走这盆秋海棠，而是把它留在了沈园。不知他留下的，是断肠，还是相思。

十年后，陆游故地重游，沈园里的秋海棠花开依旧。只是，唐琬已嫁赵士程。

进入沈园，陆游一眼便看到一盆花，花开红鲜，似曾相识。问园丁此为何花，答：“相思花。”陆游叹息一声，说：“此乃断肠花。”

十年风雨，人事皆非，唯有海棠颜色依旧。那娇艳多情的秋海棠，在沈园的一角，独自花开，独自花落。不知那是唐琬多情的断肠，还是陆游多情的相思？

如今，冯园的海棠花又开，一夜风雨，已是绿肥红瘦，如去年一般。纳兰又来到冯园，也如去年一般。只是，身边不再有那去年同游之人。

冯园位于北京西郊，乃明万历年间大太监冯保的园林。至清时，冯园便已开放，成为游览赏花的公共园林。每至海棠花开，文人雅士纷纷前来观赏，吟诗作赋。

纳兰自是不会落此风雅。来到园中，看着眼前海棠随风飘零，他不由得想起了去年此时携手同游的故人，还有他的《香严词》，感慨良多。

《香严词》中有句：“重来门巷，尽日飞红雨。”冥冥之中，似有灵犀。如今反观纳兰此词，同有不胜重来之感。

龚鼎孳，清时与钱谦益、吴伟业并称“江左三大家”，其时颇具文名，因居香严斋而将词集取名为《香严词》。

他的故事多有曲折，且人们也对此颇有微词。

据说，龚鼎孳沉溺声色，生活放荡不羁。闻听父亲亡故，依然歌饮流连。李自成攻陷北京时，他俯首受降。尔后睿亲王多尔衮进京，龚鼎孳又迎而受降。终因“丧失气节”而为时人所不齿，死后，被清廷划入“贰臣”之列。

“秦淮八艳”中，能得善始善终者当属顾媚了，最后她还得了个“一品诰命夫人”的封号。即使是红极一时的柳如是与陈圆圆，亦有所不及。说来，那都是缘于她与龚鼎孳的一段不被时人接受的爱情与婚姻。

因其人格的缺失，龚鼎孳仕途颇为艰难，屡起屡仆，几浮几沉。后康熙重其才，其仕途才一路看好，历任左都御史、刑部尚书、兵部尚书、礼部尚书、会试下正考官等职，可谓权倾一时。但才名难掩瑕适，他终其一生不得人正视。

龚鼎孳其人，曲直是非，后人自有论断。不论怎么评说，其堪称一代文才，却是不争的事实。

康熙十二年（1673）春，龚鼎孳主考会试，恰为容若座师。二人因此结下师生之谊，常同游冯园，赏花赋诗。可惜，就在这一年九月，龚鼎孳去世。

经年，容若重游冯园，此情此景，恍若从前。海棠花开依旧，唯独少了去年赏花人，心中顿生感慨。

龚鼎孳与纳兰同游冯园之时，写过不少赏海棠之作。在一首《菩萨蛮》中，他这样写道："那禁风似箭，更打残花片。莫便踏花归，留他缓缓飞。"

陌上花开，可缓缓归矣。而如今，却是海棠花落。看落花飘零，心生怜惜，又怎忍踏花归去。

"谁道飘零不可怜"，开篇一句，便是落花风景，凄凉之意已出。旧游时节，花开似锦，游人如织。而如今，盛景不再，花已零落，怎不教人心生怜惜?

紫陌红尘，匆匆过客。彼时花正开，谁去想花败。多少人，淡漠了曾经的美好；多少人，忘却了曾经的哀伤。而这些被我们忽略的点滴美好与哀伤，在纳兰的心里却总是可以留下深深的印痕。见海棠凋零，纳兰是怎么也吟不出苏轼"天涯何处无芳草"般的豁达。其情调伤感，他总是能把那些逝去的美好酝酿成哀伤，再如幽独的花朵，在心中黯然绽放。

一样的景致，两样的心境。"谁道飘零不可怜"这般情绪哀婉的句子，非纳兰不能道。

"断肠人去自经年"，故地重游，纳兰想起了故人。不过我看这故人却未必是曾经共游冯园的龚鼎孳。"断肠""倩魂"这样的词句用在龚鼎孳这样一个已经五十八岁的老男人身上，自是不当。想必那"故人"应是往日的情人，纳兰由此而生感伤。一句喟叹，恍若隔世。

花开正红偏着雨，历来是词人咏花之惯用手法。纳兰有"一朵芙蓉著秋雨”句。宋词人王雱有句“海棠着雨胭脂透”。可见雨湿花瓣的娇媚之态，脉脉无语，似娇羞女子流泪的脸庞，总能惹出心底最温柔的情伤。

而如今，千般蜜意，万般柔情，都随夕阳下余晖中的红雨，化成倩魂一缕，黯然归去。

古人对海棠多有吟咏，却是各有情绪。

苏东坡是极爱海棠的，“只恐夜深花睡去，故烧高烛照红妆”。爱花能到如此程度，恐怕是前无古人，后无来者了。

李清照也是对海棠情有独钟的。“昨夜雨疏风骤，浓睡不消残酒”，而她清晨起来还要关心一下院中的海棠，“试问卷帘人，却道海棠依旧”。她没有去窗前观看便回道：“知否，知否，应是绿肥红瘦。”想必，此刻的情景正是她内心的情绪。

“月夜归来，化作此花幽独。”姜夔此句，怜花之情可见。与纳兰不同的是，姜夔是乘兴归来，纳兰却是不忍归去。一般怜惜，两样心情，典型的纳兰式悲情。

纳兰的这首小词，哀婉空灵，恍惚迷离。王俨斋称此词：“柔情一缕，能令九转肠回，虽‘山抹微云君’，不能道也。”

“山抹微云君”指的是秦观，因其《满庭芳》中有“山抹微云，天连衰草，画角声断谯门”句深得苏轼喜爱，便被苏轼称为“山抹微云君”。

少游道不出容若的怅惘，容若又何尝道得出少游“伤情处，高城望断，灯火已黄昏”的凄迷？

夕阳下，海棠花落似红雨，不知归处，不问悲喜。

一瓣花开，一瓣花落。几多惆怅，几多凄迷。

那个曾经说过“执子之手，与子偕老”的人，如今已经漂泊天涯。

谁是谁生命中的过客？谁是谁生命中的轮回？前世的尘，今世的风，那些曾经的点滴寻常，美好的、哀伤的，如今，都已化作一首首词章，镌刻着经年；都已化作片片红雨，婉转飘零，鲜活着记忆。

记忆，是我们不可触碰的美好。拥有，寻常。失去，忧伤。

回首，蓦然惊觉，原来，生命中的寻常与忧伤也是如此美好。

繁花盛开，终归凋敝。那风中零落的花瓣，是对生命最凄美的诠释。

如今，相思花又开，知为谁断肠？

月之卷·似当时

276 — 297

有一种相遇，
仿佛是拾起失落已久的旧日情愫。
与君初相识，
犹如故人归。
有一种爱，
只求安然静好，
心中默默怀想，
莫管如何收梢。

辛苦最怜天上月

一次的邂逅，一夕的温柔，
足以让你用一生去守候。

蝶恋花

辛苦最怜天上月，一昔如环，昔昔都成玦。若似月轮终皎洁，不辞冰雪为卿热。

无那尘缘容易绝，燕子依然，软踏帘钩说。唱罢秋坟愁未歇，春丛认取双栖蝶。

月本无情，载不动，许多愁。

人有情思，寄之以物。

流水落花无情物，却总被人寄之以情思。那皎洁似雪的明月，当之无愧，乃物中翘楚。由古而今，它不知被寄予了多少欢喜与悲忧、痴怨与缠绵。

月亮可以用来抒情。“月上柳梢头，人约黄昏后。”朱淑真的这一句包含了几多初恋的青涩与暧昧。

月亮可以用来感慨。“春花秋月何时了，往事知多少。”这一句承载了后主李煜多少国恨与家愁。

月亮可以用来惆怅。“明月几时有，把酒问青天。”苏子把酒问青天，今夕是何年。无尽的惆怅，无以言表。

月亮可以用来潇洒。“举杯邀明月，对影成三人。”李白一句，如此洒脱，自有“天子呼来不上船”的洒然。

月亮可以用来哀伤。“人有悲欢离合，月有阴晴圆缺，此事古难全。”东坡此语一出，顿教人生出无限的感慨。可有出其右者？

月亮可以用来追忆。“辛苦最怜天上月，一昔如环，昔昔都成玦。”容若如此深情一语，谁人还敢道相思？

《蝶恋花》，唐教坊曲名，本名《鹊踏枝》，由宋晏殊改为今名。调名取自梁简文帝“翻阶蛱蝶恋花情”一句。

我极喜欢这首词的上片。只读上片，就是一首唯美伤感的情词，情真意切，爱意绵绵。词至下片，沉痛之意尽出，悼亡之意尤浓。

有时候，一次的邂逅，一夕的温柔，足以让你用一生去守候。

爱总是那么短暂，回忆总是那么漫长。情在当时不能醒，留下的唯有无限感伤。是不能醒，还是不愿醒，又有谁能分得清楚？或许宁愿守着那份痛苦和寂寞，今生不醒。似乎唯有如此，才能把往昔的爱恋与温柔深深地印刻在心底，永不消逝。

爱虽短暂，却不曾因时光的流逝而飘散，如那陈年的酒，韵味绵长、历久弥香。

月亮，开始总是充当爱情的见证，最后却成了爱情的祭奠。人有悲欢离合，月有阴晴圆缺。为了那一刻的完美，宁愿付出余生的煎熬。情人有时就似那天上月，一夕如玉璧，夕夕似玉玦。留给你的是月缺之后的漫漫等待，等待那一夕的圆满。

上天总是如此悭吝，给了容若与妻子三年的美好相守，也给了他们一生再也不得相见的天上人间的遥遥相望。相守与相望，天地遥隔。天长地久有时尽，此恨绵绵无绝期，教人如何消受？

“若似月轮终皎洁，不辞冰雪为卿热”，真乃深情人作深情语。

“若似月轮终皎洁”，纳兰化用了王次回的诗句“可怜心似清霄月，皎洁随郎处处游”。纳兰在其另一首悼亡词《沁园春》的序中借妻之口写道：“衔恨愿为天上月，年年犹得向郎圆。”此句分明也化了王次回诗句的意。

我愿做那天上的明月，无论你走到哪里，我都默默地将你追随，为你凝眸，为你皎洁。那一轮挂在天上的明月，明亮而晶莹，可似我多情的眼神，将你深情凝望？那洒落在身上婆娑的月光，可似她温柔的手，将你轻轻抚摸？

“不辞冰雪为卿热”，说的是三国荀粲的故事。

荀粲，三国时魏尚书令荀彧之子，字奉倩。《世说新语 · 惑溺》有载：“荀奉倩与妇至笃。冬月妇病热，乃出中庭自取冷，还以身熨之。妇亡，奉倩后少时亦卒。”

荀奉倩与妻感情甚笃。妻子冬日病而发热，他自立于冰雪之中以凉身体，而后用自己的身体为妻子降温。如此夫妻情深，教人感叹。后有“情若何，荀奉倩”“已倾荀奉倩”等句，指夫妻恩爱，或被用以悼亡。古人却将其编于《世说新语》的《惑溺》一篇中，其意不言自明。我倒真希望有更多的人受其“惑溺”，可惜，后人受其“惑溺”者实在寥寥。

深情真的不是随便说出口的话语。深情是我愿意付出，而你也恰好能够感受到的内心的温暖。

此刻，月光如水，似你眼眸流转的一抹温柔。你可看见我心中无尽的哀愁？

怎奈，纵使天上人间情一诺，也难免落得个，人去似春休，天上人间各自愁。

情未了，尘缘绝。心中纵有几多悔恨，几多无奈，又如何道得？燕子不解人间愁，依然轻踏着帘钩，呢喃絮语。而这满怀的哀愁向谁说？唯有在洁白似雪的诗笺上寂寞地流淌。

"唱罢秋坟愁未歇，春丛认取双栖蝶"，可谓伤心人作伤心语。

坟前为君歌一曲，曲罢心中愁未消。李贺有诗句云"秋坟鬼唱鲍家诗"。鲍家诗是指南朝鲍照的《代蒿里行》。即便感动得鬼神能歌，又奈之何？可唤得回我的心疼与爱怜，可挥得去我的忧愁与思念？

每次读到"唱罢秋坟愁未歇"这一句，内心总会隐隐为之一动，总会想到那"尘满面，鬓如霜"的苏轼，"十年生死两茫茫，不思量，自难忘"，这是一曲痛彻心扉的哀歌，在寂寂的夜，孤独地飘荡，却无人来和。

爱情给人最痛的伤不是背叛，而是思念。不离不弃的爱情美好到近乎传说。而美好的爱情总是太匆匆，曾经的美好总是在蓦然回首间，烟消云散，只留下漫长的思念。

人生太短暂，只够用来忧伤。

人生太漫长，爱已走远，留下孤寂与忧伤，在漫漫长夜中，不息地流淌。

相思相见知何日，此时此夜难为情。这一夜，愁心漫溢，痛楚在心中沉积。这一夜，一双蝴蝶在花丛中掠过，在枝头上双宿双栖。那空气中飘荡着的氤氲香气，令我沉迷。恍惚间，回到了往昔的美好与甜蜜。多么希望你与我能够像那梁兄与九妹，一起羽化成蝶，双宿双飞。

明代彭大翼在《山堂肆考》中记载："俗传大蝶必成双，乃梁山伯、祝英台之魂，又曰，韩凭夫妇之魂。"

梁山伯与祝英台化蝶的凄婉爱情故事流传已久，而韩凭的故事却并不广为人知。这是一段凄美的爱情故事，一个令人泣下的关于相思树的传说。

纳兰在一首《减字木兰花》中曾引用此典，有“若解相思，定与韩凭共一枝”句。

心花凋零，往事成空。转身，可否放得下那份痴缠？

“情在不能醒”，一语道破心中结。

缘聚缘散，如花开花落、月圆月缺。只是那相思，绵绵不绝，永无停歇。

于是，有一个叫吕本中的人，在中秋之夜，对着明月慨叹：“恨君却似江楼月，暂满还亏。暂满还亏，待得月圆是几时。”

那个“风流总被雨打风吹去”的辛稼轩也叹：“可怜今夕月，向何处，去悠悠。是别有人间，那边才见，光景东头。”

此生有情天休问，独倚小楼。独倚小楼，不信人间有别愁。今宵又是月圆时，君应有愁。君应有愁，说与明月共君愁。

辛苦最怜天上月。寻常的月圆月缺，为何平添如许哀愁？

恍然，顿悟。

原来，在世界的另一端，也有痴情一人，独自等待，独自期盼。

尘世繁嚣，淹没了，阴晴圆缺、悲欢离合。只留下，词中寂寞。

寂寞如歌，无人能和。

月似当时，人似当时否

有一种相遇，

仿佛是拾起失落已久的旧日情愫。与君初相识，犹如故人归。

有一种爱，只求安然静好，

心中默默怀想，莫管如何收梢。

鬓云松令

枕函香，花径漏。依约相逢，絮语黄昏后。时节薄寒人病酒。刬地梨花，彻夜东风瘦。

掩银屏，垂翠袖。何处吹箫，脉脉情微逗。肠断月明红豆蔻。月似当时，人似当时否。

《鬓云松令》又名《苏幕遮》。“苏幕遮”为西戎胡语，我还是更喜欢“鬓云松”，词未起，缠绵缱绻之意已出几分。

一个梨花似雪的月明之夜，一个人的独自伤情怀人。念一段黄昏的絮语，忆初次相逢的情动。

月光下，絮语绵绵，一段隐秘的快乐时光。

春意初绽，乍暖还寒，正是情窦初开时候。

夜色薄凉，无语东风，吹落梨花几瓣。枕上还留着诱人的幽香。梨花满地的小径，月光斑驳乍泄，隐约暧昧，似隐隐流露的怀春情绪。

月色暧昧，春情暗动。如何料得后来的薄寒病酒、彻夜梨花瘦。

风过愁起，惹柔肠寸断。辜负了，月明红豆蔻。昔日美好，尽随记忆散开。

所谓悲剧，就是先给你美好，再把它毁灭给你看。

古人云：“以乐景写哀，以哀景写乐，一倍增其哀乐。”纳兰的这首小词正应其道。

如此良夜，让我想起了她。

宋时，一个元夕之夜，华灯初上，花灯如昼。一个女子在人群中焦急地张望，寻找着那张灯火朦胧处，等待已久的面孔。

月与花灯依旧，只是灯火阑珊处，再也没有了曾经教人心动的那一个回眸。转身离去，只留下，一段“月上柳梢头，人约黄昏后”的美好相约，还有一个人的“泪湿春衫袖”。

“依约相逢，絮语黄昏后”，纳兰与那佳人也曾如此相约。而如今，亦是不见去年人。明月依旧，黄昏独对梨花。

纳兰的怅惘与朱淑真的无奈是如此地暗合。月似当时人不似，人面桃花错落，有情人难逃的宿命。

朱淑真嫁一小吏为妻，才不相称，志趣亦是难合。她这样的才女是忍不得平庸而不相称的爱情的，如此婚姻，最终造就了另一段悲情。然而有情人易得，却难长相守。后因与情人分手而“悒悒抱恨而终”，“其死也，不能葬骨于地下，如青冢之可吊”。有人据此猜测她有可能是投水自尽而亡，未得善终。

羡慕她的勇气，可怜她的命运。人欲求而命不得，于是，她对那段婚姻发出了这样的抱怨：“鸥鹭鸳鸯作一池，须知羽翼不相宜。东君不与花为主，何似休生连理枝。”不是在一起就是美好，不是相爱就能相伴到终老。一首小诗，否了自己一生的幸福。

幸福不幸福，还真不是自己说了算。也许纳兰要比朱淑真幸福，他毕竟曾经拥有过美好的爱情。而之于朱淑真，没有得到，也就无所谓失去。得而复失的痛苦更教人难以承受。如此说来，朱淑真也算是幸运的。

爱情，有时候，你越是心向往之，就越是落空而返。

原来，幸福与否，皆源于一颗躁动不安的心。

纳兰偏爱明月、梨花等清冷之意象，纳兰词中屡屡可见明月、梨花句。一句“东风瘦”，深得易安之妙。

李清照有著名的“易安三瘦”为人称道：“新来瘦，非干病酒，不是悲秋”“知否，知否，应是绿肥红瘦”“莫道不销魂，帘卷西风，人比黄花瘦”。

据说赵明诚读了易安的“人比黄花瘦”，心有不服，居然闭门谢客，三日填得《醉花阴》五十首，然后把易安的词掺杂其中，请好友陆德夫来赏评。陆德夫读罢，只说了一句，“只三句绝佳”。赵明诚忙问是哪三句。陆德夫答后，赵明诚哑然。正是那，“莫道不销魂，帘卷西风，人比黄花瘦”。

这故事我是不信的。李清照是何人？是名满天下的婉约词宗，词压江南，文盖塞北。人皆称，“男有李后主，女有李易安”，岂是一个赵明诚可比？

一句“人比黄花瘦”，堪称绝笔。后人虽争相效仿，却难得其神韵，怎由得赵明诚不服？

纳兰也有“三瘦”，虽比不上“易安三瘦”，也堪称妙句：“风也萧萧，雨也萧萧，瘦尽灯花又一宵”“谁怜辛苦东阳瘦，也为春慵”“划地东风，彻夜梨花瘦”。

一句“彻夜梨花瘦”，瘦尽了片片梨花，凄凉了几多长夜。最后，终将一片痴情深深地刻入骨髓。而那份对世事辗转的惆怅，唯有说与明月听。

时光流转，年华易逝。当回忆悄然来袭，清瘦的身影只能自怜自叹，独自演绎着衣带渐宽的憔悴，消受着被泪水浸染的黄昏。

物是人非空怅惘，而今不忍思量。此时再美的景致也成感伤，月与灯交织而就的花市夜景，顿成暗淡。

人间有情痴，只因情难忘。人间多忧愁，只怪那难以摆脱的回忆。

那夜，小立银屏，绿袖垂。听箫声阵阵，婉转缠绵，如那年你我悄然消逝的初恋。

初恋，是最难忘的一枚青涩红豆。不论时光怎么流转，不论美好如何被岁月沉淀，忘不掉的，依旧是初见钟情的那一眼。

“记得小苹初见，两重心字罗衣。”小山对初恋的怀念满是初见时的惊喜，不似容若这般凄凉。

其实，初恋的记忆，就如同黄昏后的一抹斜阳，虽暗淡，却是那般美好。隐没后，总会在某处深藏。

春未深，梨花落，落花不管惜花人。明朝酒醒花还瘦，几瓣还来听我吟。往事已然成空，好景偏为谁留。照尽离合悲欢，唯有明月依旧。

欲赏今宵月，须登昨夜楼，不堪愁。

时光走得太快。回眸望，旧时明月曾照处，不见旧时人，空余梨花瘦。佳期总暗忆，黄昏一相逢。可记当时双豆蔻，还有几点红。

今夜，月色依旧，却不知，是否人依旧。人间何处无春色，只是春好与谁看。

今夜，梨花落尽，明月如霜。不知幽香依旧的枕函之上，浸染的是泪水，还是月光?

有一种相遇，仿佛是拾起失落已久的旧日情愫。与君初相识，犹如故人归。

有一种爱，只求安然静好，心中默默怀想，莫管如何收梢。

又误心期到下弦

给我一颗心，让我独自悲忧。
给我一双眼，让我独自泪流。
给我一条路，却是无法行走。

采桑子

彤霞久绝飞琼字。人在谁边？人在谁边？今夜玉清眠不眠？
香销被冷残灯灭。静数秋天，静数秋天，又误心期到下弦。

思念你，我心疲惫。等待你，我心苍老。

思念与等待中，我化作一声叹息。叹息，化成泪水，滴成一首诗。我用我的诗去想你，我用我的诗去等你。

思念是一首诗。

思念，是《诗经》中“一日不见，如三秋兮”的切切等待，是“青青子衿，悠悠我心。纵我不往，子宁不嗣音”的幽幽嗔怨。

思念，是朱淑真“月上柳梢头，人约黄昏后”的满怀喜悦的期盼。

思念，是柳七郎“衣带渐宽终不悔，为伊消得人憔悴”的不悔执念。

思念，是温飞卿“梳洗罢，独倚望江楼”的寂寞，是“过尽千帆皆不是，斜晖脉脉水悠悠。肠断白苹洲”的无奈。

思念，是纳兰容若“静数秋天，又误心期到下弦”的难眠。

《采桑子》，又名《丑奴儿》《罗敷媚》，唐教坊曲。原曲名中有《杨下采桑》，调名由此而来。

填词之法，并非一成不变。我等填词，当依格律，稍有差失，则属谬误。而如果李清照给《采桑子》随便加上两个字，那就叫《添字采桑子》，故而便有了《减字木兰花》《摊破浣溪沙》等变调。

叠字句法，并不稀奇，但被易安用于词中，却很新奇，别有气格。其一首《声声慢》，“寻寻觅觅，冷冷清清，凄凄惨惨戚戚”，开篇七叠，情景婉绝，千古创格，已成绝唱。叠字之法，自古有之。远自《诗经》《古诗十九首》，后至诗之李杜、词之温韦欧晏，皆有叠字运用。然易安一口气用了七个叠字，可谓前无古人。后人争相效仿，终落雕琢痕迹，鲜有与其并美者。

词之叠句，亦始自易安。词之初始，《采桑子》二、三句本不用叠句，自易安首创《添字采桑子》而用“叠句法”后，词之声调铿锵，节奏顿挫，通篇更具回环曲折之美。

窗前谁种芭蕉树？阴满中庭，阴满中庭，叶叶心心，舒卷有余情。
伤心枕上三更雨。点滴霖霪，点滴霖霪，愁损北人，不惯起来听。

李清照的这首叠句《添字采桑子》，忧伤而哀婉，是其后期一贯的词风。词中弥漫着的就是一个“愁”字。纳兰词也是处处愁浓，愁思绵绵不断。“香销被冷残灯灭。静数秋天，静数秋天，又误心期到下弦。”纳兰这首词的叠句法，就是易安始创叠句的变体。词句平白，其景凄凉，其情沉郁，与易安词有一脉相通之妙。

纳兰的这首《采桑子》是一首怀人之作。然而此时，所怀之人，已是天上人间，难以相见。

纳兰似乎有难解的“天上人间”情结，词中多有“天上人间”句：“天上人间俱怅望，经声佛火两凄迷”“茫茫碧落，天上人间情一诺”“此夜红楼，天上人间一样愁”。句句哀音，惹生愁绪。

本词多用道家传说，上片仙道缥缈，下片复归现实。上片是孤夜难眠的思念，下片是寂寞无助的等待。

据清人笔记记载，容若有一个初恋的表妹，两人自幼青梅竹马。待到容若准备迎娶之时，她却依照满人的规矩，被选进宫里做了秀女。人皆道，侯门一入深如海，宫阙深深，更是不归路。至于这个表妹后来如何，却是语焉不详，没有确切记载。有人说她成了贵妃；而在朴月的小说《西风独自凉》中，她做了公主师，最终病逝宫中。一对有情人，终成天上人间。各种说辞，多有演义，不足为信。

孤独的寒夜，香销被冷，摇曳的残灯伴着我一个人的孤单。为何独留我在这回不来的秋天，默默地等待，静静地思念？直教相思难堪，苦不成眠。我们相守在天涯两端，怀着彼此的温暖，彼此挂念。

今夜，你在谁的身边？

今夜，你是否听得到我的呼唤？

今夜，你是否与我一样辗转反侧、对月无眠？

小楼上的月圆了又缺，缺了又圆。井边的梧桐，几番风雨，几番萧索。无数的不眠之夜，独伴着孤灯摇曳，独守着昨日的温暖，静数着秋天。满怀的期待，随那天边的月，从上弦到下弦，一次次地落空。最终都如那数不尽的落叶，片片飘零，化成无奈，飘落在这个寂寞的秋天。

起句“彤霞久绝飞琼字”，意境深渺。彤雾缭绕，似仙境一般。

道家传说中，仙人居所，彤霞缭绕，仙乐飘飘。曹唐《小游仙》诗云：“红草青林日半斜，闲乘小凤出彤霞。”“彤霞”，意指红霞。

飞琼，指传说中的仙女许飞琼，乃西王母的侍女，美艳绝伦。后泛指仙女。

据《汉武帝内传》载：“（王母）又命侍女董双成吹云和之笙，石公子击昆庭之金，许飞琼鼓震之簧。”

《逸史》亦有载："瑶台有仙女三百余人……一人云是许飞琼。遗赋诗，及成，又令改，曰：'不欲世间人知有我也。'"

传说唐开成年间，有进士名许瀍，忽遇大病，人事不省。昏迷三天后醒来，挥笔在墙上作诗一首："晓入瑶台露气清，座中唯有许飞琼。尘心未尽俗缘在，十里下山空月明。"书毕，倒头又睡。一日后再醒，把"座中唯有许飞琼"改为"天风飞下步虚声"。改罢良久，开口说话，说梦见自己去瑶台，瑶台殿中多仙女，其中一仙女名许飞琼，命他赋诗一首。看罢诗后说不想让世间知道她的名字，于是令其改诗之第二句。之后，许瀍重返人间。

纳兰用此典，想必是心中有一女子，如曹植《洛神赋》中的甄氏，翩若惊鸿。他纵有无限眷恋，却无法直道。容若心中那曼妙婉约的女子，也似那天上的仙女，却只能梦中相见。

玉清，道教三清境之一。道有三清，所指为玉清、上清、太清。另有仙女以"玉清"为名。唐传奇《独异志》中记载："梁玉清，织女星侍儿也。秦始皇时，太白星窃玉清逃入衙城小仙洞，十六日不出，天帝怒谪玉清于北斗下。"容若此词中的"玉清"应是指所思恋之人，如今已是天上人间。

"卷帷望月空长叹，美人如花隔云端。"思念弥漫如云，在银辉映衬之下，晕成了一朵缥缈幽淡的哀愁。那个久未得见的曼妙身姿，如今已是镜花水月，难以触摸。李白《长相思》中的这一句正是容若此刻心境的表白。

徐凝《和嵩阳客月夜忆上清人》中有"瑶池月胜嵩阳月，人在玉清眠不眠"句。语言天上，情在人间。想你的夜，教我怎能安眠。

过片一转，上片的云端之思，转为下片的弦月之愁。

李清照有《念奴娇》词云：“被冷香销新梦觉，不许愁人不起。”易安在“被冷香销”之夜还有梦；而容若的“香销被冷”之夜，却是孤枕难眠。看孤灯明灭，望明月圆缺。时光暗自流转，转眼已然是秋天。

心期无计，月光依然。我想起了小山“夜痕记尽窗间月，曾误心期”的遗憾。多情自有伤心人，此时，小山似容若一般，感叹着遥遥无期不得见的失落与凄然。

“云中谁寄锦书来，雁字回时，月满西楼。”李清照写下的这笔相思，与容若之“彤霞久绝飞琼字。人在谁边”异曲同工。不同的是，彼时月圆，此时月缺。无论月圆月缺，相爱之人，如若能够遥遥相望、相忆相期，总胜过银汉相隔的孤单守候。

一缕相思一寸愁，明月在时光流转中悄然变换着模样。而等待，始终在记忆的那端，独自徘徊，从不倦怠。

这世上，一见钟情者不计其数，唯有钟情不移者，方值得珍视。

爱情，说到底不是爱有多深，而是爱有多久。当一切归于平淡，而爱情仍在心底静静地流淌，一如往昔，实为爱的最高境界。而于平淡之中，自甘寂寞，仍默默地思念，苦心地等待，可谓“不朽的神话”。

纳兰容若就演绎了一场“亘古的神话”。

着意留春住，奈何春如许。昨日的笑靥，转眼间，已成空念。香销被冷残灯伴，不见玉人还。磨折人的到底是那悱恻的缠绵，还是那刻骨的思念？

谁不曾有过真心的爱恋？谁不曾有过抵死的缠绵？谁不曾有过失

魂的挂牵？可为何与你无数次的相聚总是擦肩？那曾经的两情相悦，如丝的缠绵，都在岁月中风蚀。留下的只有那残缺的碎片，再也拼不出圆满。

错过了花期，错过了一季。短暂的相拥，余生的分离。山盟虽在，一个转身，已是天上人间。这一切，是宿命的一场游戏，还是命定的一次遗憾？

也许永不相见，只留下思念与遗憾，如此，爱情才会永远，人生才会更丰满。可这却是如此教人难以承担。

犹记与君初相识，两情相悦心相知。如今，独拥冷衾，独守残灯，独自一个人静数着秋天里片片落叶，每一片都是对春的思念。春天里的誓言，无休止地在秋天的荒芜里搁浅。

聂鲁达说："当华美的叶片落尽，生命的脉络才历历可见。"那散落满地的记忆的碎片，是华美而哀伤的纪念。

纳兰，用情尤深的千古痴心人，不及苏子那般超然物外，挥洒着"一蓑烟雨任平生"的洒脱与张扬；也不像小山那样沉湎于风月，低声吟唱着"几回魂梦与君同"的沉溺与忧伤，鸳梦未醒，欢情难寄。纳兰执着而孤独地品尝着人生清苦，反复解读着宿命的追逐。

岁月经不起等待，爱情承受不住牵挂。

思念是留给岁月去等待的，牵挂则是留给爱去担当的。

爱情，最美莫过于等待，而等待却是那么难耐与无奈。

等待是爱情留下的悬念。只是，有的悬念永远也无法解开。又有谁能如容若那般无休止地期待?

爱在，期待。期待，爱在。当你不再等待，那份爱也便与期待一起消散，真的再也不会回来。

相思渺淡若云烟缕缕。相思是枝头上摇曳的一抹新绿。相思是头顶斜挂着的一枚弯月，总是在不经意间，便触动心弦。留下一个人，独自感叹，谁在谁的身边，谁静数着谁的秋天。

相思是深藏于心的无声的纠缠。眼里心里，情意绵绵，不曾改变。情愈深，思愈切。云烟轻飞，杨柳初绿，芦花飞黄，凡此种种，总惹伤怀。“香销被冷残灯灭”，怎能不哀伤？华年流逝，当时光在指间悄悄地流淌，爱悄然溜走，那份遥不可及的思念却总是在心中流淌，还是曾经的模样。

思念从来都是无可奈何的事。所以，即便是那个豪放旷达的苏轼也曾这样哀吟：“十年生死两茫茫，不思量，自难忘。”

“一日不思量，也攒眉千度”，这是柳永为思念而吟唱的一曲哀愁。

谁能将别绪轻描淡写，谁能面对别离无动于衷？“我挥一挥衣袖，不带走一片云彩”，徐志摩看似潇洒，内心却是难掩的离愁。

“死生契阔，与子成说。执子之手，与子偕老。”愿望如此美好，我们却是如此无可奈何。之于容若，更是一个美好的传说。

等待是欺人的理由，思念是自欺的借口。等待给足了自己坚守的理由，思念是隐藏在心中不被人发现的伤痕。你走出了我的生命，却走不出我的灵魂。

纳兰等待的是一扇再也不会开启的门。那些散落在时光深处的爱情，再也找不到来时的路。往事停滞，光阴已远。眼里没有泪水，心里却有一条流不尽的河。

夜痕记尽窗间月，误了谁的心期？芭蕉叶上三更雨，滴进了谁的梦里？那些美丽的文字，如今都在你我的心里，零落成片片哀愁。

是谁说，生活为你关闭了一扇门，总会为你打开一扇窗？爱情之门一旦关闭，还有谁会为你打开一扇窗？

停留在回忆里的人，不是无力自拔，而是不想转身。他唯有用思念填补心灵的空缺，用忧愁抚慰伤痛。

一个诗人说过，我们都爱过，错过，最终却没有结果。

最后，我们都没有走到最后。

有一种等待，最终收获的只有无奈。

有一种爱恋，最终沦陷了生命的空间。

思念是一种无奈，等待是一种姿态。叶落一片，又一秋天，瘦尽灯花，明月又下弦。我知道你不会再来，我只想知道你在哪里，你是否和我一样思念，是否和我一样孤单。

生命中最美好的相遇只有一次。在思念开始的瞬间，我知道再也回不到从前。只留下一个人，一个人的地老天荒，一个人的海枯石烂。

给我一颗心，让我独自悲忧。给我一双眼，让我独自泪流。给我一条路，却是无法行走。

如果，今夜你也在等待，请你带着我们的誓言，到我的梦里来。

如果，今夜你也在忧伤，请打开你的窗，任月光温柔似水，洒满你的衣裳。

如果，今夜你也在思念，此情无计可消除，请拿起你的笔，蘸着这浓浓月色，书一封红笺，轻轻地问一声：今夜玉清眠不眠？

今夜，我枕着你的名字入梦。

愁之卷・各自愁

298 — 335

漫漫人生，
谁是命运的主宰？
茫茫天地，
何处才是归宿？
转了一圈才知道，
这一生，
三分随流水，
两分为风雨，
一半在天涯。

一种烟波各自愁

一生，能与谁偷得半日闲幽，待月下西楼，相视而坐，斟一杯淡酒，吟一首小词。欢喜，安然。

南乡子

烟暖雨初收。落尽繁花小院幽。摘得一双红豆子，低头。说着分携泪暗流。

人去似春休。卮酒曾将酹石尤。别自有人桃叶渡，扁舟。一种烟波各自愁。

烟雨，繁花，小院。

一如那，杨柳岸，晓风，残月。

当情景如此交织，那凝固了的离情别绪，瞬时融化。仿佛看到柳永与爱人执手相看的泪眼，仿佛听到他“多情自古伤离别”的怅叹。

古之别离，深情款款，雅致浪漫。

一个斜阳如染的黄昏，折一枝杨柳。一处落红如雨的长亭，斟两盏淡酒。正遇晚来风急，教人如何消受。如此离情别绪，竟是这般诗意，这般情意悠悠。

我欲挽留，怎奈，一双纤纤素手，怎挽得住那正欲远行的疾风？

传说古时有商人石某，娶尤氏女，情甚笃。石远行不归，石尤氏思念成疾，抑郁而亡。临死叹曰：“吾恨不能阻其行以至于此。今凡有商旅远行，吾当作大风为天下妇人阻之。”后人称之“石尤风”。

曾经，水送横波山敛翠。如今，桃叶渡前闲兰桨。春风寂寂，落花如梦，无语泪流。

曾经，烟暖雨收时，繁花飘落处，是谁独坐那幽幽小院中，低头，轻拈一双红豆子，说分携，泪暗流。

曾经的时光，总以为是那一抹斜阳，今送西落，明朝复来。诺言正是那天际的一线残红，初遇时，真切而美好，谁又去想余晖落尽的黯淡？

人去似春休，莫问卷帘人。那些桃花旧梦，已是不堪寻。销魂处，正是一种痴心，两样眉痕。

今生可有桃叶渡，渡我一片相思悠悠？

桃叶复桃叶，渡江不用楫。
但渡无所苦，我自迎接汝。

王献之的《桃叶歌》，是他深藏于心的一段美好的时光。

王献之乃东晋大书法家王羲之第七子。相传他有一喜爱的女子名唤“桃叶”，游于秦淮之际，与献之相会。献之每每至渡口迎送，且为之作有《桃叶歌》。于是，此渡口名声大噪。久而久之，此渡口被人称为“桃叶渡”。

桃叶感献之深情，作《团扇歌》以答情。

七宝画团扇，灿烂明月光。
与郎却喧暑，相忆莫相忘。

一段流传千古的风流佳话，一朵曼妙的花，如今独在角落，幽幽绽放。桃叶已去无人顾，唯有桃叶渡，孤独伫立，荒芜着时光。

这世间，从来就没有永远。永远，相守时，信誓旦旦的诺言，最终变成遥远。遥远，离别时，执手相看的泪眼。一个转身，耗尽一生的挂牵。

世间纵有石尤风，也只是留下几许离愁、几许哀怨，却阻挡不了那一叶远去的扁舟，阻挡不了暗自泪流。

“此时愿作，杨柳千丝，绊惹春风。”子野深情一语，正似石尤氏临终的誓愿。我愿做那杨柳千丝，将你挽留。只是，这世事恰如春风，不为愁人住。难怪稼轩也要幽怨一番：“是他春带愁来，春归何处。却不解，带将愁去。”

这世间，有多少的挽留，就有多少的离愁。

最终，只留下，一般风景，两样心情，两处相思，一样离愁。

如今，我再次来到渡口，可有人来渡?

我与你，一场人生渡口的相遇与别离，一双红豆的相恋与相思。一双红豆子，空系两心同，难结长相守。云水相望难相逢，欲寄红笺去，折个双鱼总不成。

日暮风息，悄然北望，怀想那，曾经夜来听雨共枕眠。怀想那，曾经温柔偎人颤。最后，只落得，梦中独自抱影眠。

此一生，能与谁偷得半日闲幽，待月下西楼，相视而坐，斟一杯淡酒，吟一首小词。欢喜，安然。

那晚，斜晖如染，洒满她的脸庞。那晚，他牵了她的手，点点的晶莹在她的眼中闪动。那晚，他说，“等着我，我会回来”。

最终，他没有回来，唯留她伫立在渡口痴痴地张望。

人间事，总无据。落花飞絮，跌落尘埃，有谁记取。

相信，她遥望远方，定与小山一样惋叹，“相寻梦里路，飞雨落花中”。

暗忆佳期真似梦，梦断怎相逢。当时双豆蔻，还记几点红。一垂杨柳两应同。明年依旧绿，只是不禁风。

再美好的爱情，在名分面前不免落得尴尬。悠悠天地，恋恋红尘，那些花好月圆的美好故事不知在何处上演。留给我们更多的却是，梦云归去，花谢月朦胧。

纳兰词，总是镌刻着时光的痕迹。纳兰仿佛是开在彼岸的花，独自开放，独自忧伤，独自黯然凋谢在属于他的凄婉岁月中。

爱情，就是他生命中的一叶小舟，随风漂荡，始终靠不了岸。

借一缕清辉，照佳人旧影。凭栏望，那一轮明月依旧，年年岁岁月照人，纵相逢，人不似。

繁花小院，月凉如水。月光下，几片花瓣悄然飘落，带着一抹幽凉。

这如月光般洒落一地的花瓣，让我轻轻地为你拾起，揉成相思一缕，放在我的心里，就像是在留住你轻轻的依偎。

每读一首缠绵，总会忆及一段愁艳。每吟一阕哀怨，定有牵扯不尽的缱绻。每歌一曲离别，总会回到最初的依恋。

有多少次相遇，就有多少次别离。

有多少次错过，就有多少次遗憾。

爱的渡口，谁与谁相遇？谁与谁别离？

一般易到伤心处

一声叹息，叹人生，
几番离合，便成迟暮。

水龙吟·题《文姬图》

须知名士倾城，一般易到伤心处。柯亭响绝，四弦才断，恶风吹去。万里他乡，非生非死，此身良苦。对黄沙白草，呜呜卷叶，平生恨、从头谱。

应是瑶台伴侣，只多了、毡裘夫妇。严寒觱篥，几行乡泪，应声如雨。尺幅重披，玉颜千载，依然无主。怪人间厚福，天公尽付，痴儿骙女。

自古以来，曹操就是一个颇有争议的人物。治世之能臣也好，乱世之奸雄也罢，暂且不说。且说有一件事让后人猜测不休，那就是他从朔漠之地赎回了蔡琰。

蔡琰，字文姬，可谓东汉时期有名的才女，“博学有才辩，又妙于音律”。其父蔡邕，晓经史，善辞赋，通音律，是声名显赫的人物。蔡邕之于曹操，亦师亦友，可谓管鲍之交。

相传，蔡邕避难江南时，宿于柯亭。“柯亭之观，以竹为椽”，这里的椽子都是竹子做的，蔡邕一眼看到椽上的一根竹子乃“良竹也”，“取以为笛，奇声独绝”。蔡邕真可谓独具慧眼的音乐奇才。

另传，蔡邕隐居于江南吴地溧阳之时，每有郁闷，常抚琴以泄心中怅惘。一日，蔡邕正在抚琴长叹，房东在隔壁灶间烧火做饭，忽有噼啪作响之声。蔡邕闻听，心中一惊，急忙奔过去，伸手就将那块刚塞进灶膛的桐木拽了出来。端详良久，琢磨成琴，音色美妙而绝伦。

邕闻火烈之声，知其良木，裁而为琴，令人叹为观止。

因琴尾被烧焦，人们叫它“焦尾琴”。它与齐桓公的“号钟琴”、楚庄王的“绕梁琴”、司马相如的“绿绮琴”并称“四大名琴”，其美名流传千古。

另有一次，蔡邕于一友人家中做客。酒至酣时，有客人在屏风后弹琴助兴。蔡邕闻听，甚是不快：“嘻！以乐召我而有杀心，何也？”主人忙问弹琴者，弹琴者答曰：“我向鼓弦，见螳螂方向鸣蝉，蝉将去而未飞，螳螂为之一前一却。吾心耸然，惟恐螳螂之失之也。此岂为杀心而形于声者乎？”邕莞尔。

客人可谓擅音识律之人，蔡邕堪称知音者。

周瑜听弦而知曲有误，王维辨图而晓曲出处。而蔡邕闻声而明歌者意，辨音之能真的是十分了得。

蔡文姬在父亲的熏陶下，自然也是精通音律。

南朝梁时刘昭所著《幼童传》载：“邕夜鼓琴，弦绝。琰曰：‘第二弦。’邕曰：‘偶得之耳。’故断一弦问之，琰曰：‘第四弦’。并不差谬。”

于是，蔡文姬得了“四弦才女”之美名。

按理说，父贵女容，似有无限美好的故事等着他们去演绎。然而，世事难料，美好的最后，总是把最悲惨的一面剥给你看。

后来，董卓当权，笼络蔡邕，拜为中郎将，封为高阳侯，可谓荣耀占尽。

再后来，王允一个“美人计”，杀了董卓。闻听此事，蔡邕轻轻一叹。因一声叹息，他便受了连累，获罪而死。

蔡邕之死后再也没有了柯亭绝响，而那昔日的“四弦才女”今又何在？想必是，弦断无人听，唯有泪纵横。

东汉末年，战乱不断，北方匈奴趁机进入中原。“平土人脆弱，来兵皆胡羌。猎野围城邑，所向悉破亡。”由文姬的《悲愤诗》中可见其状。

最终，蔡文姬被掳去匈奴，少女时代的梦幻在她心中随风而逝。

至此，柯亭绝响，已是柯亭响绝。四弦才女，也是四弦才断。

纳兰这首题画之作，就是讲述了文姬被掳的故事。

当初，昭君出塞，嫁与呼韩邪，虽内心凄凉，却也算表面风光。而文姬却是被掳而去，饱受苦难，未来是不可知的渺茫。

那年，她二十三岁，一去十二年。

十二年，她嫁给了彪悍的南匈奴左贤王，并为其生下了两个儿子。在胡地，还学会了吹奏胡笳，作有《胡笳十八拍》传世。曲调感伤乱离，酸楚动人。

十二年，曹操扫平了北方群雄，当了丞相，挟天子以令诸侯。

当曹操得知自己的师友蔡邕的女儿被掠到了南匈奴时，他立即派周近做使者，携黄金千两、璧玉一双，把蔡文姬从朔漠之地赎了回来。

至于曹操此举出何目的，各有说辞，此中曲折，无人知晓。《后汉书》有载："曹操素与邕善，痛其无嗣，乃遣使者以金璧赎之，而重嫁于祀。"

曹操念旧，救出故友之女，也算合情合理。不过，谁又知道，曹操不是打扰了别人的幸福呢?

我们都有进退两难的时候，但是，蔡文姬却是没有选择。或者说，由不得她自己选择。离开胡地，诀夫别子。是远离故乡，还是骨肉分离，真的已经不是她自己能够选择的。

胡笳声乱，摧肝裂胆。在塞上漫天的风雪中，文姬被迫别夫离子，返回中原。一曲悲怆的《胡笳十八拍》沾满了这位妻子这位母亲的泪水与忧伤。

此时，"红颜薄命"四个字已是显得那么单薄，不足以囊括她的一生。故事里的红颜薄命，总是透露着些许浪漫而凄美的气息。而她，所嫁非所爱，命运在夹缝中喘息，可怜的尊严被玩弄于股掌之间，真的乏善可陈。

蔡文姬一生曾有三嫁，可谓命运多舛。第一次出嫁，远嫁河东卫家，丈夫卫仲道是大学出色的士子。可惜好景不长，不到一年，卫仲道便因病咯血而死。

第二任丈夫就是南匈奴左贤王。曹操将其自朔漠赎回后，又把她嫁给屯田都尉董祀。董祀，出身望族，相貌出众，且通史懂音，与蔡文姬也算相称。然而董祀却因事获罪当死，没办法，文姬面见曹操为丈夫求情，“蓬首徒行，叩头请罪，音辞清辩，旨甚酸哀，众皆为改容”。

此时，文姬放下了才女特有的清高姿态。正如那李清照，为离开张汝舟而放下才女的孤傲。文姬的行为感动了众人，也感动了曹操。最终，曹操感其诚，免董祀一死。

纳兰此词题为“题《文姬图》”，是其与吴兆骞、陈维崧、朱彝尊等人在元夕之夜相聚，面对画图命题吟咏之作。容若对《文姬图》叹文姬一生坎坷。而吴兆骞因“丁酉科场案”牵连而流放宁古塔，此词实是对其不幸遭遇的感慨。

这位绝塞生还的吴季子，余秋雨曾写有一篇有关东北宁古塔的散文，就是描写吴兆骞其人其事的。其命运虽不及文姬那般曲折，其境遇却也算惨烈。

冰天雪地，漂流异乡，吴兆骞的境遇与蔡文姬倒是有几分相似。只能说，其苦难相似，其情悲却远不及蔡文姬。

一首“题《文姬图》”，是叹文姬的一生流离，是感吴兆骞的半生苦楚，亦是伤己之身世坎坷。

名士多磨难，倾城易伤心。一面光鲜照人，一面凄楚动人。红颜自古多薄命，古来才命两相妨，更有如容若一般的情深不寿者，总之是命途多舛，坎坷艰辛。

一个孤独的灵魂，倔强地坚持着自己的真性，却又无奈地品尝着现实的残酷与辛酸，在希望与绝望之间徘徊，在此岸与彼岸之间迷惘。

放得下才名，抵不过命运的捉弄。最终，唯余一声怅叹：“须知名士倾城，一般易到伤心处。”

文姬如是，吴兆骞如是，纳兰亦如是。

吴梅村为吴兆骞写了一首《悲歌赠吴季子》。这首诗哀痛沉郁，大有《离骚》之悲。

“山非山兮水非水，生非生兮死非死。”纳兰化了此句送给文姬，“万里他乡，非生非死，此身良苦”。

蔡文姬在自己的《悲愤诗》中给出了最好的诠释：“欲死不能得，欲生无一可。”读罢无语。

活着，就是勇气。当活着都需要勇气的时候，人真的没有选择。

望里黄沙白土，遍地荒芜。她的心也随那流沙一寸一寸老去，直至寥落成废墟。

左右逢源，那是曾经的宿命；翻云覆雨，才是血淋淋的现实。文姬也好，纳兰也罢，还有那身处绝塞的吴季子，有谁能够自己将命运把握？

纳兰也曾屡次扈从出关塞外，但他始终是过客，回头便是故乡。文姬却是一路向北，纵使回头望，故乡渺渺，不知何时是归期。

“应是瑶台伴侣，只多了、毡裘夫妇。”本是汉家伴侣，却穿上了胡人的嫁衣。此时，纳兰所想，可是那，死者长已矣，生者却流离？

觱篥笳声起起落落，催生乡泪几何。面对《文姬图》，纳兰不禁感慨文姬的境遇曲折，竟然与自身的酸楚是那么契合。

恨苍天，名士曲折尽沉沦，倾城无主多坎坷。人间厚福，尽让痴儿呆女占得，唯有空叹，才命总相负，奈之何。

苏轼也曾慨叹：“人皆养子望聪明，我被聪明误一生。但愿生儿愚且鲁，无灾无难到公卿。”虽有调侃味道，却也道出了面对世道不公的无奈。

纳兰一生在情中辗转，文姬一生在苦中挣扎。文姬情殇之后又遇国破；而纳兰鲜衣怒马，钟鸣鼎食，却深陷情中不能自拔。

如今，我们已看不到那幅《文姬图》。然而，字里行间，俨然可见，蔡文姬伫立在寒风凛冽的大漠之上，遥望南方，在清冷的笳声中，流下乡泪两行。

人之一生，唯有故事是属于自己的，是真实的。未来，谁又敢说能够自己把握？故事已无法回头，唯有那几分执着、几分迷惘依旧在前方，默默等待。

漫漫人生，谁是命运的主宰？茫茫天地，何处才是归宿？转了一圈才知道，这一生，三分随流水，两分为风雨，一半在天涯。

平生恨，从头谱。

一声叹息，叹人生，几番离合，便成迟暮。

一事伤心君落魄

有的人来了，不悲不喜，
不留下任何痕迹，就如他不曾来。
有的人走了，留下一个人的一场情殇，
两个人的累累伤痕，
一生也没能走出一场情的劫难。

金缕曲·姜西溟言别，赋此赠之

谁复留君住。叹人生、几番离合，便成迟暮。最忆西窗同翦烛，却话家山夜雨。不道只、暂时相聚。滚滚长江萧萧木，送遥天、白雁哀鸣去。黄叶下，秋如许。

曰归因甚添愁绪。料强似、冷烟寒月，栖迟梵宇。一事伤心君落魄，两鬓飘萧未遇。有解忆、长安儿女。裘敝入门空太息，信古来、才命真相负。身世恨，共谁语。

“叹人生、几番离合，便成迟暮。”一语既出，道尽苍凉。

光阴似水，人生若梦。几番聚散，已是流年偷换，回不到从前。

以为岁月静好，时光悠然。却不知，倏忽间，一个转身，便轻易地错过了一世的情缘。待回首，残阳下，一个苍凉的背影，两鬓萧萧，不觉人生已迟暮。

纳兰容若，一个疏花般寂寞的男子，一生痴情，半生寂寞。寂寞难掩苍凉，虽有解弦知音者，却总是，留君不住。满怀悲凉，能与谁人诉？

有的人来了，不悲不喜，不留下任何痕迹，就如他不曾来。

有的人走了，留下一个人的一场情殇，两个人的累累伤痕，一生没能走出一场情的劫难。

人生，就是相遇与别离轮番上演的一出戏。相遇，别离。别离，相遇。悲喜交织，总是猜对了开始，猜不到结局。

纳兰的一生，就是一部命定的悲剧。一幕幕的悲欢离合，总是让人分不清戏里戏外。不觉之间，与其同悲。

姜宸英，字西溟，江南落魄一才子，生性疏放，时人视之为“狷狂”。其善词章，工书画，与朱彝尊、严绳孙并称“江南三布衣”。他虽颇有才名，却屡试不第，七十岁时终于考中进士。经老师徐乾学引荐，容若与其相识，遂成一生莫逆。

对于心性敏而多情的纳兰，生命中的每一次聚散，不论是与情人，还是与朋友，都能够触动他多情易感的情绪。

康熙十八年（1679）秋，西溟离京返乡，奔母丧。纳兰作了这首《金缕曲》赠予他，以示惜别与安慰。

上片写送别，却不见离愁别绪的铺陈与渲染。开篇直叹人生苦短，离合悲凉。起笔独出机杼，不落窠臼。

下片尽展容若对西溟的安慰之情，委婉有致，一以贯之，真情可感。

“最忆西窗同翦烛，却话家山夜雨”，“滚滚长江萧萧木”，客若借用李商隐、杜甫之句，表达了对朋友离去的怅惘。何时西窗共翦（今多言“剪”）烛，此一去，似长江滚滚、木叶萧萧，归期渺渺。

“裘敝入门空太息”，此句典出《战国策 · 秦策一》。苏秦“说秦王书十上而说不行。黑貂之裘敝，黄金百斤尽，资用乏绝，去秦而归”。后以此典形容为功名奔走，其志未酬。此处是说西溟不第而归，空自叹息。

“信古来、才命真相负。”纳兰一叹，叹的不只是西溟，想必还有他自身的境遇。

我想起了纳兰为姜西溟写的另一首《金缕曲》。

康熙十八年春，西溟博学鸿儒科因故未试，甚是懊恼。纳兰作《金缕曲 · 慰西溟》以慰之。这阕词堪与“赠梁汾”那阕媲美，情真意切，毫不矫揉做作。

何事添凄咽。但由他、天公簸弄，莫教磨涅。失意每多如意少，终古几人称屈。须知道、福因才折。独卧藜床看北斗，背高城、玉笛吹成血。听谯鼓，二更彻。

丈夫未肯因人热。且乘闲、五湖料理，扁舟一叶。泪似秋霖挥不尽，洒向野田黄蝶。须不羡、承明班列。马迹车尘忙未了，任西风、吹冷长安月。又萧寺，花如雪。

读着纳兰写给西溟的这首《金缕曲》，我想起了唐时那位田园鼻祖孟浩然。

唐玄宗时，年已四十的孟浩然应试不第。一日，正郁郁不欢，竟偶遇玄宗，可谓天赐良机。唐玄宗早已闻其才名，意欲一试，命其作诗。于是，孟浩然随口吟了一首自己的得意旧作。当孟浩然吟到“不才明主弃，多病故人疏”一句时，玄宗勃然作色，说道：“卿不求仕，而朕未尝弃卿，奈何诬我。”你这分明是在埋怨我不是善于识才的明主嘛。你这样不求上进，我都不曾放弃你，你却来埋怨我。说罢，未待孟浩然反应过来，唐玄宗拂袖而去，留下孟浩然怔然而立。

诗人都有几分天真，如孟浩然，如王维，如李白，总是祸从口出。惹祸上身了，自己还没摸着头绪呢。

就这样，一句“不才明主弃，多病故人疏”，换得唐玄宗一句“奈何诬我”。似那柳永，一句“忍把浮名，换了浅斟低唱”，换得宋仁宗的一句“且去填词”。柳永的那一句，多少还有些诗人的狂妄与洒脱。而对于孟浩然的诗句，除了“不合时宜”四个字，我真的无话可说了。一句牢骚断送了自己的前程，孟浩然的仕途就此画上了句号。

有时，我们缺少的不是才华，是机遇。但当你既有才华，又不缺少机遇时，却又可能落入性格的掌股。柳永过于嚣张；孟浩然多少有些天真；姜西溟除了有些狷狂，多少还少了点运气。

姜西溟善古文，康熙闻其才名，欲加以重用。其时，正值康熙开博学鸿儒科，广纳汉族文士。与试者，不论仕否，只需由在京三品以上官员先行举荐，便可入京参加殿试，录取者授翰林院官。西溟此时已获得了掌院学士叶方蔼的举荐承诺，可谓万事俱备。

命运有时就是如此诡异，令人无可奈何。考试之前，叶方蔼突然被召入宫面圣，一去竟然是一个月。待他出得宫来，考试早已结束。西溟就此无缘殿试，由此而衣食无着，流落京师。此时，纳兰及时地给予他帮助，馆之于千佛寺。如他自己所言：“我蹶而穷，百忧萃止。是时归兄，馆我萧寺。”纳兰还作了这首词来安慰他，说功名不由人，不必太过介怀。

世事本如此，由来才高受磨折，自古圣贤皆寂寞。失意每多如意少，天妒英才，福因才折。

向来看淡名利得自由，方能独卧藜床看北斗。正如《论语》所言，“不曰坚乎，磨而不磷。不曰白乎，涅而不缁”。受磨砺而不粗糙，得玷染而不污浊，此乃真君子。然而，姜西溟非淡泊名利者，纳兰也非看破红尘之人，受的世事折磨，也怪不得别人。

“丈夫未肯因人热”，语出《东观汉记 · 梁鸿传》：“比舍先炊已，呼鸿及热釜炊。鸿曰：‘童子鸿，不因人热者也。’灭灶更燃之。”

邻居家做完饭，让梁鸿直接用其热灶做饭。他却不领情：“我虽是个孩子，也不能借他人之火来做饭。”于是，灭掉灶火，自己再点燃。

灶火事小，气节事大，大丈夫岂能借他人之力而成就自己的理想。梁鸿少时品性就如此高洁。容若的确会安慰人，这话听着心里熨贴，很是舒服。我只是想，那梁鸿是不是有点不识抬举，小题大做呢？

“谁见鸱夷子，扁舟去五湖”，“不然拂衣去，归从海上鸥”。不如像陈子昂所言，学那范蠡，功成名就，激流勇退，扁舟一叶去五湖，成就个千古佳话。

昔去雪如花，今来花如雪。岁月风尘，从不待人。西风吹冷长安月，却不能吹冷姜西溟那颗热衷功名的心。

容若以己推人，劝慰姜西溟，何苦去争那“牢笼豪杰”。可惜，容若苦心一片，也不能动摇姜西溟的功名之心。

他不是顾炎武，不是黄宗羲，更难有傅山风骨，学不得他们的潇洒拂衣去。五湖料理学范蠡，亦绝非西溟所愿。范蠡的识势明断也不是他可以学得来的，他的功名之心从未泯灭。

说到姜西溟因未能参加殿试而懊恼，我又想到了容若的另一好友严绳孙。在朋友们的劝说之下，他虽无奈地参加了博学鸿儒科的考试，却中途忽有所感，弃卷而退。谁能料到，最后，因康熙怜其才，他竟以这一纸残卷而获授检讨官职，简直令人啼笑皆非。毕竟此亦非其所愿，后来，严绳孙留下一句“君看沧海横流日，几个轻舟在五湖”，辞官而去，回到江南，游自己的山水，画自己的画去了。严绳孙学范蠡倒是学得很像。

欲得者不能，无求者偏来。这就是命运。

纳兰对待朋友可谓是肝胆相见。但尽管姜西溟对纳兰的劝慰似乎不是很买账，纳兰却是一念到底，每遇变故，总是直言相慰。姜西溟在母丧之时，返归故里奔丧，纳兰还作了一首《潇湘雨 · 送西溟归慈溪》以安慰他。

长安一夜雨，便添了、几分秋色。奈此际萧条，无端又听，渭城风笛。咫尺层城留不住，久相忘、到此偏相忆。依依白露丹枫，渐行渐远，天涯南北。

凄寂。黔娄当日事，总名士如何消得。只皂帽蹇驴，西风残照，倦游踪迹。廿载江南犹落拓，叹一人、知己终难觅。君须爱酒能诗，鉴湖无恙，一蓑一笠。

一夜冷雨，平添秋色几许。草木萧疏，更添几分别样情绪。

纳兰所交皆江南异士，即使身在仕途，亦是落落寡合。偶有遭贬谪者，再有家之变故，总在聚散间转折。故纳兰与他们聚少离多，每每有知己之叹。

“君须爱酒能诗，鉴湖无恙，一蓑一笠。”一壶酒，一叶舟，一蓑一笠，独钓江湖之上，诗酒人生，何其潇洒。这是纳兰对朋友的宽慰，也是自己理想化的人生姿态。

姜西溟当然没有按纳兰给他规划的人生之路去行，他仍为功名而不知疲倦地奔走。终于，康熙三十六年（1697），中得进士。这一年，姜西溟已年届七十。这一年，距容若劝慰他，已然过去了二十多年。

康熙三十八年（1699）发榜后，落第诸生作诗揶揄道：“老姜全无辣味。”其后，科场案发，西溟因受牵连而下狱。狱中，他回首人生，回味纳兰所言，似有领悟，自尽于狱中。

然造化弄人，后来，康熙查此案不实，传旨，赦其无罪。可惜，西溟没等到圣旨到达的那一刻。

临终前，他写下了这样一副对联，算是为自己的一生作结：

这回算吃亏受罪，只因入了孔氏牢门，坐冷板凳，作老猢狲，只说是限期弗满，竟挨到头童齿豁，两袖俱空，书呆子何足算也；

此去却喜地欢天，必须假得孟婆村道，赏剑树花，观刀山瀑，方可称眼界别开，和这些酒鬼诗魔，一堂常聚，南面王以加之耳。

语句间，似有看破世事之意。

当写下这几分戏谑、几分悲凉的绝笔时，姜西溟是否想起了当初纳兰“君须爱酒能诗，鉴湖无恙，一蓑一笠”的劝慰？

有人用长长的伏笔来铺设他最后的归路。

有人以惊艳的词章来祭奠他一生的寂寞与悲凉。

此一生，有失去，亦有得到。

失去的，是你想得到的。

得到的，是你想放弃的。

是为命，不可求。

睡起欲写两眉愁

心里，总有个地方，思念可以隐藏。远方，总有个角落，青鸟难以抵达。待相逢，细把相思说。

诉衷情

冷落绣衾谁与伴，倚香篝。春睡起，斜日照梳头。欲写两眉愁。休休。远山残翠收。莫登楼。

今夜，你又来到我的梦中。却不知，谁在你的梦里。没有你，我便了无生机。无由地，我又开始想你。

纳兰这阕小词，颇有花间味道。

这首闺阁春愁小词，让我想起了温庭筠的《望江南》：“梳洗罢，独倚望江楼。过尽千帆皆不是，斜晖脉脉水悠悠。肠断白苹洲。”

飞卿一首言浅意浓的闺怨小词，短短二十七个字，含蓄地描摹出思妇的千般柔情，倾倒了古今多少多情男女。

独倚望江楼，寂寞数归舟。其情殷殷，其思切切，却是满怀相思空化作一江春水悠悠。一种凄清的美。

温庭筠深谙妇人心思，寥寥几笔，写尽思妇不尽情思，而成千古绝唱。

人说花间词香艳奢靡，脂粉气浓。而飞卿此词，却是去尽浮华，情真意切，毫无矫饰之态。

《诉衷情》原为唐教坊曲，正是温飞卿所创，后用为词牌名。温飞卿创此调时取《离骚》诗句“众不可户说兮，孰云察余之中情”之意。后来毛文锡也作有一首《诉衷情》：“桃花流水漾纵横，春昼彩霞明。刘郎去，阮郎行，惆怅恨难平。愁坐对云屏，算归程。何时携手洞边迎，诉衷情。”因其一句“桃花流水漾纵横”，故又名《桃花水》。

观纳兰《诉衷情》，确有几分飞卿笔意。清淡之中，蕴藉有致。

纳兰笔下的女子，有几许淡淡的愁情，“春睡起，斜日照梳头。欲写两眉愁，休休”，像极了温飞卿的“懒起画蛾眉，弄妆梳洗迟”。

春日迟迟，女子一人，绣衾冷落无人伴，独眠还独起。幽枝无依，百无聊赖。欲把纤眉临镜画，罢了，罢了，画了双眉谁与看？女子慵懒之态尽显。

瘦应缘此瘦，羞亦为郎羞。为君画眉，为君愁。画眉也罢，愁也罢，难掩的，都是那欲说还休的心事。

薄暮小窗深，独自倚着栏杆，望着窗外，远山在斜阳下渐渐暗淡。何必再登楼，小楼独倚惹人愁。

就像温飞卿词中的那个女子，独倚望江楼，望穿秋水。怎奈，高楼凭目断，山水几相逢？过尽千帆皆不是，空自守望，空自断肠。

舒婷说，“与其在悬崖上展览千年，不如在爱人肩头痛哭一晚”。然而，这哭一晚的想法有时也是奢望。想世间，多少女子在那高楼上痴痴等待，如那望夫石，一世孤单地守望。

女人之美，美在颜面。这话不是我说的，是清朝的大才子李渔说的。他接着又说，颜面之美，头发最重要。

都说，女人梳妆时最动人。中国古典诗词之中，多有女子梳妆句：

“懒起画蛾眉，弄妆梳洗迟。”

“天气困人梳洗倦，眉尖。淡画春山不喜添。”

“卷尽愁云，素娥临夜新梳洗。”

就连苏东坡这样的豪放一派，也作有“夜来幽梦忽还乡，小轩窗，正梳妆”这样婉约的梳妆句。想起已经不在的妻子，最熟悉的竟然是她梳妆的情景，教人情动而感伤。

原来，梳洗之事，都是有情绪在里面的，更多的是愁绪。

这首词承袭了花间词风。纳兰容若，温文尔雅，乃多情的风流公子，学词之初就极爱花间词。作此小词，可谓得心应手。但比起温飞卿的《望江南》，还是力有不逮。

同样的斜晖残翠，飞卿断肠句一出，把相思写到绝处，令人心痛。纳兰词中的，思妇心思极尽婉约，但却远不及飞卿的这首来得深沉真切。

好的词句，情真意切，意境皆美，蛊惑人心，如顾夐的《诉衷情》中那一句“换我心，为你心，始知相忆深”。读来平淡，细品惊艳，直抵人心。

心里，总有个地方，思念可以隐藏。

远方，总有个角落，青鸟难以抵达。

待相逢，细把相思说。

独自闲行独自吟

死生契阔，与子成说。
与子成说有几人？
最后都成了传说。
执子之手，与子偕老。
究竟有多美好？
最后都在遥望中终老，在思念中成奢。

采桑子

明月多情应笑我，笑我如今。辜负春心。独自闲行独自吟。

近来怕说当时事，结遍兰襟。月浅灯深。梦里云归何处寻。

如若，沧桑需要岁月的打磨，孤独需要情感的空落，纳兰则是个例外。

纳兰其人，至情至性，终其一生，骨子里总是浸染着忧伤与哀愁。纳兰其词，词风凄婉，哀感顽艳，语句中总是透露着无尽的落寞与孤寂。这本是一种经历岁月沧桑之后才能获得的人生感悟，之于纳兰，却是一种与生俱来的幽独。

赵秀亭评此词：“此阕多用晏几道语意，当为写情之作。”

月夜思人，意境迷离惝恍，带着几许幽怨、几许怅惘，确有几分小山词的味道。

人皆称纳兰乃清之晏小山，想来两人确实多有相似之处。他们同为富贵之身、权相之子；同样情感细腻，是多情之人。两人皆性情中人，一生疏狂磊落。且两者情路坎坷，都有令人心生悲悯之情事，同被称作“千古伤心之人”。

不过，我觉得，两人之情不可相比，可谓一种凄婉，两样情怀。

就词而论，二人虽都是走清嘉妩媚的路数，皆擅写情词，将艳词小令写到极致。然小山是寄情于诗酒风流，缠绵悱恻；纳兰是情真意浓，哀怨欲绝。

二人情词，皆有所系。然小山情之所系何人？歌伎，还是朋友家的。小山经常去好友沈廉叔、陈君宠家玩耍。有莲、鸿、苹、云歌女四人，容貌姣好，歌声婉转。小山甚是喜爱，每填一词便交给她们演唱。小山与陈、沈二人“持酒听之，为一笑乐”，心中却是暗暗喜欢上了这几个惹人怜爱的尤物。自此，他便与她们结下了难剪难理的情缘，频有相思寄于词端，留下了“落花人独立，微雨燕双飞。记得小苹初见，两重心字罗衣”这样缠绵悱恻、艳丽绝伦的词句。而自陈、沈二人去世后，莲、鸿、苹、云也各自散去了。“从别后，忆相逢，几回魂梦与君同。今宵剩把银釭照，犹恐相逢是梦中”，偶有相逢，宛如梦中，小山还是恋恋不舍。

小山的恋情，多是未果的情愫。得到的，或是落花有意、流水无情的单相思，或是两情相悦却不能相亲的苦楚。

小山的爱情，是独语般的倾诉，仿若一个人的独角戏。

纳兰的爱情，是真情的投入与流露，更教人感动。

爱情，是一种遇见。只有初见的那一刻最美好，最值得珍惜。

爱情，是一种失去。只有失去的爱情最值得玩味，值得回忆。

纳兰遇见了沈宛。于是，爱情又重新开始萌芽，心又一次开始沦陷。遇见成了最深的伤痛。

纳兰失去了沈宛。于是，爱情变得更加痛彻心扉。失去成了最永远的美好。

本篇或是纳兰在沈宛离去之后所作，词中多有自责之意。

多情明月应笑我，笑我无情，笑我辜负了她对我的一片柔情。如今她已离我远去，我只能独自一人漫无目的地前行，独自一人悲伤地吟唱。

“明月多情应笑我”，起首一句出自苏轼《念奴娇 · 赤壁怀古》：

“故国神游，多情应笑我，早生华发。”借句不借意，东坡是自嘲，纳兰是自责。

当初不堪回首，曾经我们情投意合、相亲相爱。如今在惨淡的月光下，在暗淡的灯影里，你就像梦里悠悠飘去的一朵云彩，无处追寻。

上片以嘲笑口吻直抒自己如今辜负情人深情，表面上看起来风流自赏，实则悔恨交加。痛惜自己从前没有珍惜幸福时光，而今情人离去，只能独自承受离别的痛苦与孤独。

这个世上，从来不缺少孤独的人，缺少的，是孤独的心。

朱淑真是孤独的。

独行独坐，独唱独酬还独卧。伫立伤神，无奈轻寒着摸人。

此情谁见，泪洗残妆无一半。愁病相仍，剔尽寒灯梦不成。

朱淑真的孤独来自内心情感的空缺。

陆龟蒙是孤独的。

新秋霁夜有清境，穷檐病客无佳期。生公把经向石说，而我对月须人为。

独行独坐亦独酌，独玩独吟还独悲。古称独坐与独立，若比群居终较奇。

陆龟蒙的孤独中似有一种恃才傲物之感。不过，再怎么样的清高自傲，最终也只是对月相怜，独坐而悲，孤芳自赏而已。抛得开入仕登科的念想，却超脱不了红尘漫漫的痴缠。

“兰襟”，指佳人的衣裳。金人元好问有诗：“兰襟郁郁散芳泽，罗袜盈盈见微步。”仿佛看到水中的仙子，衣袂飘飘，风姿绰约。

纳兰词中的“结遍兰襟”则是用了小山的词意。

别来长记西楼事，结遍兰襟。遗恨重寻，弦断相如绿绮琴。

何时一枕逍遥夜，细话初心。若问如今，也似当时着意深。

纳兰此首《采桑子》与小山这首词境相近，都写一段失落的情感。

都说纳兰与小山相类，词中情绪，可见一二。

纳兰首句，更是可见小山“莺花见尽当时事，应笑如今。一寸愁心”的影子。

曾经的情缘，随风而逝，念此唯有黯然。明月多情，用它的一身素华安慰受伤的心。但多情的明月，恐怕也要笑我，笑我如此多情。

风中伊人，婉静如菊，奈何，轻辜负。让我不禁又拾起纳兰那淡淡的一句，“忆当时，垂柳丝。花枝，满庭胡蝶儿”。如今，唯有空作相思字。

当繁花落去，落寞的小径上，曾与自己唱和吟诵、相依相偎的倩影，如今已隐隐化成了心中永远无法触及的虚空。

这世间，最深的伤痛不是得而复失，而是追悔莫及。

小山有《清平乐》一首：“梦云归处难寻，微凉暗入香襟。犹恨那回庭院，依前月浅灯深。”

纳兰歇拍一句“月浅灯深，梦里云归何处寻”，意境全出自小山。借句借意，境相通，情相近。

当时明月在，曾照彩云归。今夜又是，明月多情，静待云归。只可惜，明月多情依旧在，不知何处是归人。

佛曰：前世五百次的回眸，才换得今生的一次擦肩而过。擦肩亦是一种缘分。缘如云水，去住无凭。聚也是缘，散也是缘。

死生契阔，与子成说。与子成说有几人？最后都成了传说。

执子之手，与子偕老。究竟有多美好？最后都在遥望中终老，在思念中成奢。

生活可以改变我们的选择，却改变不了深藏于心的挂牵。

纳兰一生，诗意地活着，栖息在自我的彼岸，不再回转。

此岸，彼岸。多情，无情。

有心有岸，无心上岸。

嫩寒无赖罗衣薄

花开到荼蘼，难说再见。

酒泉子

谢却荼蘼，一片月明如水。篆香消，犹未睡，早鸦啼。

嫩寒无赖罗衣薄，休傍阑干角。最愁人，灯欲落，雁还飞。

有人说，纳兰此词，“情词凄婉，似韦端己手笔”。

韦端己何许人也？其乃花间翘楚，与花间鼻祖温庭筠并称“温韦”的韦庄。陈廷焯如此评价，说明纳兰词还是极具花间味道的。

纳兰是极喜欢花间词的。他曾自言，“爱花间致语”，甚至把与友人一起赏月吟风之所命名为“花间草堂”，将填词唤作“花间课”，足见纳兰对花间词是非一般地喜爱。这首《酒泉子》也确是语句香软、花间意浓。

韦庄也写有一首《酒泉子》：

月落星沉。楼上美人春睡。绿云倾，金枕腻，画屏深。

子规啼破相思梦，曙色东方才动。柳烟轻，花露重，思难任。

纳兰的这首小词，与韦庄此词相比，词境确有相似。不过，韦庄词，花间意味更浓。极力铺陈渲染是花间词的一个通病。有时，过于着力，反倒失去美感。意象过于明确，便剥夺了我们的想象空间，词境流于浅白。“绿云倾，金枕腻”，如此露骨的腻语，奉婉美为宗的纳兰无论如何也是说不出口的。纳兰的这阕《酒泉子》并未着力煽情，情绪顺势而就，读来更令人感动。

荼蘼，蔷薇科蔓生灌木，春末花开。

花开到荼蘼，人间芳菲尽。荼蘼俨然春天的最后一抹娇颜，一种末路之美。

《红楼梦》中《寿怡红群芳开夜宴》一回，众女子为宝玉祝寿，酒兴时，便行起了“占花名”酒令。八人分别掣八支签，轮到麝月抽最后一签，“麝月便掣了一根出来。大家看时，这面上一支荼蘼花，题着‘韶华胜极’四字。那边上写着一句旧诗，道是：‘开到荼蘼花事了。’注云：‘在席各饮三杯送春。’麝月问：‘怎么讲？’宝玉愁眉，忙将签藏了，说：‘咱们且喝酒。’”

“开到荼蘼花事了”，这句谶语般的诗句出自宋时王琪诗：“一丛梅粉褪残妆，涂抹新红上海棠。开到荼蘼花事了，丝丝天棘出莓墙。”诗中字句，俨然是这春天最后一抹花语。

宝玉自觉这签不吉利，便悄悄将其藏了起来。但命运却无法掩藏，谁能想到，陪伴他到最后的正是那抽得“开到荼蘼花事了”这一签的丫头麝月。终了，他还是撇下红尘，皈依了佛门。曾经围绕在身边的花一般的女子悉数散尽。“韶华胜极”，一语成谶。

苏轼说：“荼蘼不争春，寂寞开最晚。”花开到荼蘼，已是春尽时。韶华胜极，盛极而衰。心性敏感的宝玉似是嗅到了大观园里悲凉的味道。

谢了荼蘼春事休，只留下一缕余香，一半在枝头，一半在心头。纳兰开篇一句“谢却荼蘼”，已有悲凉味道，似佳人离去，顿教人心绪黯然。

花开荼蘼，韶华胜极，几近绝望的情绪。这绝美到残酷的花，此时，正契合了纳兰落寞的心境。这一枝谢却的荼蘼，就是开在纳兰心中最后的花朵。春已远，爱已逝，生命中最绚烂的一季就此宣告结束。至此，心字成灰，心境荒芜。

“昨夜闲潭梦落花，可怜春半不还家。”自古道，离情苦，但张若虚笔下的离情别绪却有别样风情。而纳兰笔下的离情则完全不似那“落月摇情满江树”般的唐人风骨。优雅中透露着感伤与凄苦，典型纳兰词风。

“月下看荼蘼，烛下看海棠”，陆游说，“荼蘼暗处看，纷纷满架雪”。

白色的荼蘼，映着如水的月色，花落纷纷，似那暮色般淡淡的忧郁。花已落，娇颜不再，心中油然而生悲戚。美好的春光随着荼蘼花谢而谢幕，只留下这惨淡的如水月色。只是，不知那月下的花魂着落何处。

月如水，花似梦。梦中，一个人独自忧伤。

篆香尽，天欲晓，春梦未觉。一个人的夜，分不清是梦还是醒。任思绪在篆香中弥散，篆香消，相思起。一声乌啼惊梦回，人不见，愁还在。恍然若失，黯然神伤，由此而悲生。

愁与梦相兼，似梦还非梦，一如韦庄《女冠子》的境味，“昨夜夜半，枕上分明梦见。语多时。依旧桃花面，频低柳叶眉。半羞还半喜，欲去又依依。觉来知是梦，不胜悲”。

梦中，我与你相遇，我与你别离。纵然如此，我也想一梦不醒。因为，梦中有你。

“倚楼人在阑干角，寒夜手冷罗衣薄。”张先《醉落魄》中的词句，像极了纳兰词境。罗衣不耐轻寒，偏偏独倚阑干，由心而生寒凉。

李后主说，“独自莫凭阑”，是怕那，“别时容易见时难”。纳兰的“休傍阑干角”，是说那望里不见、独隐于心的孤单。这两位孤单至极的人，怕孤独，偏偏是，一生孤独，天赋愁肠，尝尽孤苦。

此刻，我想起了朱淑真，想起了她的那首《鹧鸪天》：

独倚阑干昼日长，纷纷蜂蝶斗轻狂。一天飞絮东风恶，满路桃花春水香。

当此际，意偏长。萋萋芳草傍池塘。千钟尚欲偕春醉，幸有荼蘼与海棠。

一个纯净如水、嫣然娇美的小女子，心却是花落空庭般地寂寞。

朱淑真的婚姻是失败的。婚后，夫妻志趣不投，相处不睦。嫁非所爱，只有分手。最后她返回家乡，深居闺阁。

朱淑真的无奈是遇人不淑的惆怅难说。多情的才女加美女的她，自是心中别有浪漫情怀。她更钟情于“张敞画眉”“赌书泼茶”的浪漫温情之事。然而这些，她那俗吏丈夫给不了她，她只有另寻怀抱。情人给得了她爱，却给不了她一个心安，终是难免分手的结局。

明月自来还自去，多情人成断肠人。朱淑真悒悒抱恨而终，留下《断肠词》一卷，文词清婉，情致缠绵。其早期笔调明快，后期则忧愁郁闷，颇多幽怨之音，流于感伤。一卷《断肠词》，她自己一生情感的写照。

“娇痴不怕人猜，和衣睡倒人怀。”曾经如此天真而大胆的少女，如今娇羞如花的少妇，刚刚褪去青涩，眉目间也才散发出一抹动人的风情，便选择了这样一种世人难以接受的方式，安置了自己寂寞的余生，实在令人遗憾惋惜。然而，这才是她。失却了那份情调，便不再是朱淑真。

古之才女，郁郁而终者，何止一个朱淑真。不论是蔡文姬，还是李清照，她们仅有的尊严，无不被命运打磨得再无光鲜，承受着生命中最难以承受之重。

所谓才女，就是心中追求着属于自己的浪漫，现实却是得与失的两难。总是难以随遇而安，又不得不咀嚼着现实的平淡。最终，唯有在自己的文字里深埋青春，诉说哀怨。

蔡文姬如是，李清照如是，朱淑真亦如是。

“荡子行不归，空床难独守。”无可救药的孤独总是适时来袭，何时是尽头？轻寒哪堪独倚？小楼独倚，只怕收入眉间眼底的，不是风景，是哀愁。

独倚阑干，桃花满路，春水流香。眼前景致，再与她无干。朱唇轻启，一声叹息，命运弄人。

“千钟尚欲偕春醉，幸有荼蘼与海棠”，一句落寞里的自我安慰。海棠亦如那荼蘼花，待到花开春已尽。如若反过来去想，春尽之时，还见得荼蘼与海棠盛开，亦得安然。

劝今生，切莫醉。春光急，花开春易逝。

纳兰生命中的几个女子，哪个不是像那烟花般消散，纳兰的几段爱情，来去匆匆，似春光，不堪倚。

就这样，蓦地将你失去。远远地望见，再也回不去的从前。

雁归时分，人心惆怅。伊人何方，回不去那旧日的时光。

“最愁人，灯欲落，雁还飞。”灯落月还明，雁去双飞还。我们，难再见。

花开到荼蘼，难说再见。

错之卷·当时错

338 — 374

一次擦肩，
一生错过。
一场致命的邂逅，
一个深情的凝眸，
一次抵死的温柔，
一生无休止的守候。
如今，
蓦然回首，
灯火阑珊处，
谁在等候？

而今才道当时错

一次擦肩，一生错过。
一场致命的邂逅，一个深情的凝眸，
一次抵死的温柔，一生无休止的守候。
如今，蓦然回首，
灯火阑珊处，谁在等候？

采桑子

而今才道当时错，心绪凄迷。红泪偷垂，满眼春风百事非。

情知此后来无计，强说欢期。一别如斯，落尽梨花月又西。

爱上你是一种错。看梨花似雪，片片飘落，我恍然懂得，回忆如同错过，一旦擦肩，唯有心痛与无可奈何。

如今，梨花落尽月已西，人面桃花，已不似当时。我心凄迷，唯有这满地的梨花凌乱，映衬着我那份深深的悔恨与孤单。

“情知此后来无计，强说欢期。”休问，今夜相伴是何人。

纳兰写情，愁心漫溢，幽怨不绝。一句“而今才道当时错”，如那句“当时只道是寻常”，寻常如话，却是语淡情浓，一语道破心中深深的遗憾与惆怅。未待思量，愁已上眉弯，教人怅然若失。

这是一首凄婉而充满无奈的怀人之作。所怀何人，莫衷一是。有人说是容若那入宫的表妹，有人说是那江南才女沈宛。句中意，词人心，从中感受得到那份真情，又何必去计较那所怀之人到底是表妹还是沈宛？心有所感，都是一样的哀伤、一样的无奈。

词人填词，本就不是为了讲述故事，而是为了抒发情感。不过，我还是宁愿相信那人就是沈宛。如此，正所谓才子佳人，才情两相宜。

他是从三百多年前康熙盛世的青灯黄卷里走出的一曲哀歌，他是从唐诗宋词的韵律中化出的一个传说。有清以来，几人做得文武兼修、俊逸潇洒？几人又做得至情至性、超凡脱俗？

如今，这一切竟被他一人占得，没留几分给他人。清月如辉，唯独洒落在他一个人的身上，令其光彩夺目，惹人羡慕，惹人忌妒。不知这是上天对他的眷顾，还是命运对他的捉弄。

一个多情而敏感的男子，一个几近不惹尘埃的男子。

这样的男子从来不缺少爱情。只是，他的爱情都是以悲剧黯然收场，让人为之叹惋。在他昙花一现般的生命中，爱情似璀璨的烟火，美好而短暂，总是晕染着些许神秘而凄美的色彩。

绝色的表妹，一年美好的初恋。“生而婉娈，性本端庄”的卢氏，三年幸福的时光。“丰神不减夫婿”的沈宛，半年难舍的红颜相守。纳兰的爱情，无不以美好的初见开场，又以悔恨当初而落幕。

据蒋瑞藻《小说考证》卷七引《海沤闲话》载：“纳兰眷一女，绝色也，有婚姻之约，旋此女入宫，顿成陌路。容若愁思郁结，誓必一见，了此宿因。会遭国丧，喇嘛每日应入宫唪经，容若贿通喇嘛，被袈裟，居然入宫，果得一见彼姝。而宫禁森严，竟如汉武帝重见李夫人故事，始终无由通一词，怅然而去。”

读纳兰词，语句之间，感觉纳兰确有一段美好的初恋。这位令纳兰如此痴迷、不顾生、假扮僧人以求一见的女子是否是纳兰的表妹，无据可考。清人笔记，多有演义，不足为凭。

不过，纳兰这等痴绝男子，如果没有几段曲折而凄婉的爱情，似乎辜负了人们的想象。

综观历史，纳兰其人、其才、其情，都可称得上“异类”。论其人，他出身官宦，却出污泥而不染。身居仕途，却不喜弄权贪敛。论其才，其饱含挚情、哀感顽艳的《饮水词》可谓独树一帜。“北宋以来，一人而已”的名头绝非虚得。论其情，其用情之真、用情之深，几无人可比。如此至情至性之人，就像那后主李煜，生为情生，死为情死。然而，天公不恤，月老无情，情投意合的结发妻子卢氏婚后三年便香消玉殒。纳兰从此黯然神伤，一首首悼亡词写得情深意重、感人至深。最后，在悔恨当初的愁苦中，郁郁而终。

“家家争唱《饮水词》，纳兰心事几人知？”我想，有一人是知的。

有这样一位女子，她从江南的烟波氤氲中走来。我想，这世上，唯有她是懂纳兰的。即使纳兰无法给予她说好的爱情，即使纳兰“一生一代一双人”中的另一半从来不是她，她也无怨无悔。

她只算得上是纳兰的红颜知己，她的生命最终也只是因“纳兰容若”这个名字而在世间留下了一抹淡淡的色彩，仅此而已。

她便是那才情出众、婉约秀雅的江南才女沈宛。

一次顾贞观南归。纳兰在寄顾贞观的信中说：“倾闻峰泖之间颇饶佳丽，吾哥能泛舟一往乎？……又闻琴川沈姓有女颇佳，望吾哥略为留意。”纳兰闻听江南有佳人，便请顾贞观前去打探。此沈姓女子，便是沈宛。

后来，他在给顾贞观的另一封信中又说：“吾哥所识天海风涛之人，未审可以晤对否。弟胸中块垒，非酒可浇，庶几得慧心人以晤言消之而已。沦落之余，久欲葬身柔乡，不知得如鄙人之愿否耳。”

纳兰有侧室颜氏，卢氏后又续娶官氏，他身边不缺女人。但在他的感情版图上，始终有一块空缺。这个空缺，便是一个与他相知相惜的红颜知己。

沈宛在清初之时已是颇有名气的女词人。许多清人编选的词集，都收录了她的词作。

丁绍仪《听秋声馆词话》中有载："容若妇沈宛，字御蝉，浙江乌程人，著有《选梦词》。述庵《词综》不及选。《菩萨蛮》云：'雁书蝶梦皆成杳，月户云窗人悄悄。记得画楼东，归骢系月中。醒来灯未灭，心事和谁说。只有旧罗裳，偷沾泪两行。'丰神不减夫婿，奉倩神伤，亦固其所。"如此看来，纳兰与沈宛，确是才子配佳人。

终于，顾贞观不辱使命，将沈宛由江南带到了京城，带进了纳兰的生活中。那一年，纳兰三十岁，那是他生命中最后的一年时光，他如愿以偿，得遇沈宛。

然而，事情却不是纳兰想象的那般美好。沈宛歌伎的身份与汉人的血统，成了横在他们之间最大的障碍。这两点，其父明珠大学士无论如何是无法接受的。她终是无法名正言顺地入纳兰府，纳兰只好将其于府外安置。

隐秘的爱情得不到幸福，它只是片刻的欢愉，无法长久。

这不是沈宛想要的爱情。她不要夜夜孤灯清影下的等待，她要的是朝朝暮暮，相伴相拥。这说来简单的爱情，却是纳兰无法给予的。

沈宛痴情，却是孤傲而决绝。她相信爱情，却不要抵死的纠缠。她爱纳兰，虽无悔，心中却是有怨怼的，只是不说。最终，她选择了默默地转身离开，毅然返回江南。

我想起了张爱玲，也是一个世间痴情女子。为了一个薄情的男人，心甘情愿把自己的姿态放得很低，低到尘埃里，似尘埃里开出的花。最终，她的爱情之花还是在尘埃中凋落。

有时候，爱不是纠缠，是放手。转身，不是不爱，而是让爱更长久。此后，只能是魂牵梦萦，一种相思，落得两处闲愁。她宁可让爱活在彼此的回忆里，也不要将爱藏在一个人的背影里。有时候，爱就是如此孤傲，如此决绝。

如果有人对你说："任凭弱水三千，我只取一瓢饮。"你可以相信他的真情，却不要相信他的长久。

纳兰低估了沈宛，高看了爱情。爱情，可以生死相许，却未必生死相依。

美好的初见，黯然的收场，徒留下一段风流憾事让后人慨叹。

纳兰一生为人宽厚，几无所负者。我想，对于沈宛，他应有难以释怀的愧疚。

"而今才道当时错"，当时错，知道么？

"心心口口长恨昨，分飞容易当时错。"晏几道的一句"当时错"，正似纳兰彼时悔恨与无奈交织的失落。知道当时错，如今又奈何？

"此情可待成追忆，只是当时已惘然。"李商隐当时又有几多故事，几多欲道不能，几多欲说还休？而今又有多少的酸楚与不甘，让纳兰迷失在那风凋碧树梨花落的往事中？

谁与谁相遇，谁与谁别离，你我说了不算。人的一生，冥冥之中总有定数。

沈家园里花如锦，半是当年识放翁。

也信美人终作土，不堪幽梦太匆匆。

这首《春游》是陆游八十五岁再游沈园时留下的最后的诗篇。这是他最后一次游沈园。此时，沈园里，美人不再，而花还是当年的海棠花。放翁可还是当年“一怀愁绪，几年离索”的那个放翁？

写下这首诗一年后，陆游便离开了让他一直留恋不舍的尘世。半生凄苦，梦里纠缠，还有无法放手的黄泉碧落两幽隔的思念。至此，终于放下。

那“东风恶，欢情薄，一怀愁绪，几年离索。错，错，错”的怅叹，早已被沈园的记忆掩埋。待到海棠花落，而今才道当时错，只可惜，已是一生错过。

爱，总是后知后觉。等到知道当时错，一切已迟，再也回不到当时。

你可以转身离开，却带不走爱情。有时候，爱情存在于花前月下，存在于朝朝暮暮。当你转身，就不要再回头去追究是谁的懦弱、谁的舍得、谁的对与谁的错。

暮春时节，风摆残枝，梨花似雪，片片飘落。纳兰的心绪，可似这满地梨花一般凄冷凌乱？

春风满眼本是好时节，虽有梨花败，仍有百花开。然而，诗人的感触总是与人不同。一颗伤感的心，总是刚赏花开，又叹花败，总是充满着无可奈何花落去的感慨。

满眼春风急，怎奈百事非。忆当初，红泪偷垂。

红泪，血泪，胭脂泪，皆是女人泪。

李商隐有句“一夜芙蓉红泪多”。贺铸《石州引》中也有“画楼芳酒，红泪清歌，顿成轻别”句。“红泪”是用了薛灵芸的典故。薛灵芸乃是魏文帝曹丕的妃子。《拾遗记》中记载了她被选入宫时与父母相别的情形：“灵芸闻别父母，唏嘘累日，泪下沾衣。至升车就路之时，以玉唾壶承泪，壶则红色。及至京师，壶中泪凝如血。”

“胭脂泪，相留醉，几时重。自是人生长恨水长东。”后主面对佳人泪的慨叹，岂不是与纳兰的“红泪偷垂，满眼春风百事非”一样的悔恨与感伤？

“相见时难别易难，东风无力百花残。”花落尽，月西沉，此情此景，曾经李商隐的无奈，正是纳兰此刻心迹的表白，让人心绪难平。

一别成永诀。想当初，“情知此后来无计，强说欢期。”而如今，唯道“落尽梨花月又西”。

一树梨花，几许无奈。风起时，花落处，那开在你心中娇美的花朵，只留下余香满纸的诗句让人缅怀，正似那，“落尽梨花月又西”。此刻，那片洁白似雪的花，正是纳兰心中深深的绝望与孤独。

梨花雅淡而素洁，却被诗人赋予了如此的伤感与哀愁。

“玉容寂寞泪阑干，梨花一枝春带雨。”白居易说的是杨玉环无尽的幽怨。

“曲水飘香去不归，梨花落尽成秋苑。”李贺说的是对季节更迭、世事无常的感叹。

“落尽梨花春又了。满地残阳，翠色和烟老。”面对梨花落尽、满地残阳，梅尧臣的感怀伤春之意甚浓。一个“老”字，身世之叹，尽含其中。

“恨春去，不与人期。弄夜色，空余满地梨花雪。”岁月匆匆，韶华易逝。春去也，亦匆匆，教人浑然不知。待醒悟，那无可奈何的悲伤与哀婉，犹如满地梨花凌乱。一个“恨”字，流露出周邦彦内心的无奈与遗憾。

如此种种愁怨，可是那娇弱的梨花胜得？

怨有何用？又有谁，情知此后来无计还能够心不生怨？当我们无法回到过去的时候，也只能一边回首，一边继续往前走。

生命充满无奈，无人可以逃避。纳兰也大可不必幽怨，当他急切地想求一见沈宛时，也未必就是要与她白头偕老。在给顾贞观的信中说“弟胸中块垒，非酒可浇，庶几得慧心人以晤言消之而已。沦落之余，久欲葬身柔乡”，他也只是欲寻一“慧心人”以消胸中郁闷而已。书简中还有下文：“以岁前为期，便当别置帷房，以炉茗相待也。”原本也就是想别院安置，金屋藏娇。

如此看来，沈宛的汉人身世、歌伎身份，这些都不是事儿。又不是做明媒正娶的正房，只是做一妾而已。

文人自古爱才女，或者说，文人都有红颜情结。想必纳兰是想学苏轼与琴操、唐仲友与严蕊、冒辟疆与董小宛，得一红颜在侧，沉醉在温柔乡，聊以慰藉，仅此而已。

这么说也许对于纳兰不够厚道。御前侍卫，天子近臣，对于别人而言可谓光鲜照人、求之不得。而之于纳兰，却是非其所愿，因此他心中一直是郁闷不堪。加之卢氏的去世，而官氏、颜氏只是贤妻良母而已，不通文墨，他非常希望能有一多才多艺的女子相伴。据说在沈宛来京后，纳兰为其专构一曲房，还请严绳孙书匾额曰“鸳鸯社”，想必是有欲与沈宛双宿双飞之意。

然身为康熙贴身侍卫，纳一社会关系复杂的女子为妾，对其仕途显然是不利的。这一点，其父明珠也是断然不允的。最终，纳兰成了焦仲卿的翻版。

沈宛终是南归了，貌似决绝，但她的内心想必也似那南归的孔雀，“五里一徘徊”，不欲离去。

“去也终须去，住也如何住。若得山花插满头，莫问奴归处。”沈宛的归处还不如严蕊。严蕊最终在得释从良后嫁人，得其善终。沈宛却是所适非偶，最终流落江南，不知所终。

爱，总是充满期待，也充满无奈。有谁知道无奈便不去期待？又有谁痛失所爱能够不去缅怀？

不妨让我们轰轰烈烈地爱一场，然后再默默地去怀想。

花开则败，月满则亏。人间佳境当是那花未全开月半圆。

有一种美好，叫作擦肩。彼此留一点点想念、一点点挂牵。有时，相遇就是为了离别，相爱就是为了遗忘。

一次擦肩，一生错过。一场致命的邂逅，一个深情的凝眸，一次抵死的温柔，一生无休止的守候。如今，蓦然回首，灯火阑珊处，谁在等候？

欢聚有时，遥遥天涯相望久。相思愁，为伊愁得人消瘦。相见不如不见，相知莫若陌路。你是真的后悔得识知己红颜，还是那相思，才下眉头，又上心头？

当爱情演绎成了一个人夜阑深处的思念，爱情便幻化成了失去光泽的一颗星，独自默默地挂在银河的那端，一场唯美而感伤的遗憾。此时，我们是该空叹这流失的好时光，还是悔不该，当初那，蓦地一相逢？

一个人静静地守候在迢迢彼岸，守着自己那份思念与挂牵。此时，等待着命运悄然而至的结局。幸与不幸，都是内心无可挽回的失落。

爱上你是一种错，是我一生无悔无怨的错。

即便知得当时错，又如何怨得？又有谁愿喝下那碗孟婆汤，三生路上不相见？那只是抑郁心中蒙骗自己的誓言。誓言美好，却永不得实现。

曾经的美好，已经足够。纵使今生不得再相见，也愿它永远藏匿心间。任那梨花飘落一片又一片，永远也无法飘落的，是心中不化的思念。

人生就是一场充满悔与怨的邂逅。纵然你无悔无怨，你一定快乐吗？

念余生，相离莫相忘，且行且珍惜。

多情自古原多病

你离去，我的故事黯然落幕。
你离去，我的忧伤刚刚开始。

虞美人

黄昏又听城头角，病起心情恶。药炉初沸短檠青，无那残香半缕恼多情。

多情自古原多病，清镜怜清影。一声弹指泪如丝，央及东风休遣玉人知。

物之种种，无关悲喜。然之于纳兰，多病而多愁，多情而敏感，但凡入其眼者，一切皆灰色，一切皆悲凉。

纳兰一生不快乐，心性使然。一身繁华光鲜，心中几无所有。如此最无奈，如此最堪怜。

纳兰太脆弱。自幼锦衣玉食，一生无所忧虑，不曾经风雨。一个小小的挫折，足以令他身心俱伤。

纳兰太多情。为情生，为情死。拿得起，放不下。一片痴心换得一怀忧伤。

屡见世事沉浮，仍丢不掉那一份天真。屡为世情所伤，仍守着那一份痴心。

生于繁华，生性寡淡。爱之切，怨愈深。内心敏微多感，总是怀着郁郁不解的愁情。文字婉丽清绝，却透着淡淡的哀伤。

至情至性者，如纳兰。至悲至伤者，亦如纳兰。

如此，便是纳兰。

“黄昏又听城头角，病起心情恶。”词一开篇，情绪陡然而坠。

如此意境，让我想起了陆游的一句“城上斜阳画角哀”。纳兰词句虽不及陆游的那么美，一场病而已，哀伤的情绪倒是十足，惹得人心绪沉沉。

词至下片，愁意骤起，词人愈发顾影自怜。“多情自古原多病，清镜怜清影。”此句多有前人的影子，或是化了柳永“多情到了多病”的境，或是袭了张元干“有多情多病文园”的意。多情之人，加之多病之身，望着镜子里自己清瘦的姿容，自伤自怜。典型的文人自我伤情，活脱脱似一男版的林妹妹。

我又想到了林妹妹，那位病得最美的女子，聪慧而孤傲，多愁且多病。看花开，想花败。常常是自怜幽独，抱影叹息。多病的身，多愁的心。这样的女子生来教人怜惜。

纳兰何尝不是?

有人就“弹指”一词推测，此阕《虞美人》是纳兰写给好友顾贞观的，因顾贞观有词集《弹指词》。

其实，“弹指”一词，本佛家用语，是从梵语意译而来，指时间短而易逝。取此喻意似更好理解。

还有人说这是一篇扈行之作。纳兰一生多次扈从康熙出行。康熙二十一年（1682），纳兰随康熙出使梭龙，途中身染寒疾，常以药伴身。他的一篇《临江仙 · 永平道中》便是此时之作。

独客单衾谁念我，晓来凉雨飕飕。缄书欲寄又还休。个侬憔悴，禁得更添愁。

曾记年年三月病，而今病向深秋。卢龙风景白人头。药炉烟里，支枕听河流。

细究词意，这两阕词应是作于同一时期，有着同样的病中愁，同样的药炉烟里，同样的病中相思。

收拍一句，“央及东风休遣玉人知”，让人们纷纷猜测词中的主角。这“玉人”究竟是何人？

说到“玉人”，人们脑子里闪现的大都是貌美如花的女子。安意如在解此词的时候便说，称一个大男人为“玉人”，总感觉怪怪的。

其实，“玉人”在古诗词中是可以男女通称的。“玉人”，既可指形体容貌美丽的女子，亦可指风流倜傥、相貌俊美的男子。此种用法在唐代尤为常见。

杜牧著名的《寄扬州韩绰判官》便是一例：

青山隐隐水迢迢，秋尽江南草未凋。
二十四桥明月夜，玉人何处教吹箫。

这是杜牧离开扬州后，因怀念昔日同僚韩绰所作之诗。此处“玉人”当指故友韩绰。

元稹《莺莺传》中一句“疑是玉人来”，可知中晚唐便有以“玉人”喻才子的用法。

待月西厢下，迎风户半开。
拂墙花影动，疑是玉人来。

这是崔莺莺写给张生的一首情诗，抑或是一封大胆的邀请函。一个习风微动的夜晚，莺莺焦急地等待着情人的到来。每每张生与莺莺幽会，是要翻墙而来的。墙边的花被风吹动，影子在墙上摇曳，莺莺便以为是张生来了。“玉人”，自是指那多情的张生。

纳兰词中多“病”句。“病起心情恶”“而今病向深秋”“同是恹恹多病人”“端的为谁添病也”，“病”在词中屡屡可见。

多愁善感自多病。宋代女词人朱淑真说自己“愁病相仍”。《西厢记》里张生也说：“小子多愁多病身。”

纳兰曾有一方闲章，上面刻文为“自伤情多”。纳兰很有自知之明，这四个字便是纳兰对自己所下的“诊断”。由此，“伤情”便成了纳兰的标签。

纳兰原本多愁多病之身，加之几段刻骨的恋情，终于有一天，他病倒了。就在前一天，他还与顾贞观、姜宸英等好友聚会在渌水亭边，对着院中的夜合花咏叹。

七天后，康熙二十四年（1685）五月三十日，也就是八年前爱妻卢氏离世的那一天，他追随她而去。

他走了，姜宸英叹：“你走了，我将何处安身？在这个世界上，还有谁可容我？”

他走了，顾贞观叹：“你走了，我再无知音，我的痛苦，何人可诉？”

他走了，吴兆宜叹：“若能换回你的生命，我愿死上百回。”

人生，总有一些有意无意的蓄谋与伏笔。

此一生，为情生，为情死。一生情深，须用忧伤来句读。

纳兰式的伤情。

我始终固执地认为，纳兰应该属于那缥缈的烟雨江南。他的情，一如那江南烟雨，幽幽地在油纸伞外飘散，在田田荷叶上凝结。凝聚成水珠，如泪水般轻轻地滑落。凝聚成一阕凄婉的词，让你我的心为之悸动。

纳兰词，总会给人一种情绪积郁的凄美感觉，他就是以这种哀婉的生命姿态，静静地走完了他短暂的人生。

泰戈尔说："生如夏花之绚烂，死若秋叶之静美。"

这是纳兰一生的写照。

花开若梦，情去如烟。蓦然回首，曾经我们珍惜的点点美好，一如开在彼岸的花，隔在前生的记忆里。

多情的纳兰，其一生，是梦好难留的一阕悲歌，一个黯然神伤的背影，一缕郁结不化的情愁。多情多愁仍多病，赢得一片伤心画不成。

纳兰去了，我想他必是微笑着去的。他终于可以不再为情而伤，不再为情而忧；终于可以跨越天上人间的距离，去续那一段前生未了的情缘。

这世间，谁是谁的因，谁是谁的果？谁是谁的故事，谁是谁的忧伤？

你离去，我的故事黯然落幕。

你离去，我的忧伤刚刚开始。

遍翻眉谱只寻常

张敞画的不是眉，是浪漫的温情。
欧阳修写的不是“鸳鸯”，是旖旎的情调。

浣溪沙

泪浥红笺第几行，唤人娇鸟怕开窗。那能闲过好时光。
屏障厌看金碧画，罗衣不奈水沉香。遍翻眉谱只寻常。

女子如是，我见犹怜。

我思君，君知否？

别后相思何所寄，一纸红笺欲语迟。何处轻落笔，双泪染红笺。行行相思意，却是字字伤感。直至泪湿胭脂面，晕染了红笺。本想折个双鱼寄君前，怎料得，双鱼未成，却折得伤心无数。

春光虽好，却教人无限惆怅。紧闭的轩窗，却是，只隔欢娱不隔愁。良辰美景奈何天，虚度好时光。

身旁的金碧山水屏风画，怎么就画不出与你共赏好春光？衣上沉香缕缕，也不过是春风里的自怜幽芳。这样的时候，这样的心情，佳人懒画蛾眉倦梳妆。

女子画眉，战国有之。《楚辞 · 大招》有云，“粉白黛黑，施芳泽只”，“青色直黛，美目婳只”。这两句诗都是说用青黑色颜料，即黛来画眉。至汉而后，渐成风。

到了唐玄宗李隆基时，画眉更加丰富多样。这位风流天子更是善于总结，命画工画了十眉图。

《杨镇外集》载：“唐明皇令画工画十眉图。一曰鸳鸯眉（又名八字眉）；二曰小山眉，又名远山眉；三曰五岳眉；四曰三峰眉；五曰垂珠眉；六曰月棱眉，又名却月眉；七曰分梢眉；八曰涵烟眉；九曰拂云眉（又名横烟眉）；十曰倒晕眉。”

清代徐士俊的《十眉谣》有云：“鸳鸯飞，荡涟漪；鸳鸯集，戢左翼。年几二八尚无良，愁杀阿侬眉际两鸳鸯。”这就是传说中的鸳鸯眉。一片淡淡少女情愁，端的摇曳旖旎。

“十眉”之中，我还是更喜欢那“远山眉”，意态美婉，蕴情其中。隐隐动人处，蕴含了几多心事。

《西京杂记》这样描述卓文君：“文君姣好，眉色如望远山，脸际常若芙蓉，肌肤柔滑如脂。”这便是那“远山眉”。

我很是佩服古人的想象力。古人形容美女“眉如远山”，远山眉细长而舒扬，颜色略淡，清秀开朗。司马相如形容卓文君曾言：“眉如远山含黛，肤若桃花含笑，发如浮云，眼眸宛若星辰”。

古诗词中，女子的眉，要么是含着隐隐的情意，要么是带着淡淡的哀愁，总是让人浮想联翩。

清晨帘幕卷轻霜。呵手试梅妆。都缘自有离恨，故画作远山长。思往事，惜流芳。易成伤。拟歌先敛，欲笑还颦，最断人肠。

这是欧阳修的《诉衷情 · 眉意》。晓霜轻寒，爱人不知在何方。欲把梅妆画，手冷无人呵。画个远山似愁长，怎教人不思量。

词中女子，情幽幽，思悠悠，闲来画个远山眉，情态可掬。

温庭筠的“绣帘垂簏簌，眉黛远山绿。春水渡溪桥，凭栏魂欲销”，韦庄的“绝代佳人难得，倾国，花下见无期。一双愁黛远山眉，不忍更思惟”，许棐的“已恨远山迷望眼，不须更画远山眉”，这些词句中眉似远山的佳人都是那般愁情脉脉、楚楚可人。

还是徐士俊说的更符合我的心意，“双眉如许，能载闲愁。山若欲雨，眉亦应语”。在《十眉谣》里，这是我最喜欢的一句。徐士俊赋予双眉以情绪，眉目之间，带着点点闲愁，眉亦能语，这就是所谓的眉目传情吧。自此，“远山”也成了愁情之所托。

说远山眉，总让我想起美艳妩媚的赵合德。那眉尖若蹙，人见人怜的模样，让汉成帝第一眼看见便觉惊艳无比。

“汉赵飞燕妹合德，为薄眉，号‘远山黛’。”伶玄在《赵飞燕外传》中如是说。

合德生得体态丰腴，玉肌滑肤，妩媚不在飞燕之下。汉成帝最终还是难以抵挡如此的诱惑，终如自己所言，安老于此“温柔乡”。

“十眉”之外，还有一种出镜率极高的眉，便是“蛾眉”，以至于后来成为美女的代称。

《诗经 · 卫风 · 硕人》中写美女庄姜：“手如柔荑，肤如凝脂，领如蝤蛴，齿如瓠犀，螓首蛾眉。”蛾眉之细之长之曲美，成了女子美眉的标准。《离骚》中说：“众女疾余之蛾眉兮，谣诼谓余以善淫。”由此而后，“蛾眉”便用来指代美女。

从来新妆换旧样，曾经一度流行的许多眉形都渐渐消失，那《十眉谱》中美眉的样子只能凭我们去想象，但有许多画眉的故事倒是得以流传。

《汉书》记载，张敞“为妇画眉，长安中传张京兆眉妩。有司以奏敞。上问之，对曰：‘臣闻闺房之内，夫妇之私，有过于画眉者。’上爱其能，弗备责也。然终不得大位”。

汉武帝时，朝臣中有一才子名叫张敞，经常在家给妻子画眉。后来居然在长安城中流传开来，人人尽知他画眉画得漂亮，于是竟有好事者在汉武帝面前奏了一本。于是，汉武帝问他可有此事，张敞答道：“我听说闺房之内，夫妇之间亲昵之事，有比画眉更甚者。我只不过给老婆画画眉毛而已。”这张敞真乃性情中人，十分可爱。

武帝因爱其才，也没有责备他。只是，自此之后，张敞就再也没得到过重用。此事耐人寻味。

“张敞画眉”与“韩寿偷香”“相如窃玉”“沈约瘦腰”合称中国古代四大风流韵事。

明时冯梦龙在《醒世恒言》中说：“张敞画眉，相如病渴，虽为儒者所讥，然夫妇之情，人伦之本，此谓之正色。”这样的评价倒是很客观，符合人之常情。

也许是“张敞画眉”的故事太过有名，画眉一转而成画情。于是，在原本就含蓄委婉的传统文化中，画眉作为女子美容的个人行为，更成了承载着无数浪漫与温柔的隐语。

张敞画的不是眉，是浪漫的温情。

说到夫妻恩爱情笃，人们常常喜欢用两个成语：一个是“张敞画眉”，另一个是“举案齐眉”。

举案齐眉，说的是梁鸿与孟光相敬如宾的故事。相比之下，我还是更喜欢充满温情的“张敞画眉”，虽是闺房中事，却充满温情，给一向讲究温文儒雅的传统文化添了一抹浪漫色彩。

最浪漫的画眉，当数唐代诗人朱庆馀。

洞房昨夜停红烛，待晓堂前拜舅姑。

妆罢低声问夫婿，画眉深浅入时无。

昨夜洞房之后，第二天一早，新妇便要前去拜见公婆，在公婆面前怎么也得讨个好评。打扮好了心里还是不踏实，轻轻问郎一声："我的眉画得入时否？"

仅作闺语来看，这首诗清丽浅切，巧思动人。眉间心上，满是婉转情思。

只可惜，此非作者本意，白白浪费了读者的想象。

原来，那是在科考之后，未出榜之时，朱庆馀作了这首《闺意》诗送给张籍过目。

其实，他就是用此诗来打探一下消息，想问问张籍，自己已经参加了考试，不知是否能考中。张籍读了朱庆馀这首诗后，自然明白他的意思，于是也用了同样的手法，和了一首。

越女新妆出镜心，自知明艳更沉吟。

齐纨未足人间贵，一曲菱歌敌万金。

张籍用新妆越女来比喻朱庆馀，说他就似那刚出阁的新妆越女，明知道自己是如此明艳，还在那儿扭捏。接着又说齐纨即使还没有织成，已经成人间珍品，暗示朱庆馀金榜题名是没有任何问题的。

两首诗如此一问一答，言在此而意在彼，语意双关。前者用新妇拜公婆一问，后者以越女出镜心而答。朱的赠诗写得好，张也答得妙，可谓珠联璧合，一时传为诗坛佳话。

欧阳修“画眉”也是画得极其漂亮、极具情绪的。

凤髻金泥带，龙纹玉掌梳。走来窗下笑相扶，爱道画眉深浅入时无。

弄笔偎人久，描花试手初。等闲妨了绣功夫，笑问鸳鸯两字怎生书。

欧阳修这首《南歌子》中的女子娇羞可爱，头戴凤钗金丝带，手持龙纹玉掌梳。妆罢问：“画眉深浅入时无？”不为弄笔偏依偎，回头一顾：“鸳鸯二字怎生书？”

欧阳修写的不是“鸳鸯”，是旖旎的情调。

纳兰小词，频翻眉谱，别样的清幽。《浪淘沙》有句：“眉谱待全删，别画秋山。朝云渐入有无间。”纳兰悼念亡妻的《台城路 · 洗妆台怀古》更有一句关于十眉谱的凄凉情话：“冷艳全消，苍苔玉匣，翻出十眉遗谱。”

纳兰天生多愁而善感，这注定其情路总是几多哀愁伴着几多凄切。其一生忧郁而迷惘。别人看到的快乐他也看得到；只是，他看到的不只是快乐，还有快乐里别样的情绪。

分明是一首怀人之词，却偏从对面写来。泪染信笺，闭窗孤坐，索寞伤情。

“遍翻眉谱只寻常”，自是女为悦己者容。而如今，悦己者，今何在？再美的眉谱也觉得寻常，自此，不翻眉谱懒梳妆。怀人之情，由此而出。幽独孤凄的相思，岂是那眉谱描摹得出？

画眉人远，欲去还留。

人生如寄，谁与共闲愁？

我是人间惆怅客

往事成风，忧思难忘。
惆怅，诉不尽的忧伤。
试问，漫漫人生，滚滚红尘，
我们哪一个不是人间惆怅客？

浣溪沙

残雪凝辉冷画屏，落梅横笛已三更。更无人处月胧明。
我是人间惆怅客，知君何事泪纵横。断肠声里忆平生。

惆怅是心灵的忧伤。

即使你万事无缺，无欲无求，当繁华过尽，你却蓦地发现，原来，自己一无所有。

纳兰，拥有了一个男人梦想拥有的一切：权重位高的家世，一帆风顺的仕途，无以复加的才情，刻骨铭心的初恋，貌美如花的红颜，贤淑识礼的妻室，还有那些真心相待的朋友。

人生若此，夫复何求？

那个说过“不能承受的生命之轻”的捷克人米兰·昆德拉还说过一句话：“生活在别处。”

纳兰容若的生活究竟在哪里？他的老父亲纳兰明珠也不曾知道。当明珠读了他的《饮水词》后，不禁老泪纵横地慨叹，容若这孩子万事无缺，为什么还这样不快活呢？

就连可谓纳兰知己的顾贞观也如此感慨：“家家争唱《饮水词》，纳兰心事几人知？”

纳兰的一生，是寂寞的一生。他的寂寞正来自他的万事无缺。家世、地位、权力、才情，世人倾其一生追求的他都有。可是，这一切偏偏不入其眼。对官场的厌倦、对富贵的轻看、对仕途的不屑，使他对凡能轻取的身外之物无心一顾，一直无法摆脱的倒是他内心深处的困惑与悲观。

也许是纳兰不懂得“人生不如意事十之八九”。如若懂得，他是不是能够快乐许多？然而，有谁知道，那“十之一二”正是他难以言说的痛。

懂得又如何，有几人能做到知不可为而不为？尘世间，凡俗的你我，对于情中事，都是一样拿得起，一样放不下，一样一旦入了心，便难以释怀。纳兰，一个至情至性之人，沉迷其中，不得自拔。此在情理之中，我真的不感意外。此时，他不再是权相公子，他即是你我。

人生充满了感悟。那些流光中轻轻的叹息，总能在不经意间便激起我们心中层层的涟漪。人生愁苦，与其他无关，只与自己的内心相照映。我们生活在喧哗的都市，我们整日忙碌，我们衣食无忧，看身边人来人往，内心却无比孤独，夜深人静时，感到莫名地惆怅。

纳兰虽有百得，唯情一失，足以令其内心空无他物，唯有痛楚。这痛楚伴其有限的余生，再也无法消除。虽仕途平顺，却是郁郁而不得其志。此中愁结，无法排解。

上天赐予了他一颗敏感的心。寻常的花开花落，月圆月缺，一声乌啼，一曲《梅花落》，凡此种种，落于纳兰笔端，便生出几分薄凉与惆怅，教人心有戚戚，难以释怀。

“残雪凝辉冷画屏”，如此凄冷的夜，悠扬飘荡着一曲《梅花落》，瞬时便勾起了纳兰心中诸多的过往。他仰天一问：我就是那个人世间惆怅的匆匆过客，你可知我为何这般泪流纵横，为何这般无限哀伤？

这阕《浣溪沙》，上片写景，下片抒情，未脱常套。但却是景清情切，颇教人心动。纳兰词的宛妙之处，正在于此。

杜牧的《七夕》中有“银烛秋光冷画屏”的诗句，清新有致。而容若的“残雪凝辉冷画屏”句，在这个蓦然醒来的寒冷冬夜，显得愈加凄冷苍凉。

“残雪凝辉冷画屏，落梅横笛已三更。更无人处月胧明”，如诗如画。在如此清冷孤寂的意境中，心中的痛楚总会轻易便被触碰，心中的茫然不经意间便被唤起，教人难以承受。

人生易老愁难歇，落梅声声空惆怅。此时，积郁在纳兰心中的所有情绪化成了一句无可奈何的呐喊：“我是人间惆怅客”。

“我是人间惆怅客”，一语骤发，横空而出，瞬时打破了上片那凄清而幽深的静默。如此一句感叹，要经历几多沧桑、几多沉浮方可道出的感悟，被年轻的纳兰一语道破，更添了几分悲凉，教人难以消受。年轻的纳兰，他的心已然老去。

纳兰词中能托得起纳兰标格的词句，除了一句“不是人间富贵花”，唯此句可以担当。

“知君何事泪纵横”，当真知道么？

如此一句，似自言自语，似自怨自艾，直教人唏嘘不已。收拍一句“断肠声里忆平生”，寥寥几字，一笔点睛，不禁令人心生忧戚。

在纳兰身后二百四十年，梁启超作了一首《鹊桥仙》以示对他的怀念与祭奠。

冷瓢《饮水》，蹇驴《侧帽》，绝调更无人和。为谁夜夜梦红楼，却不道当时真错。

寄愁天上，和天也瘦，廿纪年光迅过。断肠声里忆平生，寄不去的愁有么。

梁启超的这首词写得实在不敢恭维，我们姑且将其看作他向纳兰致敬的一首小词，其情可见。我此前真不知，梁启超原来是一个读得懂纳兰心曲的知音。

纳兰这阕小令，应为自叹命运、感怀身世之作。

“所欲施之才百不一展，所欲建之业百不一副，所欲遂之意百不一酬，所欲言之情百不一吐。”顾贞观如是说。不愧为纳兰一生的知己，顾贞观还是深知纳兰苦楚的。

顾贞观的话让我想起了岳飞，还有他的那首《小重山》。

昨夜寒蛩不住鸣。惊回千里梦，已三更。起来独自绕阶行。人悄悄，帘外月胧明。

白首为功名。旧山松竹老，阻归程。欲将心事付瑶琴。知音少，弦断有谁听。

“知音少，弦断有谁听”，正似“纳兰心事几人知”的感慨与无奈。

词中忧深思远之情，大有阮籍“夜中不能寐，起坐弹鸣琴”的意境。而此意境与容若的“落梅横笛已三更。更无人处月胧明”可谓相通相契。

岳飞满怀激烈，却壮志难酬。正欲“直捣黄龙”，十二道金牌令其功亏一篑。“十年之功，废于一旦”，“白首为功名”化成了孤愤与感慨。留给他的，只有惋惜与遗恨。

奈何，奈何。唯有一声叹息：“知音少，弦断有谁听。”

叹曲高和寡，叹知音难觅。

“知音少，弦断有谁听”，与纳兰的“我是人间惆怅客，知君何事泪纵横”，恰似一问一答，千古相照，道出了知音难遇的凄凉情怀，读罢令人惆怅满怀。

惆怅是绽放在心中的落寞的绚烂，惆怅是纠结在心中的难解的缠绵，惆怅是抑郁在心中的孤寂的呐喊。

绚烂如同少游的“夜月一帘幽梦”，缠绵恰似那“春风十里柔情”，呐喊的正是岳飞的那一句“知音少，弦断有谁听”。

往事成风，忧思难忘。

惆怅，诉不尽的忧伤。

试问，漫漫人生，滚滚红尘，我们哪一个不是人间惆怅客？

当时只道是寻常

爱情太累，何必抵死纠缠。
遥遥相望，彼此惦念，彼此挂牵。
如此，刚刚好。

浣溪沙

谁念西风独自凉，萧萧黄叶闭疏窗。沉思往事立残阳。
被酒莫惊春睡重，赌书消得泼茶香。当时只道是寻常。

寻常美好，触手可及。到最后，却总是来不及。

往事如昨，待回首，不寻常。

秋风瑟瑟，木叶萧萧。是谁独倚小轩窗，目送残阳？曾经的美好都已成了过往。酒醉后的沉睡，如今已是奢望。曾经如李清照、赵明诚那般“赌书泼茶”的温馨，也已成了回忆。那曾经泼湿的衣裳，还留有几多茶香、几多思量？

当时觉寻常，如今成怅惘。

“当时只道是寻常”，我爱极了这一句，每每轻轻诵念，总会触及尘封于记忆深处的过往，总会心有所念，怅然若失，难以释怀。曾经郁结于心的情结，总是找不到宣泄的出口。有此一句，一语道破。

一阕追思往事的词。上阕写景，下阕伤情。上阕写眼前的沉思，此时此地的孤独。下阕是对往昔的追忆，忆及与妻子曾经短暂的欢愉。

“谁念西风独自凉”？世事繁华，天地茫茫。为何唯我，独立清秋，独自神伤，独自哀愁？纳兰此问，自是无人可以作答。

北宋词人贺铸在丧妻后也曾一问：“空床卧听南窗雨，谁复挑灯夜补衣？”纳兰与贺铸虽时隔数百年，却是情出一辙，一般悲凉。

王国维在《人间词话》中说：“一切景语，皆情语也。”“谁念西风独自凉”，开篇一句景语便奠定了本词的基调：哀伤。明知无人会惦念我一个人的寒凉，仍要发出这自语般的诘问。如此一问，已然触动了我们的心弦，不觉之间，已是心有戚戚。

次句平接，面对萧萧黄叶，顿生无限感伤。“西风”“黄叶”“疏窗”“残阳”，如此意象的罗列，仿佛一个个定格的镜头，深深地锲入我们的脑海，直教人为之感伤。三百多年后，我们似乎依稀可见纳兰在斜阳下孑然而立的身影，衣袂飘飘，满袖凄凉。

“碧云天，黄花地，西风紧，北雁南飞。晓来谁染霜林醉？总是离人泪。”王实甫在《西厢记》中借西风黄花道出了张生与崔莺莺的离愁别恨。而纳兰这般天地两隔的思念，又岂是那瑟瑟的西风和萧萧的黄叶能够道得出？

独立轩窗，西风瑟瑟，黄叶萧萧，惹生心中几多萧瑟、几多凄凉。想要逃避，却无处躲藏。深闭疏窗，那内心的凄苦与寒凉却无法阻挡。因为，它早已在心底深深隐藏。

“天涯旧恨，独自凄凉人不问。”秦观一语，正是暗合了纳兰此刻的心境。无论走到海角天涯，孤独永远是心灵的伴客，恍若在这瑟瑟秋风中不离不弃的身影。

“沉思往事立残阳”，化用了五代词人李珣的“暗思何事立残阳”句。残照西风，疏窗孤影，如一幅凄美的画卷，总是教人无语感伤。

宿酒初醒，依稀还可以闻到昔日那“赌书泼茶”香。那些不经意流逝的点点滴滴，悄然袭上心头，令人心痛。

李清照《<金石录>后序》中有云:“余性偶强记,每饭罢,坐归来堂,烹茶,指堆积史书,言某事在某书某卷第几叶第几行,以中否角胜负,为饮茶先后。中即举杯大笑,至茶倾覆怀中,反不得饮而起,甘心老是乡矣。故虽处忧患困穷而志不屈。”

“赌书泼茶”,那是李清照与赵明诚共同度过的一段美好时光。然而,好景不长,随着金兵的马蹄踏入中原,留给这位婉约派词宗的只有漂泊与流离,还有对往昔美好的追忆。“甘心老是乡矣”的梦想最终成了漠漠红尘中对往事的怀想。

想来李商隐要比纳兰幸运得多。当他发出“何当共剪西窗烛”的慨叹时,心中还有“却话巴山夜雨时”的期待。虽缥缈虚幻,却足以支撑一个人的独自思念。而苏子说出那饱含思念的名句“十年生死两茫茫”时,身边也是有王朝云(苏东坡侍妾)相伴。而纳兰,所有的愁苦唯有化作一句“当时只道是寻常”。

回忆总是美好,也最是心痛。世间万物,大抵如此,越是不舍,越是如昙花一现般脆弱而短暂。

人生易老情难久,总是在失去后才明白,那些曾经的点点滴滴才更值得我们倍加珍惜。只是,懂得又如何?还是挽不回她离去的背影,难消心中的忧伤。只能独立残阳,沉思往事,暗自哀伤。

令人痛彻心扉的,正是那些失去后方知珍惜的寻常。

“当时只道是寻常”,一句淡之若水的话语,却道出了人世间最深切的悲痛。那悲痛不是我站在你面前,你却不知道我爱你。而是,明知相爱，却已缘分不再。这是容若心中彻骨的悲痛，也是芸芸众生最难以承受的悲痛。一直在相爱，却忽略了眼前，直到失去所爱，道一句，“当时只道是寻常”。

因为爱，所以离开。因为离开，才言深爱。不论爱的是那已然逝去的点滴寻常，还是如今唯一拥有的不舍与伤痛，原来，爱只属于昨天。

记得，那晚，你含羞低首，默默地走在我身后。记得，那晚，我轻轻地牵了你的手。是什么时候，那甜蜜的记忆成了无限的感伤？

在轻轻的一转身间，你已远去。我们再也回不到那过去的寻常，唯留我，独自感伤。

爱情太累，何必抵死纠缠。遥遥相望，彼此惦念，彼此挂牵。如此，刚刚好。

人生最痛的不是失爱，而是难以忘怀。

人生太短暂，来不及回味，爱情已然消逝。

人生太漫长，爱走远，留下孤独的滋味，漫漫的长夜，一个人独自去回味。

愿望越是如花般美好，就越是容易如花般无情地凋谢。

语言越是发自肺腑的寻常，就越容易给人痛彻心扉的伤。

那些寻常，一旦刻入了回忆，足以令人断肠。

当时只道是寻常。

一生郁结于心，无法排解的无奈与惆怅。

后记

诗意地活着

余学西文，喜读诗词，然才疏学浅，终不求甚解。全凭执念于心，品诗中趣味，揣诗人痴心。偶得情绪一二，心有戚戚，每每记之于怀，录之以文。

人之于世，只求无愧于己，只求安然于心。

人须诗意地活着，唯求内心，有诗，有真情。

大繁华处大寂寞，闲数光阴虚度，静看花开花落。念去去，我心寂寂，唯诗意还在，夫复何求？

唯求于人间世俗之中，独品诗意。每与友人揣度词句至夜深，推敲之趣，独乐其中。

匆匆几载，终得以成文刊印。感谢诸多好友的鼓励与帮助，尤王颖女士不厌其烦，多有推敲、修改、校订，揖手，不多言谢。

今生无所求，唯求，诗意地活着。

图书在版编目（CIP）数据

一生一代一双人：纳兰容若词与情 / 薛智勇著：一
成都：四川人民出版社，2017.11
ISBN 978-7-220-10272-1
Ⅰ. ①一… Ⅱ. ①薛… Ⅲ. ①纳兰性德（1654-1685）-传记 Ⅳ. ①K825.6
中国版本图书馆 CIP 数据核字 (2017) 第 171020 号

YISHENG YIDAI YISHUANG REN: NALANRONGRUO CI YU QING
一生一代一双人：纳兰容若词与情
薛智勇 著

责任编辑	陈 欣 叶 驰
产品策划	季思聪
封面设计	张迪茗
责任校对	袁晓红
责任印制	李 剑
出版发行	四川人民出版社（成都槐树街 2 号）
网 址	http://www.scpph.com
E-mail	scrmcbs@sina.com
新浪微博	@四川人民出版社
微信公众号	四川人民出版社
发行部业务电话	（028）86259624 86259453
防盗版举报电话	（028）86259624
印 刷	自贡市华华广告印务有限公司
成品尺寸	146mm × 208mm
印 张	12.25
字 数	280 千
版 次	2017 年 11 月第 1 版
印 次	2017 年 11 月第 1 版
书 号	ISBN 978-7-220-10272-1
定 价	39.80 元